한국 현대사를 뒤흔든 40가지 사건

한국
현대사를
뒤흔든
40가지 사건

20세기 한국사의
변곡점을
만들어낸 순간들

다시 쓰는 우리 역사의
빛과 그림자!

굴곡진 사건,
일상의 시간이
특별한 역사가 될 때

강부원 지음

믹스커피
MIXCOFFEE

●

우리가 살았던 시간,
성장의 그늘과 민주화의 이면

삶은 사건의 연속이다. 과거는 특정한 사건들의 연쇄로 기억된다. 우리는 보통 개별적이고 사소한 일들을 겪으며 살아가지만 사회적으로 크고 중요한 사태와 맞닥뜨리기도 한다. 사적인 세계와 공적인 영역은 그렇게 쉽게 구분되지 않는다.

모든 건 연루되어 있고 끊임없이 교섭한다. 현대 사회에서 개인의 삶이 외력의 개입 없이 홀로 무관할 수 없으며, 거대한 역사의 수레바퀴 역시 대중의 욕망과 감정을 동력 삼아 굴러가는 경우가 많다. 즉 우리가 살았던 시간은 '사적인 흔적'인 동시에 '공적인 기록'인 셈이다.

사람들은 대개 돌아올 수 있을 만한 길을 선택해 떠난다. 어떤 이들에게 삶이란 운명을 건 모험일 수도 있지만, 보통의 치들에게 하루하루란 그저 견뎌야 하는 순간이며 평탄히 지나길 고대하는 시간일 뿐이다. 우리는 "오늘만 대충 수습하자"를 인생의 신조로 삼는 평범한 존재들이 묵묵히 숨 쉬고 있는 일상의 세계에 살고 있다.

하지만 매끈하게 다듬어진 길만 무한정 편안히 걸어갈 수 있는 인생 또한 존재하지 않는다. 우리는 살아가며 무수한 위험을 만나고 험난한 고비를 겪는다. 그렇게 경험한 크고 작은 사건들이 모여 우리 삶의 '주름'과 '굴곡'이 만들어진다. 의도했든 그렇지 않든 지난 역사적 사건들과 우리 삶은 연결되어 있고 우리의 일상 역시 그 사건들로 크게 바뀌어 왔다.

사건과 사고의 영역에서 '공(公)'과 '사(私)'는 명확하게 분별되지 않는다. 우리는 대부분의 공적 사건들을 뉴스로 읽고 듣거나 멀리서 바라만 보고 지나간다. 그러다 별안간 어떤 사건의 소용돌이에 휘말려 역사의 주인공으로 우뚝 서는 경우도 있다.

시대의 한복판에서 군중의 일원으로 세상을 바꾸자고 한목소리로 외쳤던 경험들도 누구나 한두 번쯤 가지고 있다. 모두에게 일상의 시간이 특별한 역사가 되는 순간이 있었던 셈이다.

그런 차원에서 보자면 1960년대 부정선거를 반대한 청년들과 1980년대 독재 타도를 외친 대학생들과 2010년대 광장에 모여 다시 또 민주주의를 외친 시민들의 사회적 기대와 미래에의 희망은 본질적으로 다르지 않다.

개인의 삶이 뒤흔들리거나 공동체의 가치관과 생각들이 전환되는 계기를 마련하는 특별한 순간들이 모여 우리 사회는 변화하고 성숙해 왔다. 그 시간을 관통하는 힘과 노력이 한데 모여 선을 긋고 줄을 이으면 역사가 된다. 어떤 사건은 공동체의 소중한 자산으로 남기도 하고 어떤 사고는 집단 전체의 정신적 트라우마를 일으키거나 아픈 기억으로 남아 있기도 하다.

지난 수십 년간 대한민국은 유례를 찾아보기 어려울 정도로 빛나는 발전과 비약적인 성장을 이뤘다. 하지만 사람이 죽거나 어느 한 곳이 크게 무너져 치부가 드러날 때까지 참고 견디는 것만 미덕으로 아는 야만의 사회이기도 했다. 그런가 하면 곪아터진 문제들을 더 이상 두고 볼 수만은 없다고 생각하는 사람들이 제 목소리를 당당히 낼 수 있는 시대가 되었다. 뒤늦게나마 잘못된 관행을 바로잡고 나쁜 습속들을 버리려는 의지를 지닌 성숙한 시민들이 사회의 주역으로 등장하고 있는 점도 고무적이다.

공동체의 선한 의지를 무색하게 하는 반동의 움직임도 여전하다. 음험하게 똬리를 틀고 있는 사회적 위험들은 도처에서 개인의 삶을 위협하고 시민들의 자유와 평등을 억압한다. 누군가는 여전히 비참하게 죽거나 악다구니 속에서 살아야 하고, 사회적으로 차별받고 경제적으로 고통받는 이들도 허다하다.

한국 사회는 여전히 무참한 사건과 사고들이 연속되는 비정한 세계다. 변화와 혁신이 뜻대로 마음대로 이뤄지는 일이 아니라는 사실을 우리는 잘 알고 있다. 세상은 그렇게 호락호락하지 않다. 결국 한국의 현대사는 똥 구더기가 들끓는 오물 속에서 향기롭고 아름다운 꽃을 피워내기 위한 몸부림의 과정이었다.

우리가 살고 있는 이 세계는 견고한 듯 보이지만, 어느 한쪽이 살짝 균형을 잃어도 와르르 무너질 수 있는 위태로운 곳이기도 하다. 과거는 미화되기 마련이라지만, 우리가 살았던 시간은 아름답고 평화롭지만은 않았다. 그렇다고 볼썽사나운 다툼과 갈등으로만 점철되지 않았다.

고단함을 기꺼이 감수해냈던 사람들의 인내와 노력이 있었기에 우리 사회는 더 이상 수렁으로 빠지지 않을 수 있었다. 숱한 무명(無名)들의 보이지 않는 헌신과 희생이 있었기에 조금 더 나아질 거란 희망을 놓지 않을 수 있었다.

크고 작은 사건과 사고들로 우리가 살았던 시간을 돌아보련다. 너무 빨리 잊어버리거나 금방 기억하지 못하게 된 이야기들을 하나하나 되짚어 꺼내본다면, 앞으로 어떻게 살아야 할 것인가의 실마리를 찾아낼 수 있지 않을까 싶다. 과거를 돌아본다는 건 결국 미래를 예견하고 준비하는 행위다.

지난 수십 년간 잘 모르고 지나친 소소한 사건들부터 누구나 기억할 만한 큰 사고들까지 복잡하고 섬세한 의미를 살펴보도록 하자. 그동안 우리가 간과했던 가치와 애써 외면했던 진실이 숨겨져 있을지도 모른다.

차례

───────── 1부 ─────────

성장의 시대, 자유는 있는가
ː빵과 장미의 시간들ː

──────── 4부 ────────

한국 현대사 속 만들어진 괴물

: 분노와 슬픔의 시간들 :

1부

성장의 시대,
자유는
있는가

빵과
장미의
시간들

혁명을 불러온
가장 대담한 부정

◎ 가장 저열하고 치졸했던 부정선거

제5대 부통령 선거는 1960년 3월 15일 제4대 대통령 선거와 동시에 실시됐다. 야당 대통령 후보 조병옥이 투표일을 얼마 남기지 않고 신병 치료차 방문했던 미국에서 심장마비로 사망하는 바람에 대통령 후보는 이승만 하나만 남아 있었다. 당시 선거법상 단독 후보는 유효 투표수의 1/3만 얻으면 되는 상황이었기 때문에 여당인 자유당은 차기 대통령도 따놓은 당상이라 생각했다.

문제는 부통령 선거였다. 지난 선거에서 민주당의 장면에게 부통령 자리를 빼앗겨 일격을 당했고 이번 선거 판세도 전망이 그다지 밝지 않았다. 이승만 대통령의 무리한 4선 시도에 염증을 느낀 국민이 점점 늘어났고, 갑작스럽게 대통령 후보를 잃은 야당도 부통령 선거에 총공세를 펼치기로 방침을 정했기 때문이었다.

팔순이 훌쩍 넘은 이승만의 노욕, 측근 권력자들의 횡포와 축재에 화가 난 국민은 딱한 처지가 된 야권에 동정심을 느끼고 있었다. 불안을 느낀 이승만 정권은 대대적인 부정선거를 기획한다.

내무부 장관 최인규가 앞장서 부정선거를 진두지휘했다. 관을 동원해 주민들을 압력하고 회유하는 작전을 펼치는 동시에 투개표 당일에 감행할 조직적인 개입도 미리 준비했다. 최인규는 이기붕 다음으로 부통령 자리를 노리고 있었기 때문에 이번 선거에서 뚜렷한 공적을 세우려고 혈안이 되어 있었다.

선거 시작 전부터 전국의 시장과 군수는 물론 경찰서장들에게 미리 사직서를 받아두고 자유당이 지면 모두 수리해버리겠다고 엄포를 놓았다. 배수의 진을 치고 부정선거에 임하라는 명령이자 각오였다. 학교와 군부대, 경찰 등 가용할 수 있는 모든 자원을 동원해 여당 몰표를 기획했다.

이승만 정권은 여당 후보에게 미리 기표한 투표용지를 뭉텅이로 투표함에 넣어 지지율 85%를 넘기려는 대담한 시도를 했다. 압도적인 승리로 야당의 숨통을 확실하게 끊어놓으려는 심사였다. 이밖에도 기상천외한 방법을 동원해 부정을 자행했다. 여럿이 동시에 한 기표소에 들어가 투표하게 해 자유로운 후보 선택을 방해하기도 했다. 비밀선거 방침에 어긋나는 행위였지만 버젓이 시행됐다.

또 완장을 찬 사람들이 투표장 안
팎을 순찰 돌게 해 공포 분위기를 조
성하기도 했다. 야당 참관인을 미리
매수하기도 했고 매수가 안 될 때는
시비를 걸거나 소동을 일으켜 개표
장에서 동시 퇴장당하는 꼼수를 쓰
기도 했다. 개표 시에는 야당 후보를
찍은 투표용지를 테이블 바닥으로
몰래 버리거나 도장 인주를 비벼 뭉
개고 또 번지게 해 무효표로 만들어
버리기도 했다.

대통령 이승만 후보와 부통령 이
기붕 후보의 선거 벽보.
ⓒ중앙선거관리위원회

⑩ 눈에 최루탄이 박힌 채 시신으로 떠오르다

개표 결과 이승만은 88.7%의 득표율을 기록했고 이기붕은 목표로
한 85%는 넘지 못했지만 79.2%의 표를 얻었다. 어찌나 허술하
게 조작했는지, 어느 선거구에선 여당 후보의 득표율이 100%를 넘
기는 말도 안 되는 일이 벌어지기도 했다. 그럼에도 이기붕의 최종
득표율이 이 정도였다는 건 실제 지지세가 그에 한참 미치지 못했
다는 사실을 짐작케 한다.

국민은 시중의 분위기와 완전히 다른 선거 결과를 납득할 수 없
었다. 너무 노골적으로 부정선거를 저지른지라 현장에서 시민들에

3.15 부정선거에 항의하는 시민들.
ⓒ경향신문

게 부정행위가 발각되기도 했는데, 그런 선거구에선 투개표 당일부
터 항의 시위가 일어났다.

이승만과 이기붕은 산발적인 소요를 진압하라는 명령을 내렸을
뿐 아랑곳하지 않았다. 부정한 방법으로 이긴 선거 승리에 취해 장
밋빛 앞날만을 떠올리고 있었다.

어처구니없는 개표 결과에 분노한 시민들의 항의와 진상 규명
요청에 정부가 응답하지 않자, 학생과 청년들이 먼저 들고 일어섰
다. 시민들이 합세한 시위는 강도를 높여가기 시작했고 지역마다
시위대가 제법 크게 조직되어 경찰과 충돌하는 일이 잦아졌다.

철옹성 같던 경무대가 크게 긴장하기 시작한 건 4월 11일부터였
다. 마산 앞바다에서 3.15 부정선거 항의 시위에 참여했다가 실종
된 것으로 알려진 김주열의 시신이 떠올랐기 때문이었다.

크게 훼손된 청년의 끔찍한 시신을 직접 본 시민들은 치밀어 오
르는 분노를 참을 수 없었다. 더구나 경찰이 시신을 강탈하려 하자

시위대의 분위기는 걷잡을 수 없이 사나워졌다.

경찰이 쏜 최루탄이 눈에 박힌 채 주검으로 발견된 김주열의 모습이 신문에 고스란히 실려 보도되자, 남녀노소 가리지 않고 전 국민이 '민주주의'를 외치며 거리로 쏟아져 나왔다.

⑩ 혁명과 죽음

3.15 부정선거로 대표되는 독재 권력의 횡포가 4.19 혁명을 불러왔다. 4.19 혁명은 한국 현대 정치사에서 가장 중요한 민주주의의 기점이자 독재 권력에 저항을 감행한 시민들의 정의로운 승리로 평가받는다. 헌법이 국체와 법통으로 삼고 있는 두 가지 기원이 바로 일제강점기 대한민국 임시정부의 역사와 4.19 혁명의 정신이다.

4.19 혁명은 전 세계적으로도 보기 드문 '승리한 민주주의 시민혁명'의 사례이기도 하다. 1960년 4월 19일 어린이부터 노인까지, 학생부터 교수까지, 남녀노소 가리지 않고 수많은 시민이 거리로 쏟아져 나왔다. 성난 시위대는 이승만이 머무르고 있던 경무대를 포위한 뒤 이기붕의 처소가 있던 서대문으로 기수를 돌렸다.

경무대보다 더 위세가 높다던 서대문 이기붕 자택은 시위대에게 점령됐다. 이기붕의 집안에는 온갖 귀중한 물건들이 많았다. 사람들은 그중에서도 냉장고에 있던 참외와 수박을 보고 깜짝 놀랐다. 여름에나 먹어볼 수 있는 과일이 이른 봄, 집안 냉장고에 보관되어 있다니 도무지 이해할 수 없는 노릇이었다. 당시로선 냉장고를 갖추고 사는 집도 몇 안 되었으니, 권력자의 호화로운 생활이 서민들의 삶과 얼마나 괴리되어 있었는지를 확인할 수 있는 대목이다.

현대문화 연구자 김진송의 책 『장미와 씨날코』는 1959년 이기붕이 받은 선물 꾸러미 목록을 통해 당시 우리나라 독재 권력의 실상과 최고위층들의 비윤리적 삶을 역투사해 밝혀내고 있다. 한 신문사의 오래된 철제 캐비닛 안 먼지 쌓인 서류 뭉치에서 이기붕가의 선물 목록이 발견됐다. 방치되어 사라졌을지도 모를 자료 더미가 당대 정치 문화의 이면을 들여다볼 단서가 되어준 셈이다.

이기붕은 높은 지위에 오른 권력자답게 재산과 방문객을 꼼꼼하게 관리했다. 그의 장부에는 집을 방문했던 인사들의 이름과 그들이 가져온 선물의 정확한 종류, 개수까지 빼곡하게 적혀 있었다. 소고기와 굴비, 쌀, 석유, 멧돼지 다리, 병아리, 참깨, 담배, 도자기, 그림을 비롯해 장미와 씨날코까지. 씨날코는 유럽에서 소비되는 고급 청량음료였다. 당시 서민들은 구경조차 할 수 없고 뭔지도 몰랐던 것들을 권력자는 홀로 먹고 입고 누리고 있었다.

지금 보면 시시콜콜해 보이기까지 한 이 목록은 당시 우리의 일상이 어떻게 구성되어 있는지 짐작할 수 있게 한다. 소소한 물건들부터 귀중한 물건들까지 가리지 않고 선물로 챙겨 이기붕을 찾았을 사람들의 목적과 마음을 빤히 상상할 수 있다. 그리고 60년이 지난 지금도 세상은 크게 달라지지 않았다. 인편을 통해 들려오던 송아지 고기와 생선 묶음이 권력자의 법인카드로 마구잡이 지출되는 소

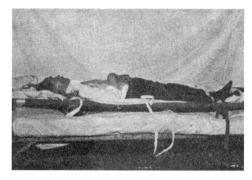

시민들의 저항과 봉기로 막다른 위기에 내몰린 이기붕은 가족과 동반 자살을 선택한 뒤 최후를 맞는다.

고기와 초밥 따위로 바뀌었을 뿐이다.

안타깝지만 비정한 세상은 지속되고 부끄러운 역사는 반복된다. 1960년 3월 15일 제4대 대선에서 부통령에 당선된 이기붕은 부정선거에 분노한 시민들의 항거를 견디지 못하고 가족과 동반 자살했다. 나는 새도 떨어뜨린다고 할 정도로 서슬 퍼런 독재정권의 권력자도 민주주의를 염원하는 시민들을 당해낼 수는 없었다. 4.19 혁명에 의해 이승만 역시 대통령직에서 물러나 미국 하와이로 망명을 떠났다.

부정선거를 지휘했던 최인규는 법정 최고형을 선고받고 사형 당했다. 1960년 3월 15일 선거는 결국 동년 4월 26일 국회 결의로 최종 무효 처리됐다. 3.15 부정선거는 대한민국 역사상 독재 권력이 자행한 가장 대담한 부정행위로 남아 있다. 하지만 부정한 권력은 늘 그렇게 민주 시민들에 의해 비참한 종말을 맞았다.

간첩의 시대에
독재 권력은 무탈했다

동백림 간첩 사건(1967)

⑩ 호기심으로 시작된 대북 접촉

> "크리스마스에 따분하게 이게 뭐냐?"
> "그럼 우리 오늘 저녁은 동백림 가서 얻어먹자."

1960년대 서독 베를린의 한국 유학생들에게 동베를린의 북한 대사관은 여차하면 들르는 마실터였다. 냉전체제 아래 남북 대립 국면을 떠올리면 쉽게 이해하기 어렵지만, 당시 독일 유학생들은 북한 사람들과 별 어려움 없이 접촉했다.

우리와 마찬가지로 분단국가임에도 동서 간 왕래가 자유로웠던 베를린이라는 도시의 특수성이 그것을 가능하게 했다. 동독 사람이 서독으로 넘어오는 건 까다로웠지만, 서독 사람이 동독을 다녀오는 건 상대적으로 수월했다.

이역만리 조국에서 멀리 떠나와 감시가 소홀했기 때문에 베를린의 유학생들은 긴장도 느슨해진 형편이었다. 처음에는 불안하고 걱정이 많다가도 몇 달만 지나면 동서독을 가로지

'동백림을 거점으로 하는 북괴 공작단 검거', 〈경향신문〉, 1967년 7월 8일.

르는 데 거리낌이 없게 됐다. 물론 당시 남한 당국은 국내에서든 외국에서든 북한 사람과의 접촉을 철저히 금지하고 법률로 처벌했다. 그럼에도 불구하고 철학이나 예술을 공부하는 유학생 청년들 특유의 호기심과 자유로움을 추구하는 기질까지 막을 수 없었다.

1967년 7월 8일 김형욱 중앙정보부장은 텔레비전 방송에 직접 나와 "동백림을 거점으로 한 북괴 대남 적화 공작단 사건이 일어났다"라고 발표한다. 유럽의 한인 교포 및 유학생을 포함해 관련자는 194명이나 되었으며, 이들 모두가 북한 외교부의 지령을 받아 활동했다는 것이었다.

남한 학계와 예술계를 교란할 목적으로 북한에 영입된 이들 중에는 음악가 '윤이상', 화가 '이응노', 시인 '천상병' 등이 있었다. 정보 당국은 이들 중 상당수를 강제 입국시켰다. 한국에서 활동하던 접선책과 가담자를 포함해 구속된 이들만 107명에 이르렀다.

그러나 강제 송환되어 구속된 이들 대부분은 자신들이 왜 붙잡혀 들어왔는지도 몰랐다. 간첩 용의자 중에는 독일로 파견된 간호사와 광부들도 포함되어 있었고, 평범하게 살고 있던 교포들도 있었다. 물론 대다수는 독일 및 프랑스 등지에서 공부하고 있는 유학생과 교수들이었다.

이들은 심지어 북한 사람들과 왜 접촉했느냐고 취조했을 때 "왜 그러면 안 되나요?"라고 되물을 정도로 정치성이 결여된 순진한 학생들이었다.

그렇지만 사건은 간단하게 정리되지 않았다. 철없는 학생들의 무지와 경계심 없는 행동을 나무라는 선에서 그치지 않고 한국 역사상 최대 인원이 관여된 간첩 사건으로 비화됐다.

⑩ 부정선거 덮고자 조작한 간첩 사건

1960년에 일어난 4.19 혁명을 뒤엎는 1961년 5.16 군사 쿠데타로 집권한 박정희 정권은 1967년 심각한 위기에 봉착한다. 군인들이 사회 혼란을 틈타 집권한 정권이었으니 만큼 권력의 정당성은 상당히 취약했다. 군사독재정권은 자신들의 권력을 유지하고자 국민을

'사상 최악의 부정선거-야당, 6.8 총선을 규탄', 〈동아일보〉, 1967년 6월 9일.

더 강력하게 통제하고 규율했다.

　사회적 안정을 되찾으면 물러나겠다는 약속도 저버린 지 오래였다. 박정희는 정해진 대통령 임기가 끝났지만 권좌에서 내려올 생각이 없었다. 박정희 정권은 대통령직 연임을 정당화하기 위해 선거에서 큰 승리가 필요했다. 1967년 6월 8일 부정선거가 일어난 이유다.

　박정희 대통령을 향한 실제 지지율과는 너무나 확연히 다른 선거 결과에 국민은 의아했다. 1960년 3월 15일에 이승만 정권이 일으킨 부정선거가 연상됐다. 기시감을 느낀 건 박정희 정권도 마찬가지였다. 자신들이 등장한 계기가 전임 정부의 부정선거로 인한 몰락 때문이라는 사실을 누구보다도 잘 알고 있었다.

부정선거의 실체가 드러나자 시민적 저항의 후폭풍이 거세게 몰아쳤다. 시민들은 박정희 대통령의 하야와 정부의 사과를 요구하기 시작했다. 당국으로선 부정선거의 진상이 드러나기 전에 분위기를 가라앉힐 필요가 있었다. 국민의 눈과 귀를 일시에 사로잡을 이벤트가 있어야 했다.

국가 최고 정보기관의 수장이 직접 기획하고 지휘한 역대 최대 규모의 간첩 조작 사건은 그렇게 세상에 알려졌다. 선거가 끝난 지 정확하게 한 달째 되는 날이었다.

⑩ 최종심에서 뒤집힌 간첩 혐의

영문도 알지 못한 채 구속된 유학생들은 국가 전복을 획책한 간첩 혐의를 뒤집어쓸 수밖에 없었다. 게다가 그들은 북한 사람들과 접촉하거나 방북을 감행했던 명백한 증거가 남아 있었기 때문에 법망을 빠져나갈 도리가 없었다. 구속된 음악가 윤이상의 경우 동베를린에서 인연을 맺은 북한 지인의 알선으로 북한의 평양과 남포 등지를 다녀오기까지 했다.

1960년대 반공주의를 국시로 삼고 있던 시절에 평양 방문이란 평범한 사람으로선 상상도 하기 어려운 것이었다. 외국에서 활동하던 자유로운 예술가의 앞뒤 가리지 않은 평양행이 문제가 된 셈이다. 훗날 윤이상은 이때의 방북 경험을 두고 마음대로 갈 수 없었던 북한의 정경과 문화를 직접 체험해보고 음악적 영감을 얻기 위한 목적에서 실행한 여행이었다고 회고한 바 있다.

이외에도 낯선 타국살이 중 고향 음식이 그리워 북한 사람이 운영하던 한식당을 자주 방문했다가 간첩으로 몰린 경우도 있었다. 당시 베를린 한인 사회의 분위기가 이런 상황이었던 만큼 중앙정보부가 독일 유학생들을 간첩으로 엮는 건 아주 손쉽고도 간편했다.

모진 고문과 강압으로 진술서도 원하는 대로 받아놓은 뒤였다. 1심 재판에서 북한과의 회합과 내통을 주도한 정규명과 정하용에겐 사형이 선고되었고 윤이상은 무기징역, 이응노는 5년형에 처해졌다. 공안 기구가 정교하게 그린 그림대로 진행되고 있었다.

의외의 곳에서 변수가 발생했다. 서독 정부가 베를린에서 살고 있던 한국 교포와 유학생들을 당국 간 협의 없이 강제 송환한 한국 정부에 강력하게 항의를 해온 것이다. 동독 정부도 유학생들에게 터무니없는 간첩 혐의를 씌운 한국 정부의 행태에 시비를 걸었다.

같은 민족 사이인 젊은 학생들의 단순한 교류와 방문을 공안 사건으로 만드는 방식에 문제를 제기한 것이다. 게다가 당시 처벌된 윤이상, 이응노 같은 경우 유럽 무대에서 빛나는 예술적 성취로 크게 주목받던 이들이었기에 명망 높은 유럽 예술가들의 구명 서한도 빗발쳤다.

박정희 정권도 국제사회의 눈치를 볼 수밖에 없었다. 결국 대법원 최종심에서 이들의 북한 방문과 회합은 순수한 목적에서 이뤄진

동백림 간첩 사건으로 구속된 이들이 재판을 받고 있다.
ⓒ경향신문

것으로 봐야 한다며, 대북 접촉과 관련된 내용은 실정법 위반으로 처벌받아야 마땅하나 간첩 혐의는 기각하고 이전 심의 판결을 무효화한다는 결정을 내렸다. 시끌벅적했던 간첩 사건에 진짜 간첩은 단 한 명도 없었던 것으로 종결된 셈이다.

결국 윤이상은 10년형, 이응노는 3년형으로 감형된다. 헤르베르트 폰 카라얀, 이고르 스트라빈스키, 엘리엇 카터 등이 이들의 무죄를 보증하며 석방해달라는 탄원을 지속했다. 덕분에 이들은 수감된 지 약 2년 만에 풀려날 수 있었다. 그나마 다행인 일이었으나 이미 6.8 부정선거는 사람들의 관심에서 사라진 지 오래였다. 정권이 구상해낸 가짜 간첩 사건의 목적은 충분히 달성되고 난 뒤였다.

한국 현대사를 뒤흔든 40가지 사건

⑩ 간첩의 시대

1960~70년대 박정희 정권 18년은 소위 '간첩의 시대'라 불릴 만하다. 삼선개헌과 유신 선포 등 박정희 정권이 권력을 유지하기 위한 단계를 밟을 때마다 조작해 만들어낸 간첩 사건은 크고 작은 것들 합해 족히 100건이 넘는다.

이중 '동백림 사건' '인혁당 사건' '통혁당 사건' 등이 유명하다. 이 사건에 휘말린 사람들 중에는 죄 없이 수감된 경우가 부지기수고 사형 선고를 받은 후 하루가 채 지나기도 전에 형을 집행당한 말도 안 되는 경우도 있었다.

간첩 사건은 분단국가인 한국에서 정권에 닥친 위기를 가장 간편하게 돌파하는 효과적인 수단이었다. 반공 이데올로기가 철저하게 학습된 국민에게 간첩 사건은 공포를 조장하고 위기를 인식케 하는 안성맞춤의 이벤트였다. 간첩 사건을 성공적으로(?) 마무리 지은 공안 관계자들에겐 전례 없는 특진이나 큰 포상 혜택을 줘 간첩 수사 의지를 북돋기도 했다.

국민에게도 큰 액수의 간첩 신고 포상금을 내걸고 수상한 사람들을 신고하도록 권장했다. 이 같은 분위기는 서로가 서로를 의심하는 걸 정당화했으며 간첩 신고를 일확천금의 기회로 인식하게 만드는 계기로 작용하기도 했다. 간첩의 시대, 국민 사이에 긴장과 공포는 이렇게 일상화되고 내면화됐다.

당대 지식인과 학생들 사이에서 분단을 극복하기 위해선 위험을 감수하고서라도 북한 인사들과 교류하거나 접촉해야 한다고 생각하고 실행에 옮기는 사람들도 있었다. 법률적 제약을 넘어서는 실천이 있어야만 통일을 앞당길 수 있다고 믿었기 때문이다.

또한 실제로 북한에 포섭되어 활동한 이들이 전혀 없다고 말할 수도 없다. 냉전 시대에 우리가 그랬듯이 상대도 동일한 인적 전략을 사용했을 거라 봐야 하기 때문이다.

게다가 실정법상 상대와의 회합과 접선이 여전히 금지되어 있고 평화와 통일 운동은 다방면에서 실천되고 있으니 거기서 나타나는 괴리감이 지금까지도 상당하다. 법률 조문을 들먹이며 남북 정상회담에 나선 국가수반을 이적 혐의로 고발하는 해프닝이 일어나는 것도 이 때문이다.

즉 한국 사회에서 간첩이란 나와 다른 생각을 가진 상대를 가장 모욕적으로 규정하는 명명법이기도 했다. 벌어진 마음의 거리가 멀어지면 멀어질수록 상대의 모든 말과 행동이 우리 사회를 위협하는 것으로 보일 수밖에 없다.

⓪ 누가 진짜 간첩인가?

동백림 간첩 사건 당시 서독 대사였던 최덕신의 행보는 많은 걸 생각하게 한다. 박정희의 군 선배로 5.16 쿠데타 직후 외무부 장관을 지내고 서독 대사를 역임한 최덕신은 동백림 사건을 조작하는 데 앞장선 것으로 알려져 있다. 하지만 그는 동백림 사건 직후 독일 정부

최덕신(좌)과 박정희(우)의 모습. 이 둘은
소위 '혁명 동지'였다. 최덕신은 5.16 쿠
데타 직후 외무부 장관으로 임명됐다. 이
사진은 1961년 10월 17일에 찍혔다.
ⓒ천도교 수운회관

로부터 초치받은 뒤 쫓겨나기까지 한다. 나라 밖으로까지 널리 알려
져 망신을 산 엉터리 간첩 조작 사건의 책임을 뒤집어쓴 것이다.

독재 권력에 그토록 충성하던 최덕신도 훗날 박정희에게 미움을
사 권력의 중심에서 밀려났다. 끈 떨어진 신세가 되어 도망치듯 미
국 망명길에 오르기도 했다. 미국에서 그는 연신 박정희 정권을 공
개적으로 비판했다. 자신을 버린 독재 권력에 앙갚음하기 위한 발
버둥이었다. 어처구니없게도 이후 그는 가장 급진적인 친북 인사로
변신해 한국전쟁 북침설을 주장하다가 끝내 월북을 감행하고 만다.

한때 박정희 정권에 영원한 충성을 맹세한 반공 인사의 덧없는
변절이었다. 최덕신은 지금까지도 한국 최고위층의 월북 사례이자
기록으로 남아 있다. 북한에선 최덕신의 월북을 대대적으로 선전하
고 체제 홍보에 활용했음은 물론이다.

간첩의 시대, 최덕신의 행보는 참으로 아이러니하다. 누가 진짜
간첩이었는가를 생각해보지 않을 도리가 없다. 이렇게 엉망진창이
었던 간첩의 시대가 번성할수록 독재 권력이 무탈했음은 물론이다.

동백림 사건은 이제 다시 볼 일이 없을 것만 같은 독재정권 시절 만들어낸 간첩 소동이었다. 그런데 최근 다시 간첩이 나타났다는 풍문이 떠돌고 있다. 군불을 지핀 국정원과 검찰이 의도한 것보다 국민에게 별로 관심을 받지 못하는 것 같아 서운할 지경이다.

사람들은 북한이 허공으로 미사일을 쐈다는 소식만큼 우리나라에 간첩 행위가 있었다는 소식을 심드렁하게 여긴다. 한국 사회가 어느 때 어떤 필요에 의해 간첩을 불러냈었는지 똑똑히 알고 있기 때문이다.

유기당한 빈민들의
원한과 분노가 낳은 도시

광주대단지 사건(1971)

◑ 빈민, 보이지 않는 존재

1950년대 한국전쟁 직후 전란을 겪으며 터전을 잃은 사람들이 청
계천과 서울역 등지에 몰려들어 살기 시작하면서 본격적인 판자촌
시대가 열렸다. 1960년대 급격한 산업화와 도시화에 따라 서울은
빠르게 과밀화되고 있었다.

　일자리를 찾아 농촌에서 도시로 이주한 사람들로 서울은 금방
만원이 될 지경이었다. 도심의 교통체증과 주거난은 서울의 큰 골
칫거리였다. 그럼에도 불구하고 사람들이 계속 서울로 꾸역꾸역 밀
려드는 통에 서울의 산자락에는 다닥다닥 '하꼬방'이 들어서면서
달동네가 만들어졌다.

1960년대 서울역 빈민촌의 모습.
ⓒ우리역사넷

청계천 주변, 신당리 공동묘지 일대, 서울역과 영등포역 쪽방촌, 후암동 해방촌, 현저동 무허가 판자촌, 만리재, 미아리, 아리랑 고개 등은 지금까지도 유명한 서울의 빈민 거주지역이다. 물론 이곳들 중에는 이미 천지개벽해 과거의 모습을 찾아보기 어려울 정도로 휘황하게 꾸며지거나 중산층 가구들이 선호하는 브랜드 아파트 밀집지역으로 바뀐 곳도 많다.

1930년대 활동한 작가 박태원(『천변풍경』*)과 이태준(「아무 일도 없소」**)의 소설에도 잘 나타나 있듯, 청계천과 신당리 일대는 일제강점기 경성의 일상을 구성하고 도시의 허드렛일을 담당했던 하층민들의 거주지였다.

서울역과 후암동, 현저동 일대는 한국전쟁 시기 몸만 빠져나와 월남한 피난민들이 임시적으로 자리 잡은 터전이었다. 영등포와 미

♦ 박태원, 『천변풍경』, <조광>, 1937. 1~9.
♦♦ 이태준, 「아무 일도 없소」, <동광>, 1938. 1.

한국 현대사를 뒤흔든 40가지 사건

아리, 만리재는 어떻게든 일자리를 얻고자 농촌을 떠나 도시로 몰려든 노동자들이 옹기종기 모여 살던 곳이었다. 이처럼 서울 도심 구역의 빈민촌은 뿌리 깊은 역사성을 갖고 형성됐다.

한국전쟁 직후 1953년 100만 명에 불과하던 서울시의 인구는 1960년 250만 명으로 훌쩍 늘었다. 이후 인구는 더욱 급속도로 늘어 1960년대 후반 이미 600만 명에 육박하는 메가시티가 됐다. 1970년대에 들어서며 곧 1천만 명에 이를 거라는 예상은 누구나 할 수 있었다. 서울 인구는 행정 당국이 감당할 수 없을 만큼 빠른 속도로 늘어나고 있었다.

주택은 부족하고 급수 사정도 열악해졌다. 일을 많이 해도 임금이 낮아 먹고 입고 자는 문제가 해결되지 않는 가정이 많았다. 도심의 교통체증은 점점 심해져 서울은 이제 인간답게 살기 힘든 도시가 됐다. 가정에서 쏟아져 나온 쓰레기가 제때 처리되지 못하고 도로 위에 정체된 차량이 내뿜는 매연으로 삶의 질은 나빠져 갔다.

박정희 대통령은 한국의 대외적인 평가를 많이 의식하는 지도자였다. 그는 인정 욕구가 남다른 정치인이었다. 자신의 유능한 통치 행위 덕분에 우리나라가 잘살게 되었다는 소리를 듣고 싶어 했다.

쿠데타로 정권을 장악한 군인 출신 대통령이 권력의 정통성을 얻을 수 있는 효과적인 방법은 경제를 빠르게 부양해 국민의 지지를 받는 것밖에 없었다. 뿐만 아니라 경제성장의 결과를 적극적으로 부각시켜 다른 나라 사람들에게 자랑하고 싶기도 했다.

박정희 대통령은 두 마리 토끼를 모두 잡으려 했다. 정부는 언론 매체를 장악해 우리나라가 점점 잘살게 되었다고 국민에게 끊임없이 주입하고 선전했다. 주기적으로 방영되는 〈대한뉴스〉에선 늘 대통령이 산업 시설이나 토목공사 현장을 직접 방문해 시찰하고 지도하는 장면이 나왔다. 대통령이 방문한다는 말이 나오면 지저분한 건 가리고 흉한 건 숨기느라 온 마을이 야단법석이었다. 허장성세를 위해 눈 가리고 아웅하던 시절이었다.

다른 나라 사람들에게도 예전과 달리 변화하고 크게 발전한 도시 서울을 적극적으로 보여주려 했다. 국제적인 이벤트를 유치하는 데 사활을 걸었고 외국인 관광객도 빈번하게 초청했다. 북한과의 체제 경쟁에서 앞서가고 있다는 점을 과시하고 싶은 마음도 있었기 때문이었다. 즉 이 같은 정책들은 박정희 정권이 국시로 내걸고 있던 '반공주의'의 실효성을 증명하기 위한 방편이기도 했던 셈이다.

우리나라의 높아진 위상을 대내외 모두에게 보여주기 위해선 우선 수도 서울의 경관을 멋지게 바꿔야 한다고 생각했다. 전쟁을 겪은 한국이 이만큼이나 잘살게 되었는데 아직도 서울 도심에 빈민들이 뭉쳐 살고 있으면 절대 안 되는 것이었다.

또한 한국을 방문한 외국인들에게 청계천과 서울역에 사는 빈민들의 누추한 삶은 절대 노출되면 안 되는 모습이었다. 권력자는 외국인 관광객들이 서울의 이미지를 나쁘게 보는 원인을 곳곳에 분포한 빈민촌 때문이라고 생각했다. 그들이 보기에 가난한 사람들이 살아가는 풍경이 서울의 미관을 해치고 있던 것이다.

서울 도심 종로의 교통 정체를 해소하고자 청계천을 복개하고 고가도로를 건설하는 계획도 마련했다. 전차와 버스로는 감당이 안 되는 서울 도심 교통량을 해소하고자 지하철을 놓았다. 서울은 지하철을 타고 쾌적하게 출퇴근하는 시민들이 살고 높은 빌딩 사이로 난 넓은 도로를 자동차가 질주하는 도시여야 했다.

청계천에 밀집해 살고 있는 빈민들을 해소하는 게 관건이었다. 서울의 관문 서울역과 도심 한가운데를 가로지르는 청계천에 자리한 빈민들을 모두 몰아내야 했던 이유다. 1960~70년대 도시개발 사업의 실상이란 빈민을 '보이지 않는 존재'로 지워버리는 방식으로 진행됐다.

⑩ 흙바닥 위에 군용 천막 하나

1960년대 말 당시 서울 시장은 김현옥이었다. 그는 대통령의 마음을 잘 이해하고 뜻한 바를 빠르게 실행해 박정희가 가장 신뢰하고 아끼는 행정가였다. 권력자의 복심을 눈치 채고 아랑곳없이 정책을 입안하고 전광석화처럼 집행해 '불도저'라는 별명이 붙을 정도였다.

서울시의 고질적 병폐였던 주택난과 교통난을 일시에 해소하고자 가난한 사람들을 서울 외곽으로 이주시키기로 결정한다. 지저분한 청계천을 복개해 고가도로를 건설하고 서울역 주변 일대의 경관 개선 작업에도 박차를 가하기 시작한다.

그러나 청계천과 서울역 인근에 오랫동안 살고 있던 수십만 명의 빈민들을 한꺼번에 서울에서 내보내는 일은 간단하지 않았다. 살던 곳에서 별안간 나가라고 하면 따를 리가 없고 무턱대고 내쫓는다는 인상을 주어서도 안 되었다. 그럴듯한 이유를 만들어 다른 곳으로 원활하게 이주하도록 정책을 펼쳐야 했다.

시청에서 나온 사람들은 빈민들에게 서울 밖으로 이주하면 땅과 집은 물론 먹고 살 수 있는 일자리도 마련해주겠다고 약속했다. 1969년 9월 1일 새벽 군용트럭과 쓰레기 청소차들이 들어오더니 사람들에게 얼른 타라고 했다. 세간을 챙길 여유도 없었고 어디로 가는지도 알지 못한 채 무작정 올라탔다. 동이 틀 무렵 주민들을 한가득 태운 트럭들은 남한산성을 지나 서울 밖으로 향하고 있었다.

당시 서울 동남부 외곽 경기도 광주군 중부면에는 아무것도 들어서지 않은 임야가 넓게 자리하고 있었다. 남양주와 시흥 등 여러 후보지가 있었지만 광주가 빈민들의 거주지로 결정됐다. 서울시는 뒤도 돌아보지 않고 주민들을 이곳으로 이주시키기 시작했다. 도착한 곳이 어딘지도 모른 채 차에서 내린 이주민들은 기가 막혔다.

그들 눈앞에는 아무것도 없는 허허벌판이 펼쳐져 있었다. 포장도 안 된 흙길 양쪽으로 솟아 있는 언덕 사이사이의 땅에 네모로 금을 그어놓은 게 전부인 헐벗은 대지만이 그들을 기다리고 있었다. 마련해주기로 약속한 새 집은 온데간데없고 맨땅에 군용 천막 하나씩을 던져줬다.

중앙에 도로가 놓여 있고 양쪽 언덕에 주택가가 형성되어 있는 광주대단지 풍경.
ⓒ민주화운동기념사업회

대중교통은커녕 상하수도 시설도 없었다. 화장실도 없었다. 마실 물도 구할 수 없었고 밥을 짓거나 난방 연료를 마련할 수도 없었다. 콩나물이라도 사려면 두 시간을 걸어 산 너머의 모란시장에 다녀와야 했다. 서울시는 아무런 시설도 마련하지 않은 빈 땅에 10만 명이 넘는 이주민들을 무작정 옮겨놓은 것이었다.

그러니 이주민들 사이에선 대번에 볼멘소리가 나왔다. 사기당했다는 푸념도 이어졌다. 그럼에도 주민들은 어떻게든 살아남고자 아무것도 없는 흙바닥 위에 천막을 치거나 토막을 쌓기 시작했다. 10리 길을 걸어가 물을 길어 오고 벌거숭이산을 샅샅이 뒤져 땔감을 해왔다. 그렇게 광주대단지에서의 삶이 시작됐다.

⑩ "죽은 아기를 삶아 먹는 마을"

서울시는 아무것도 없는 곳에 주민들을 덩그러니 떨어뜨려 놓고 알아서 먹고 살아가라는 식이었다. 광주대단지의 주민들은 어떻게든 아등바등 살아보려 했으나 시장도 연탄 가게도 쌀집도 아무것도 없었다. 도로를 내고 공장을 지어 자생적인 도시를 만들겠다는 정부의 약속은 언제 실현될지 알 수가 없었다. 일자리가 없으니 사람들은 먹고 살려면 다시 서울로 막일이라도 나가야 했다.

그러나 서울까지 다닐 수 있는 버스는 고작 네 대밖에 없었다. 두 시간에 한 대 꼴로 다니는 셈이라 출퇴근 시간 버스 탑승은 전쟁을 방불케 했다. 악다구니를 쓰고도 버스를 못 타면 10km를 걸어나가 다른 차를 타거나 서울까지 20km 이상을 내리 걸어야 하기도 했다. 그런데도 버스 증편은 감감무소식이었다.

서울시가 약속했던 것들이 모두 거짓이었다는 사실을 알기까지 오래 걸리지 않았다. 서울시에서 이주민들을 통제하고자 대단지 중앙에 출장소와 파출소 하나를 세웠다. 성남출장소에는 매일같이 더 이상 못 살겠다는 민원이 쏟아졌지만 해결되는 건 없었다.

수많은 빈민을 상대해야 하는 성남출장소는 서울시청 직원들이 가장 기피하는 근무지이기도 했다. 파견된 소수의 시청 직원들은 무기력하기만 했다. 서울시에 배신당했다고 생각하는 주민들의 분노는 임계치를 넘어서고 있었다.

광주대단지는 비만 오면 온 천지가 흙탕이 되어 걸을 수조차 없

한국 현대사를 뒤흔든 40가지 사건

는 지경이었다. 이주한 지 몇 달이 지나도록 수도와 전기가 연결되지 않았다. 한여름에는 뙤약볕을 막아줄 나무 그늘조차 없었다. 어느샌가 외부 사람들에게도 광주대단지의 끔찍한 실상이 전해지기 시작했다. '굶주린 산모가 죽은 아기를 삶아 먹는 마을'이라는 헛소문이 돌기도 했다. 그만큼 광주대단지는 최소한의 생계를 이어갈 조건조차 마련되지 않은 불모지나 다름없었다.

서울시는 광주대단지에 몰아놓은 빈민들을 남한산성이라는 울타리로 가로막고 나 몰라라 하는 식이었다. 그들에게 빈민은 눈 밖으로 사라져 보이지 않으면 그만인 존재들이었다. 어떻게 살거나 죽거나 상관할 바 없었다. 그들을 위한 정부의 예산이나 관공서의 노력은 전혀 준비되지 않았다.

그럼에도 불구하고 어떻게든 살아가려 한 광주대단지 주민들이 폭발한 계기는 1971년 8월 10일 정부에서 발행한 계고장 한 장이었다. 서울시는 이주 가구 한 세대 당 20평의 주거용 토지를 평당 2천~2,500원에 불하하기로 약속했다. 그러던 걸 평당 8천 원~1만 6천 원으로 변경해 가격을 껑충 올려 공고했다.

토지 대금을 기한 내에 납부하지 않는 주민들에겐 과징금을 물고 강제 퇴거 조치하겠다는 엄포도 잊지 않았다. 주택건설비용도 정부에서 전혀 보조하지 않았고 약속한 비용에서 몇 배나 폭증한 금액을 적용해 대금을 청구하기로 했다. 갑작스럽게 네다섯 배로 가격을 올리니 주민들에겐 청천벽력이나 다름없었다.

소식을 접한 광주대단지 주민들은 약속이나 한 듯 한순간에 마을 중앙으로 몰려들기 시작했다. 평생 처음 자신의 이름으로 땅과 집을 소유할 수 있다는 희망에 부풀어 온 곳이었고 그 꿈 하나로 버텨온 삶이었다. 그런데 가난한 이들이 감당할 수 없는 토지 대금과 건축 비용을 청구하는 건 이미 돌아갈 곳 없는 이들에게 또다시 떠나라는 명령이나 마찬가지였다.

그들은 끝내 자신들이 국가로부터 버림받았다는 사실을 깨달았다. 분노한 주민들은 난동에 가까운 폭력을 행사하기 시작했다. 성남출장소를 점거하고 서울시 관용 차량과 무용지물이나 마찬가지였던 서울행 버스를 강탈해 불태웠다. 이제 사태는 '봉기'나 '민란'으로 부를 만한 상황으로 걷잡을 수 없이 번져가고 있었다.

1971년 8월 10일 사건 당일 중앙대로로 몰려든 광주대단지 주민들.
ⓒ성남시청

한국 현대사를 뒤흔든 40가지 사건

⑩ 빈민들의 원한과 분노가 낳은 도시

주민 통제력을 상실한 성남출장소는 급하게 서울시청에 도움을 타전한다. 출장소 차원의 대응과 수습은 이미 불가능한 상황이었다. 수만 명의 주민이 오랫동안 누적된 분노를 순간적으로 폭발시켰기에 행정 단위에서 감당할 만한 수준이 아니었다.

현장 상황이 긴박하다는 다급한 요청에 서울부시장이 직접 방문을 결정한다. 서울시는 현장에 직접 와보고 나서야 사태의 심각성을 알았다. 주민들의 화는 가라앉을 기미가 없었다.

민란에 가까운 소요 사태를 해결하기 위해선 성난 주민들의 요구사항을 듣고 급히 대책을 마련하겠다고 저자세로 굽힐 수밖에 없었다. 서울시는 우선 성난 주민들을 진정시켜 보자는 마음으로 대책위의 의견을 어느 정도 받아들이는 선에서 합의한다.

천정부지로 올린 토지 가격을 합리적인 수준으로 인하하기로 했고 자족 도시 구상에 걸맞도록 공장을 지어 일자리를 늘리기로 약속했다. 또한 당분간 광주대단지 주민들에게 세금도 면제해주고 서울발 교통편도 늘리기로 했다.

서울시의 대응에 주민들도 힘을 빼고 한 발 물러서는 결정을 내린다. 여섯 시간 동안의 무법 상태는 그렇게 마무리된다.

정부는 봉기 당일 전격적으로 '성남출장소'를 '성남시'로 승격시킨다. 서울시청과 멀리 떨어진 인구 밀집 지역을 조그만 출장소 운영만으로 관리하고 통제하기 어렵다는 현실적인 판단에서였다.

'광주단지를 시로 승격-관계 각부 난동 사건 긴급대책협의',
〈경향신문〉, 1971년 8월 11일.

　　별도의 독립적인 행정 단위를 구성해 광주대단지 주민들에 대한
지원을 적극적으로 실행하려는 목적이라곤 하지만 골치 아픈 문제
지역을 서울시에서 따로 떼어내 분리 고립시키려는 의도가 숨어 있
기도 했다.

　　그동안 서울시의 막장 행정 때문에 쌓인 광주대단지 주민들의
원한과 분노 역시 금방 사그라들 수준이 아니었다. 성난 주민들은
정부와 서울시를 향해 배신의 감정을 노골적으로 표출했다. 자신들
을 유기한 도시 서울의 품으로는 절대로 돌아가지 않겠다고 울부짖
는 사람들이 생겨날 정도였다. 빈민들의 원한과 분노가 낳은 도시
성남은 그렇게 탄생했다.

⑩ 한국 빈민운동의 기원이자 원점

사실 그날의 봉기가 갑작스럽게 일어난 건 아니었다. 이전부터 광주대단지의 생활에 불만을 제기하는 주민들의 산발적인 움직임이 있었다. 그런데 서울시청에선 그간 주민들의 항의와 시위를 대수롭지 않게 여겼다.

서울 외곽 경기도 촌구석에서 벌어진 가벼운 일탈 내지 곧 제풀에 지쳐 나가떨어질 하층민들의 어리석은 행동쯤으로 여겼다. 정부에선 광주대단지 주민들의 불만 표출을 '무지렁이'와 '비렁뱅이'들의 한낱 투정으로 인식하고 있었다는 방증이다. 이렇듯 조기에 수습하거나 해결할 수 있었던 사태를 키운 건 다름 아닌 정부와 서울시였다.

그러나 당일 발생한 광주대단지 사건은 행정력과 경찰력을 일시에 정지시키는 무법 난동에 가까운 봉기였기에 서울시는 주민들의 항의 시위가 민란으로 번질까 봐 두려웠다. 일단 성난 주민들의 화를 누그러뜨리고자 거의 모든 요구사항을 들어줄 것처럼 합의했지만 이날의 합의가 실제로 지켜진 건 별로 없다.

사태 이후에도 토지 가격과 건축비가 끝내 낮춰지지 않아 부담금을 감당할 수 없는 주민들이 주택 전매권을 외지인들에게 팔 수밖에 없어 광주대단지에 때아닌 투기판이 벌어지기도 했다.

서울의 '복부인'들이 광주대단지로 드나드는 진풍경이 펼쳐지기도 했다. 보석과 고급 옷으로 치장한 부인들이 흙길을 마다 않고 찾아와 '딱지'를 사갔다. 주머니에 가진 것 없고 이재에 밝지도 않은 이주민들은 몇 푼의 이익만 남기고 땅과 집을 고스란히 투기꾼들에게 빼앗겼다.

결국 이렇게 된 건 광주대단지 사건이 고작 여섯 시간 동안의 단발성 시위로만 그쳤기 때문이었다. 지속적인 항의와 운동이 이어지지 않는 한 주민들의 요구사항이 담보될 리 없었다. 서울시와 신설 성남시도 책임을 서로 떠넘기며 광주대단지의 빈민들을 끝까지 이방인 취급했다. 이처럼 광주대단지 주민들의 봉기는 즉흥적이며 일회적이었다는 한계를 지니고 있다.

그럼에도 불구하고 광주대단지 사건은 한국 빈민운동의 원점이자 기원으로 기억된다. 이전까지 빈민들은 사회적으로 소외되고 위축되어 어느 자리에서도 자신의 입장이나 바람을 당당히 드러낼 수 없었다. 국가의 차별적 정책이나 부당한 지시에 큰 목소리로 항의해보겠다는 생각 자체를 하지 못했다.

정부에서 시키는 대로 하거나 나라에서 살 수 있는 터전을 마련해주는 것만으로도 과분하게 여기는 사람들이었다. 그들에게 가난은 언젠가 극복할 수 있는 해결 가능한 과제라기보다 영원히 짊어지고 가야 할 고단한 삶의 더께였다. 빈민들은 누추한 빈곤의 그늘에서 벗어날 수 있다는 기대 자체가 없는 사람들이었다. 가난이란 이렇듯 허약한 마음과 미련한 태도를 내면화한다.

가난한 이들이 처음으로 큰 목소리를 내며 과감하게 저항에 나섰다는 점에서 광주대단지 사건은 한국 현대사에서 '가난을 주체화'하고 '빈곤을 사회화'한 역사적 기점으로 평가받는다.

광주대단지 사건 이후 가난과 빈곤은 더 이상 개인적이거나 해결 불가능한 난제가 아니라 국가와 국민 전체의 노력을 통해 적극적으로 대처해야 할 사회적 과제가 됐다. 그런 점에서 광주대단지 사건은 우리에게 '가난이란 무엇인가'에 대한 물음을 다시 한 번 던져준 셈이다.

지금도 옛 광주대단지이자 현재 성남 구도심은 한국 정치의 가장 강한 소용돌이가 몰아치는 중심으로 기능하고 있다. 빈민운동이 뿌리내린 역사의 현장이 이제 온갖 혼탁한 정치 세력들이 난무하는 세대 결의 장이 됐다.

아마 그날 이렇게는 더 이상 못 살겠다고 소리치며 마을 중앙으로 몰려나왔던 광주대단지의 주민들이 바란 게 자신들의 행적이 극단적인 좌파운동 세력화의 기제로 사용되는 건 아니었을 테다.

혹은 자신들이 사는 곳이 '천당 아래 분당' '강남 옆 판교'라는 새로운 부동산 개발 신화를 써 내려간 성남이라는 대한민국 중산층들이 가장 선호하는 도시를 비대칭적인 방식으로 지탱하기 위한 빈민 밀집 거주 단지로 남길 바란 것도 아니었을 테다.

옛 광주대단지였던 성남시 중원구와 수정구 일대는 여전히 '도시의 변방'이자 가장 '어두운 지역'으로 취급받고 있다. 안타깝고 가슴 아픈 일이다.

천만다행인 건 광주대단지 사건을 한국 민주화에 진전을 이룬 빈민운동의 역사적 기점이자 외면받던 가난한 사람들의 응어리진 마음을 해소하려 했던 과감한 실천 행위로 인식하는 이들이 늘어나고 있다는 점이다. 2021년 50주년을 맞아 성남시에서 광주대단지 사건을 공식적으로 '8.10 성남 민권운동'으로 부르기로 정해 새 이름을 얻기도 했다.

20세기 한국 현대사에서 보기 드물게 주체적으로 일으킨 빈민들의 봉기와 민란의 현장인 성남에선 오늘도 여전히 덧없는 생의 한 자락이 아무렇게나 쓸려가거나 한 페이지의 민중사가 새롭게 쓰이고 있다.

위기의 독재정권이 감행한 '문화적 벌목'

⓪ 하루아침에 수갑 찬 범죄자로 전락

1975년 연말에 열린 가요대전은 썰렁하기 짝이 없었다. 시상식이 열리기 직전 터진 대마초 파동으로 잘 나가던 인기 가수들이 모조리 구속되었기 때문이다. 수상자는 전통 가요를 부르는 트로트 가수 일색으로 꾸려졌다.

알맹이는 빠지고 쭉정이만 남았다는 말이 돌 정도였다. 그해에는 전례 없이 새로운 음악이었던 락과 포크, 댄스 뮤직 등이 대중에게 열렬한 사랑을 받았는데 그 주역들이 모조리 사라졌기 때문이었다. 한국 락의 개척자 신중현과 포크 가수 이장희, 윤형주, 김세환은 물론 파격적인 춤과 노래로 폭발적인 반응을 얻었던 김추자 그리고

대마초 흡연 혐의로 구속된 연예인들의 소식을 전하는 신문 기사.
('대마초 연기 서서히 걷혀', 〈일간스포츠〉, 1975년 12월 14일.)

세련된 보컬 능력을 가진 정훈희, 이수미, 장현, 김종용 등 최고의
인기를 누리던 10여 명의 가수들이 동시에 구속됐다.

이들의 음악은 당시 전 세계에 보편적으로 유행하던 대중음악의
최신 흐름에도 뒤처지지 않았고 한국적인 색채를 지닌 독창적인 것
이기도 했다. 한국 가요계에 모처럼 새로운 음악들이 등장해 신선
한 변화를 가져올 거라 기대했는데, 한순간에 대중음악계의 기대주
들 전부가 붙잡혀 가버렸으니 날벼락이 떨어진 셈이었다.

그해 12월 일어난 연예인 대마초 파동으로 가수는 물론 연기자
와 코미디언까지 한창 인기를 얻고 있던 대중스타들이 몽땅 잡혀
들어가 연예계가 꽁꽁 얼어붙었다. 대중이 그토록 선망하던 스타들
이 하루아침에 수의를 입고 수갑을 찬 채 고개를 숙이고 있는 모습

으로 신문 사회면과 텔레비전 뉴스에 등장했다. 그 모습을 본 사람들의 충격은 이만저만이 아니었다. 구속된 연예인들의 죄목은 습관성 의약품으로 지정되어 단속 대상이었던 대마초 흡연이었다.

⑩ "마약을 한 것도 아닌데, 죄가 되나요?"

당시 대마초 흡연은 명백한 불법 행위였지만 연예계에선 암암리에 몰래몰래 피웠던 것도 사실이다. 대마의 환각 증세와 중독 현상은 염려할 만한 것이었지만, 번뜩이는 예술적 영감과 창작의 에너지가 필요했던 그들에게 대마 특유의 각성과 진정 효과는 포기하기 어려운 매혹적인 금기이기도 했다. 국가에서 법률로 금하고 있었지만, 그전까진 실제 현장으로까지 단속의 손길이 미치지 않는 경우가 많았기에 연예인들은 눈치껏 대마를 구해 피웠다.

그러니 1975년의 연예인 대마초 파동은 다소 뜬금없는 일로 여겨졌다. 난데없이 연예계를 이 잡듯 뒤져 대마와 관련 있는 이들을 깡그리 잡아들였으니 말이다. 당시 붙잡혀 들어간 연예인들 중에는 조사가 진행되는 과정에서 "마약을 한 것도 아닌데, 무슨 죄가 되나요?"라고 반문하기도 했던 것으로 알려졌다.

그러나 억울해하던 것도 잠시뿐, 경험하지 못한 가혹한 조사와 심문이 이어졌고 귀가 조치 없이 곧장 구치소에 구금당했다. 끝까지 반항하던 몇몇은 '남산'으로 끌려가 '뜨거운 맛'을 보기도 했다.

며칠 지나지 않아 대중은 수사 당국의 서슬과 엄포에 사기가 푹

겪인 연예인들의 고개 숙인 모습을 봐야만 했다. 자유로운 영혼이었던 연예인들이 의기소침한 모습으로 포승줄에 묶여 끌려가는 장면은 어제의 스타가 오늘의 죄수가 되었다는 사실을 실감케 했다.

정부는 대마초를 상습적으로 피운 연예인들을 일시 검거했다고 공식 발표했다. 또한 수백 곡의 금지곡을 지정해 음반을 압수하고 방송 출연을 정지시켰다. 연예계는 순식간에 된서리를 맞은 셈이었고 특히 가요계는 엎친 데 덮친 격이었다. 박정희 정권의 문화적 간섭과 통제가 보다 강력하게 시행될 것임을 예고하는 처사였다.

⑩ 문화계 길들이기와 시선 돌리기

그해 12월 사람들 사이에선 대마초를 피운 연예인 이야기뿐이었다. 간첩으로 몰린 청년들이 재판도 제대로 받지 않고 하루 만에 사형 집행을 당한 '민청학련 사건'은 금방 잊혔다. 오일 쇼크 때문에 물가가 앙등해 서민 경제는 파탄 지경에 이르렀지만, 김추자가 대마초를 펴 그렇게 기이한 춤을 출 수 있었다는 이야기만 꽃을 피웠다.

마침 그해 박정희 정권이 발표한 '긴급조치 9호'는 강력한 문화 통제로 국민의 눈과 귀를 가로막겠다는 의도가 담겨 있었는데, 정권의 음험한 문화적 지배 야욕을 대마초 피운 연예인들 벌주는 것쯤으로 생각하는 사람들도 있었다.

연예인 대마초 파동이 일어나기 직전, 박정희 정권은 큰 위기에 처해 있었다. 국내외 정세가 모두 불리한 여건이었다. 무리한 집권

연장을 위해 유신을 선포해 박정희 정권에 반감을 갖는 시민들이 늘어갔고, 오일 쇼크로 폭등하는 물가와 파탄 난 민생 경제는 국민의 불만을 점점 고조시키고 있었다. 사람들의 시선과 관심을 다른 곳으로 이끌 이벤트가 절실한 상황이었다.

박정희 대통령이 전면에 나서 "나는 어떤 사건보다 대마초 문제에 관심"이 있다며 직접 법무부를 방문해 "대마초 피운 연예인들에게 최고형을 내려라"고 초법적 지시를 내리기도 했다. 박정희 정권의 전광석화 같은 대마초 단속과 연예인 구속은 정치적 위기에 처한 정권이 감행한 '문화적 벌목'*이나 다름없었다.

즉 연예인 대마초 파동은 대중의 관심을 일거에 다른 방향으로 돌리고 새로운 정치에 대한 희망과 기대를 품게 하는 진보적인 문화계를 소탕하려는 복합적인 의도가 개입된 사건이었다.

박정희 정권의 '문화 길들이기'로 연예계를 비롯해 한국 문화계 전반이 쑥대밭이 되었지만 그런 것쯤은 아무런 상관이 없었다. 실제로 당시 대마초 파동 때 연예인뿐만 아니라 교수, 직장인, 주부 등도 함께 구속되었는데 사람들의 관심은 연예인에게만 쏠렸다.

정부 당국도 은연중에 국민이 이 사건을 연예인들의 대마초 사건으로 인지되길 바랐다. 휘발성 강한 연예인들의 낭설과 가십이 난무할수록 '문화적 벌목'의 효과는 극대화됐다.

◆ '문화적 벌목'은 이용우('일순 연기처럼 사라진 통기타·록 올림', <한겨레>, 2005년 11월 30일.)가 처음 사용한 표현이다.

⑩ 농촌의 상비약이 습관성 의약품으로

1960년대까지만 해도 우리나라 농촌 마을에선 집 마당 한편에 대마초와 양귀비를 몇 포기씩 심어놓곤 했다. 가족 중 누군가가 배앓이를 하거나 기침 가래가 심할 때 또는 두통으로 고생하면 당연한 듯 대마와 양귀비 달인 물을 먹었다. 마땅한 의료 기반이 부족했던 시절, 대마와 양귀비는 일종의 상비약이었던 셈이다.

물론 마을 어른들 중에는 약으로 써야 할 대마와 양귀비를 썰어 말린 뒤 연초로 만드는 경우도 있었다. 한 대 피우고 나면 소화가 잘되고 피로도 풀려 개운하다는 것이다. 그때까지만 해도 농촌에선 대마잎을 장죽에 꾹꾹 눌러 피우는 풍경이 그다지 낯설지 않았다.

즉 대마와 양귀비의 의약적 효능은 오래전부터 전해오는 민간 지식이었다. 또한 대마초를 말아 피우는 건 어른이 되는 요식행위거나 그저 취향에 따라 기호품을 즐기는 평범한 일이기도 했다.

그러던 게 1960년대 말부터 대마초와 양귀비에 대한 단속과 제재가 생겨나기 시작한다. '습관성 의약품'이라는 생소한

박정희 정부는 습관성의약품관리법에 의해 대마초를 규제하기 시작한다.
('습관성의약품관리법 발효', 〈조선일보〉, 1970년 11월 7일.)

용어로 대마초와 양귀비를 규정하고 민간 재배를 금지하는 법률이 입안됐다. 그전까지 비규제 작물이었던 대마와 양귀비를 복용하거나 피우는 건 물론 몰래 기르다가 적발되면 처벌받는 일까지 생겨났다.

늘 기르고 써오던 대마를 하루아침에 없앨 수는 없는 노릇이었다. 대마와 양귀비 재배를 금지하는 법률이 제정된 뒤에도 농가에선 암암리에 몇 포기씩 심어 약으로 사용하는 경우가 많았다. 단속이 나오더라도 지역 사회에서 서로 아는 처지인지라 현장에서 "없애라" "놔 둬라" 실랑이하며 드잡이는 벌어질지언정 법적 처벌까지 이어지는 경우는 드물었다.

⑩ 만들어진 사회적 금기

1970년대 들어 국가가 대마초와 양귀비를 금지하기 시작한 이유는 명확했다. 특유의 환각 작용과 강력한 각성 효과가 불러오는 중독성을 염려했던 것이다. 향정신성 의약품에 의존하면 노동 생산성이 저하되고 공동체의 건전한 문화를 해칠 수 있기 때문이라는 논리였다.

양귀비의 경우 1급 마약으로 분류해 더욱 강력하게 통제했다. 소위 '뽕'이라 불리는 양귀비의 중독성을 개인과 공동체를 동시에 파괴하는 심각한 사회적 위험으로 간주하기 시작했다. 마약류 사이에도 급을 나눠 차이를 두게 된 연유다.

대마초 흡연 연예인 구속 소식을
전하던 신문의 다른 지면에 '근면'
'자조' '협동'을 강조하는 새마을
운동 지도자 대회 홍보 기사가 실
렸다.
('75 전국 새마을 지도자 대회', 〈경향신
문〉, 1975년 12월 9일.)

근면하고 성실한 국민이 국가의 시책에 순종하는 나라를 만들고
자 했던 박정희 정권이 습관성 의약품을 단속하는 행위는 실로 자
연스러워 보인다. 대마와 마약은 '근면'과 '자조'의 대척점에 놓여
있는 물성을 가지고 있기 때문이다. 하지만 1970년대 접어들며 습
관성 의약품의 법적 제재를 강화한 내막을 들여다보면 복잡한 실타
래가 얽혀 있음을 알 수 있다.

대마와 마약은 독재자 박정희 스스로가 정서적으로 용납하지 못
하는 혐오 행위였다. 또한 당시 정권은 국민이 어떤 방식으로든 '자
유'와 '해방'을 경험케 하지 못하게 하려는 의지가 강했다. 자유로운
영혼들의 활개와 비상이야말로 독재 권력이 가장 두려워하는 문화
적 전조 증상이었기 때문이다. 한 치의 나태와 한 줌의 자유도 허락
하지 않겠다는 철권 국가의 강력한 통제 욕구가 연예인 대마초 파

동을 일으킨 셈이다.

결과적으로 박정희 정권이 실시한 '문화 길들이기'는 어느 정도 목적을 달성했다. 정치적인 불만이나 저항은 이내 잠잠해졌다. 대마초 파동 이후 연예인들은 창작과 공연 중에 자기 검열을 일상화하기도 했다.

이후 출시하는 음반마다 '밝고 명랑한 사회를 건설'하기 위한 건전 가요를 한 곡씩 끼워 넣어야만 했다. 치렁치렁한 장발에 찢어진 청바지를 입고 자유롭게 통기타를 치며 노래하던 가수들이 빡빡 깎은 짧은 머리로 점잖은 옷을 입고 관변 단체의 행사에 나가 무채색 표정으로 노래를 하기 시작했다.

자유를 향한 열정과 변화를 바라는 기대는 수그러들 수밖에 없었다. 나아가 박정희 정권은 국가 주도의 대규모 청년 행사를 개최해 청년 문화의 헤게모니를 장악하려 했다. 자유로운 청년 문화를 자생케 하기보다 직접 관여해 육성하는 방식을 택한 것이다. 자신의 딸인 박근혜를 전면에 내세워 '새마을운동'의 문화 특화 버전인 '새마음운동'을 주도하게 하기도 했다. 이후 전두환 정권이 개최한 '국풍' 행사도 같은 맥락으로 이해할 수 있다.

1975년 이후로도 잊을 만하면 톱스타 한두 명을 포함한 연예인 대마초 파동이 터졌다. 대마초 사건은 정권이 위기에 처할 때마다 급하게 꺼내 복용하는 비상약 같은 느낌을 준다. 더불어 연예인들의 다른 스캔들도 마찬가지다.

우리는 알게 모르게 지난 수십 년 동안 톱스타들의 마약 투약과 불륜, 이혼 등의 사건을 숱하게 접해왔다. 그렇게 연예인 가십을 활용해 정권은 위기를 얼렁뚱땅 넘기곤 했다.

한편 박정희 대통령의 특별 지시로 1970년 제정한 '습관성의약품관리법'(1979년 '향정신성의약품관리법'으로 개정)에 의해 훗날 자신의 하나밖에 없는 아들 박지만이 필로폰 투약 혐의로 처벌받는다. 아이러니한 일이다.

나체 시위부터
똥물 세례까지

동일방직 여직공 복직 투쟁(1976)

⑩ 천연기념물 크낙새의 죽음

크낙새는 한국에 자생했던 딱따구리과 새다. 만화 〈딱따구리〉를 알고 있는 이들이라면 크낙새의 외형과 특징 따위를 대략 유추할 수 있다. 크낙새는 세계적 희귀종이어서 1970년대 초 경기도 양주의 광릉숲에서 발견된 직후 천연기념물 197호 보호종으로 지정되기도 했다.

개체수가 너무 적은 관계로 관리의 필요성이 절실해 크낙새 서식지 부근 농지에선 농약 사용도 중지할 정도였다. 이렇듯 크낙새는 민관에 의해 철저하게 보호되었지만, 발견 이후 간간이 목격되다가 2008년 이후 자취를 완전히 감췄다. 안타까운 일이다.

광릉숲에 사는 천연기념물 보호종인 크낙새 한 마리가 담비에게 잡아먹혔다는 기사. ('강식당한 약육 크낙새', 〈동아일보〉, 1977년 3월 14일.)

1977년부터 1978년까지 1년여 동안 〈조선일보〉 〈동아일보〉를 비롯한 우리나라 최대 일간지들은 종종 크낙새 소식을 보도했다. 멸종 위기종에 대한 미디어의 관심은 당연한 의무이며 격려할 만한 일이기도 하다.

그러던 차에 1977년 3월 14일에는 보호관찰 대상이던 크낙새 한 마리가 사라졌다는 소식이 〈동아일보〉 사회면 톱 기사로 대서특필됐다.

이유를 추적해보니 밀렵이나 농약에 오염된 먹이를 먹어 죽은 게 아니라 포식자 야생 동물인 담비에게 크낙새가 잡아먹힌, 그야말로 인간의 개입이 없는 생태계에서 자연스럽게 일어난 일이었다.

몇 마리 남아 있지 않은 크낙새가 한 마리 사라진 건 통탄할 일이지만 야생 담비의 먹이 활동을 막을 수도 없는 노릇이었다. 하지만 마치 큰일이라도 난 것처럼 당시 신문들은 크낙새의 죽음을 앞다퉈 크게 보도했다.

⑩ 동일방직 여공들의 강경 투쟁

때마침 같은 시기 인천 동일방직 공장에선 수백 명 여공의 복직 투쟁이 한창이었다. 여공들은 공장 앞마당에 한데 엉겨 드러누워 사측의 해고 조치를 절대 받아들일 수 없다며 강경한 투쟁을 이어갔다. 사측의 사주를 받은 용역 깡패들과 남성 관리직원들이 여공들의 머리채를 휘어잡고 뺨을 올려 부쳤다. 몽둥이를 들어 내리치거나 발길질도 마구잡이로 했다. 여공들은 두들겨 맞은 얼굴이 퉁퉁 부었고 온몸이 멍투성이가 됐다. 농성이 거듭될수록 잘 아물지 않는 생채기가 늘어갔다.

여공들이 집단으로 해고된 이유는 스스로의 권익을 대표할 수 있는 여성 노조위원장을 처음으로 직접 선출하고 근로기준법 준수와 임금 인상을 요구하며 사측과 교섭하려 했기 때문이었다. 여공들이 자신들의 대표를 뽑아 난생처음 정당한 요구를 하며 집회를 열자 사측은 집회에 참여한 여공 노조원들이 무단으로 결근했다고 노동부에 '해고의 예고 예외 신청'을 접수했다. 경기도 노동위원회에서 반나절 만에 일사천리로 통과됐다. 여공들은 하루아침에 일터에서 쫓겨난 신세가 됐다.

동일방직은 해방 뒤 일제가 남기고 간 적산(敵産)을 국가로부터 특혜를 얻어 불하받은 자본가들이 운영하는 섬유 생산 업체였다. 한국전쟁 직후 1950~60년대 삼백산업(三白産業-제분, 제당, 면직) 정책의 수혜를 입은 회사는 급성장을 이어갔다.

정부의 비호 아래 값싼 원재료를 공급받아 저임금 노동력을 갈아 넣으면 큰 이익을 볼 수 있는 생산 환경이 갖춰졌기 때문이다. 1970년대에 이르러 동일방직은 규모가 이미 상당해져 인천 만석동에 자리한 공장에서만 1,300명 이상의 노동자를 고용하는 수준이 됐다.

스무 살도 채 되지 않은 여공들이 월급 3천 원을 받으려고 공장 문을 두드렸다. 농촌에서 도시로 올라온 여공들은 경쟁률이 치열했던 동일방직에 서둘러 취직하기 위해 6개월 혹은 1년여 동안 월급을 한 푼도 받지 않고 일하는 계약을 맺고 들어오기도 했다.

남성 관리 직원들이 월 5~10만 원의 급여를 받을 때 여직공들은 10년 차 이상 숙련공이 되어 하루 열여섯 시간 이상 특근과 야근을 해도 월급 2만 원을 넘기지 못했다. 휴무일은 한 달에 이틀뿐이었으며 그마저도 제대로 쉬지 못하고 출근하는 경우가 많았다.

섬유 생산 공장의 노동 특성상 고용자의 90% 이상이 여공이었다. 하지만 대리급 이상의 관리직은 대부분 남성이 맡았으며, 여공들은 생산직 조장이나 반장 이상으로 올라가는 경우가 극히 드물었다. 노동조합 지부장도 매번 사측과 친분 관계가 있는 남성들이 도맡았다. 그렇게 운영되던 어용노조가 여공들의 권익을 보호해줄 리 없었다.

여공들은 힘든 노동을 이어가는 와중에 남성 직원들의 간식을 준비하거나 수건과 작업복을 빨아줘야 했다. 당시 공장에선 여성들에게 강도 높은 노동 외에도 가정 내에서 여성에게 당연하게 요구하던 성적 역할을 똑같이 강제했다. 작업장 내부의 권위는 남성들이 장악하고 있었고 노동 규율도 남성 중심적으로 편제되어 있었다. 사측은 이같은 위계질서를 활용해 소수의 남성 직원들을 대우해주면서 다수의 여공을 손쉽게 통제하려 했다.

⑩ 나체 시위와 똥물 투척

1972년 여공들은 처음으로 노동조합 지부장 '주길자'를 직접 선출했다. 이전까진 당연하게도 남성 직원만 노동조합장 직책을 맡았다. 주길자는 동일방직 최초의 여성 지부장이었고 한국 노동조합 역사상 최초의 여성 위원장이었다. 이를 못마땅하게 여긴 사측은 이후 더욱 악랄하게 여공들을 탄압했다.

남성 관리 직원을 동원해 여성 노조원들을 폭행하고 남성 직원을 대표로 내세운 노조를 따로 설립해 노동부에 신고하고 기존의 여공 노조를 불법화했다. 당시에는 노동부조차 노동자의 편에 서기보다 자본가의 이익과 편의를 위해 복무하는 기관에 가까웠다.

동일방직 여공들은 만만치 않았다. 1976년 7월 25일에는 농성을 이어가던 여공들을 해산하기 위해 전투경찰이 투입되고 곤봉을 든 남성 직원들이 몰아닥쳤다. 굳세게 저항하던 여공들은 남성들의 완력에 밀리자 최후의 방법으로 옷을 벗었다. 벗은 여자 몸에는 경찰과 사측 남성 노조원들도 감히 손을 못 댈 거라는 생각이었다. 세

동일방직 여직공들의 나체 시위.
ⓒ〈경향신문〉

상을 놀라게 한 '동일방직 여공 나체 시위'는 이렇게 시작됐다.

폭력에 대항해 자발적으로 옷을 벗은 여공들을 본 경찰들이 처음에는 무척 당황했지만 이내 마구잡이로 여공들을 연행하고 강제 해산에 나섰다. 여공들이 농성 중에 옷을 벗었다는 소식은 보도 통제로 신문에 전혀 보도되지 않았다. 여공들은 거리로 나가 시민들에게 동일방직 해고 사태에 관한 진실을 담은 유인물을 뿌리고 큰 목소리로 호소했다.

정부에선 이 사태를 꽁꽁 숨기려 했지만 여공이 시위 도중 옷을 벗었다는 소문이 퍼져나가자 전 국민적인 이목이 쏠렸다. 당국도 크게 부담을 느낄 수밖에 없었다. 정부와 사측이 잠시 주춤한 틈을 타 아직 붙잡혀 가지 않고 남은 여공들이 "내가 주동자다"라고 외치며 더욱 합심해 거세게 투쟁을 이어갔다.

동일방직 여공들의 쟁의는 해가 바뀐 뒤에도 계속됐다. 1977년에도 여공들은 사측과 정부의 압력에도 굴하지 않고 끝까지 싸워가며 여성 노조위원장 체제를 이어갔다. 주길자의 뒤를 이어 1974년 '이영숙'이 노조위원장으로 취임하고 1977년에 이영숙이 잡혀가 사임한 뒤에는 '이총각'이 뒤를 이었다.

이어 1978년 2월 21일은 새로운 여성 노조위원장을 선출하는 날이었다. 이를 방해하려는 사측은 대위원회가 열리는 행사장에 잠입해 여공들을 향해 똥물을 퍼부었다. 아수라장을 만들어 대회 자체를 파기할 목적이었다. 그러나 인분을 뒤집어쓰는 수모를 당하면

"2월 21일 05시 30분, 출근하는 조합원들이 회사의 정문에 들어서자마자 노동조합 사무실 안에선 때려 부수는 소리와 함께 여자 조합원들의 비명소리가 고요의 새벽 하늘을 뒤흔들었다. 40여 개의 투표함은 몽둥이로 모조리 때려 부서졌고 노동조합 사무실의 모든 기물은 전부 파괴되었으며 회사 측 조정을 받은 5~6명의 남자들은 미리 준비한 방화수통에 똥을 담아 가지고 와서 고무장갑을 낀 손으로 선거하러 들어오는 여자 조합원들에게 닥치는 대로 얼굴에 문대고 똥을 쳐 발랐다. 그리고 금남의 지역인 여자 기숙사까지 쫓아가 그 짓들을 하고도 직성이 안 풀렸던지 똥을 담았던 방화수통을 오모 양의 머리에 뒤집어씌운 것을 보고 "경찰 아저씨 도와주세요." 하니 구경만 하고 있던 경찰은 "야, 이 ××아 입 닥쳐. 이따가 마를 거야." 하며 오히려 욕설만 퍼붓고 있었다는 사실이다."(「인천 동일방직노동조합 폭동과 똥물사건 경위」, 인천 동일방직 노동조합 정상화 투쟁위원회, 1979.)

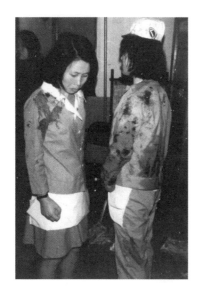

1978년 2월 21일 똥물을 맞은 동일방직 여성 노동자. 여공들의 요청으로 동일방직 인근에 있는 사진관 사진사가 찍어둬 세상에 전할 수 있었다.

서도 여공들은 끝내 물러서지 않았다.

동일방직 여공들이 나체 시위를 벌이고 똥물 세례를 받는 중에도 당시 신문 사회면에는 그녀들의 이야기가 잘 소개되지 않았다.

크낙새 소식이 하루가 멀다 하고 실릴지언정 동일방직 여공들의 투쟁 소식은 찾아보기 어려웠다. 동일방직 여공들 사이에서 "우리가 크낙새보다 못한 처지구나"라는 자괴감 섞인 분통이 터져 나왔다. 당시 한국 사회에서 여공들은 가장 중요한 산업적 기여를 담당하는 존재들이었으나 노동자로서 존중받기는커녕 한 사람의 인격체로조차 대우받지 못했다.

◎ 1970년대 여공 차별 문화

1970년대 당시 여공은 차별과 불평등이 구조화된 사회 환경에서 고된 노동을 이어가야만 하는 고립된 존재였다. 인권 문제와 노동 문제에 관심을 둔 진보적인 천주교, 개신교 단체에서 여공의 투쟁

한국 현대사를 뒤흔든 40가지 사건

에 힘을 보태긴 했으나 대다수 국민에게 여공은 비가시적인 대상이었다. 여공은 사회의 주역으로 관심받는 주체가 아니라 늘 보조적이고 수동적인 존재로만 인식되었기 때문이다.

사적 가부장제의 규율과 질서가 공적 영역으로까지 전이되며 가부장제 문화가 산업 현장에서도 자연스럽게 자리 잡았다. 여공은 남성 자본가와 남성 노동자의 보조적 역할을 수행하는 게 당연하다고 여겨졌다.

관리직 자리는 남성들이 독점한 채 말단 생산직 중에서 알량한 조장이나 반장 자리를 두고 여공들끼리 다투게 했다. 여공 사이에서 집단적 경쟁을 부추겨 내부 분열과 갈등을 일상화하려는 의도였다. 또한 시설이 열악한 기숙사에서 단체 생활을 강요하고 엄격한 규율을 적용해 여공의 근무 및 생활 방면 전부를 통제했다.

강도 높은 노동은 나날이 심화되고 고단한 생활은 나아질 기미를 보이지 않았다. 여공도 유년 시절부터 가정과 학교에서 학습된 내면화된 여성성을 극복하거나 평등의 관념을 스스로 확립하기 쉽지 않았다.

당시 여공은 한 가족의 생계를 온전히 떠맡는 경우가 많았다. 특근과 야근을 반복해야만 부모를 봉양하고 오빠의 하숙비를 대고 동생의 학비를 낼 수 있었다. 불평등하고 열악한 노동 여건 속에서도 일을 그만둘 수 없는 처지였다.

⑩ 전위적 존재로서 동일방직 여공들

1970년대 동일방직 여공들은 당시로선 보기 드문 매우 급진적인 행동 양식을 선보인 전위적 존재들이었다. 옷을 벗어가며 똥물을 맞아가면서도 포기하지 않고 자신들의 권리를 지키고자 스스로 싸웠으니 말이다. 그러나 당시 해고된 여공들의 복직은 끝내 이뤄지지 않았다.

수년간 복직 투쟁을 이어가던 여공들 중 더러는 계속 남아 싸움을 이어갔으나 대다수는 뿔뿔이 흩어져 서울 청계천 피복 공장이나 성남, 남양주, 강화 등지의 방직공장으로 옮겨갔다. 늘 가난을 짊어지고 살아야 했던 여공들이 몇 년이 지나도록 투쟁에만 몰두하기란 쉬운 일이 아니었다. 투쟁을 이어가는 여공들과 새로운 일을 찾아 떠나는 여공들은 서로가 서로의 마음을 깊이 헤아렸다.

블랙리스트를 만들어 여공들의 재취업을 방해했던 공장주들의 집요한 조치 때문에 여공들은 투쟁의 현장을 떠나 새 일거리를 찾는 것마저 쉽지 않았다. 여공들을 탄압하던 박정희 정권이 종식되자 여공들의 노동권 개선에 별 관심이 없던 전두환 신군부가 들어섰다. 군정이 끝난 뒤 민주화가 점차 진전되던 시기에도 여공들의 인권 문제는 뒷전으로 밀려나기 일쑤였다.

시간이 흘러 한 세기가 지나고 2001년이 되어서야 동일방직 여공들은 국가를 상대로 해고 무효 소송을 낼 수 있었다. 노조 활동 방해에 따른 보상 절차도 개시됐다. 재판부는 당시 해고된 126명

중 74명에게 국가가 보상금으로 약 2천만 원씩을 주도록 명령했다.

사측에도 복직 절차 개시를 권고했으나 동일방직은 이후로도 끝내 해고자들의 복직 신청을 받아들이지 않았다. 1970년대 해고된 동일방직 여공들은 이제 60~70대 이상의 할머니가 됐다. 이총각 전 노조위원장을 비롯한 해고된 여공들은 현재까지도 '동일방직복직투쟁위원회'를 만들어 투쟁을 이어가고 있다.

> "그러나 저희들은 결코 좌절하지 않고 끝까지 싸워 똥물을 뒤집어쓰면서까지 정의를 죽여 버리지 않으면 아니 되었던 그들의 허위와 위선을 벗겨 보겠습니다. 언젠가는 진리의 알몸뚱이가 낱낱이 밝혀져 만천하에 공개되어 불의는 정의 앞에 무릎을 꿇을 수밖에 없다는 것을 확신하면서 우리들은 그날이 오기까지 싸울 것을 밝히며 끝까지 성원해 주시길 부탁드립니다."(「저희들의 간절한 호소를 들어 주십시오」, 동일방직 해고자 일동 명의 유인물 중에서)

5월의 광주는
어떻게 갱신되고 지속되는가

<그 날> 정민경

나가 자전거 끌고잉 출근허고 있었시야

근디 갑재기 어떤 놈이 떡 하니 뒤에 올라 타블더라고.
난 뉘요 혔더니, 고 어린 놈이 같이 좀 갑시다 허잖어. 가잔께 갔재.
가다본께 누가 뒤에서 자꾸 부르는 거 같어. 그라서 멈췄재.
근디 내 뒤에 고놈이 갑시다 갑시다 그라데.
아까부텀 머리에 피도 안 마른 놈이 어른한티 말을 놓는 것이 우째 생겨먹
은 놈인가 볼라고 뒤엘 봤시야.
근디 눈물 반 콧물 반 된 고놈 얼굴보담도 저 짝에 총구녕이 먼저 뵈데.

총구녕이 점점 가까이와. 아따 지금 생각혀도... 그땐 참말 오줌 지릴 뻔 했

시야.

고놈이 목이 다 쇠갔고 갑시다 갑시다 그라는데잉 발이 안떨어져브냐.

총구녕이 날 쿡 찔러. 무슨 관계요? 하는디 말이 안 나와.

근디 내 뒤에 고놈이 얼굴이 허어애 갔고서는 우리 사촌 형님이오 허드랑께.

아깐 떨어지도 않던 나 입에서 아니오 요 말이 떡 나오데.

고놈은 총구녕이 델꼬가고, 난 뒤도 안돌아보고 허벌나게 달렸재.

심장이 쿵쾅쿵쾅 허더라고.

저 짝 언덕까정 달려가 그쟈서 뒤를 본께 아까 고놈이 교복을 입고있는데. 어린놈이...

그라고 보내놓고 나가 테레비도 안보고야, 라디오도 안틀었시야.

근디 맨날 매칠이 지나도 누가 자꼬 뒤에서 갑시다 갑시다 해브냐.

아직꺼정 고놈 뒷모습이 그라고 아른거린다잉...

- 2007년 5·18 민중항쟁 기념 제3회 서울청소년 백일장 대상 수상작

⑩ 기억과 부채

고백하건대, 필자는 1980년 5월생이다. 중년으로 접어들고 있는 나이를 자랑하려는 게 아니라, 그해 5월의 광주가 원체험적인 사건처럼 느껴진다는 말을 하려는 것이다. 사실 핏덩이 갓난아기 시절이었기에 무얼 체험하고 기억한다는 게 말이 안 되는 일이긴 하지만, 그럼에도 불구하고 5월의 광주는 내 삶의 출발점을 구성하고 있는 사건이라는 생각에 휩싸여 살아왔음을 부인하기 어렵다.

40대 이상의 세대에게 광주에 대한 기억은 그만큼 강렬하고 그 파장이나 영향력은 막강하다. 말 그대로 그들에게 5월의 광주는 평생을 이어갈 삶의 규준이자 정치적 태도를 설정하는 근거였다. 민주주의라는 절대적 가치가 한국 사회에 깊게 뿌리박힌 계기는 온전히 5.18의 공로였다고 봐도 무방할 정도다.

그렇다면 2030세대에게 5월 광주의 기억은 어떤 모습일까. 우리 세대가 어린 시절 6.25 전쟁을 들먹이며 잔소리를 늘어놓는 어른들을 보는 것처럼 벌써 고루한 이야기가 되진 않았을까. 다행인지 불행인지 그렇지는 않은 것 같다. 지난 2007년 한 고등학생이 쓴 5.18 광주민주화운동에 관한 시 〈그 날〉을 보면 그렇다. 시가 공개되자 사람들은 깜짝 놀랐다. 5.18 광주민주화운동을 경험한 바 없는, 서울에 사는 여고생이 쓴 시라고는 믿기지 않았기 때문이다.

이 시를 읽은 사람들은 누구나 마음이 저릿한 감정을 느낄 것이다. 5.18 광주민주화운동이 일어났던 1980년 5월 그 날 광주의 현장에 들어가 있는 듯한 기시감을 가질 수도 있다. 〈그 날〉은 대문자 역사(History)로서의 '민주주의'와 '자유' '해방'은 한 마디 언급도 하지 않으면서 한국 사회에서 1980년 5월의 광주가 한 개인에게 어떤 기억의 인장과 지울 수 없는 부채 의식을 남겼는지 보여주고 있다.

그 날 이후 40년이 훌쩍 지난 지금까지도 그 기억은 훼손될 수 없고 부채는 끊임없이 이자가 늘어나고 있다. 즉 5월의 광주는 한국 현대사의 가장 큰 대문자 역사를 구성하는 사건인 동시에 소문자 역사(history)로서 각각의 개인들에게 원체험과 추체험으로 환기되는 삶의 편린이기도 하다. 그런 의미에서 우리 모두는 여전히 5월의 광주를 살고 있다고 봐도 무방하다.

광주로 파견된 군인들은 신속하고 무자비하게 시민들을 진압했다.
ⓒ민주화운동기념사업회

⑩ 시민과 벌레

현재 한국 사회에서 5.18 광주민주화운동에 대한 평가와 해석은 개인과 집단의 역사관과 정치적 (무)의식을 가장 적나라하게 드러내는 표지가 됐다. 여전히 1980년 5월 광주에서의 민주화운동을 폭도들이 벌인 난동으로 기억하거나 꾸며내는 사람들이 있다. 그러나 대부분의 건전한 역사의식을 지닌 시민들은 5.18 광주민주화운동을 한국 민주화의 중요한 분기점이자 고결한 희생으로 받아들인다. '민주'와 '자유'를 자연스럽게 누리고 살고 있는 현재의 우리 모두가 광주에 큰 빚을 지고 있다고 믿는 것이다.

5.18은 20세기 말 한국 사회가 경험한 가장 잔혹한 국가 폭력이자 독재 권력이 시민들을 상대로 무자비하게 저지른 범죄행위였다. 1980년 5월에 경험한 고통과 시련은 이후 오랫동안 불의와 독재에 저항할 수 있는 시민들의 자원으로 활용됐다. 공교육의 커리큘럼에서 밀려난 그해 5월의 숭고한 희생과 처절한 기억들은 '은밀한

학습'과 '비정규적 교육'을 통해 후속 세대에게 끊임없이 전달됐다. 1980~90년대 학번들은 대학에 입학하면 광주의 실상을 담은 비디오 영상을 보는 게 중요한 통과의례였다. 농촌이나 공장에서도 이동 상영으로 5월의 광주는 끊임없이 반복 재생됐다.

정권의 성격에 따라 광주의 기억을 특정한 방식으로 윤색하거나 오염시키는 경우도 있었다. 광주 시민들의 저항이 북한의 사주에 의해 일어난 일이라거나 북한에서 보낸 간첩이 시민군 속으로 깊숙히 침투해 있었다는 따위의 허무맹랑한 이야기들은 툭하면 불거져 나온다. 되든 안 되든 한국의 민주화 역사를 폄훼하고 한국 사회에 분열을 일으키려는 목적을 지닌 이들이 만들어낸 말이다.

이런 황당한 주장들은 시도 때도 없이 반복되고 위기를 맞은 민주 진영이 곤경에 처할 때마다 더욱 무성해진다. 물론 한국의 보편적이고 성숙한 민주 시민들에게 이런 수준 낮은 공작과 비열한 공격이 타격을 줄 리 만무하다. 하지만 일부에선 광주 폄하와 민주화에 대한 비하가 밥벌이처럼 되어 있는 것도 사실이다. 인정하고 싶지 않지만 세상에는 벌레처럼 사는 사람도 있다.

◎ 새로운 '국민서사'의 가능성

오랜 독재를 경험했던 한국 사회가 격렬한 투쟁을 거쳐 민주주의로 방향을 선회한 뒤에야 비로소 5월의 광주는 민주화의 기점이자 성지로서 자리매김할 수 있었다. 그렇게 되기까지 역사 왜곡과 기억

한국 현대사를 뒤흔든 40가지 사건

훼손에 맞선 시민들의 오랜 싸움의 시간이 있었다. 21세기 접어들어서도 이 같은 불멸의 신화가 지속될 수 있었던 이유는 5.18 광주민주화운동을 '국민서사'로 안착시킨 문화 콘텐츠의 힘이 크게 작용했기 때문이다. 실제로 많은 2030세대가 영화 〈택시운전사〉(장훈 감독, 2017)로 5.18 광주민주화운동을 간접 경험하고 받아들였다. 40대 이상의 세대들은 〈택시운전사〉로 5월 광주의 기억을 갱신하거나 부채 의식을 새삼 다시 끄집어내기도 했다.

국민서사란 국민 전체의 마음과 감정을 동요하거나 격발할 수 있는 공동체의 체험과 기억에 관한 이야기를 일컫는다. 얼개는 대체로 사회 구성원 전체가 경험한 과거의 상처를 어루만져 개개인의 삶의 의지를 북돋는 방식으로 짜여 있다. 어떤 성격과 내용의 국민서사가 유행하는지에 따라 당대 시류와 정치적 분위기를 감지할 수 있다.

한국전쟁과 산업화 시기 어떻게든 살아남고자 분투한 세대에 대한 호의적인 기억과 인식을 담고 있는 영화 〈국제시장〉(윤제균 감독, 2014)의 정서가 권장되는 시절이 있었다. 민

영화 〈택시운전사〉(장훈 감독, 2017) 포스터.
ⓒ쇼박스

영화 〈1987〉(장준환 감독, 2017) 포스터.
ⓒCJ엔터테인먼트

주화 과정의 고난과 역경을 온몸으로 경험한 세대에게 바치는 헌사 격인 영화 〈변호인〉(양우석 감독, 2013)이 환호를 받은 때도 있었다. 이질적인 것처럼 보이는 갈래가 다른 두 종류의 국민서사는 동시기에 분출되어 경합을 벌이기도 한다. 세계는 명확하게 분리되지 않고 대중의 취향과 기호는 무 자르듯 분절되지 않는다.

다만 분명한 건 국민서사화된 역사에 대한 새로운 감각이 공통의 기억과 부채 의식을 지닌 시민들로 하여금 앞으로 더 나은 세상을 만들어갈 잠재성과 가능성을 품게 만드는 원동력으로 작용한다는 점이다. 어느 세대의 경험과 기억이 더 윤리적이냐 올바른 것이냐에 대한 해묵은 논란은 더 이상 말싸움으로만 진행되지 않는다.

이제 어느 지형의 힘과 의지가 더 강한지를 증명하는 일은 좀 더 문화적인 개입과 판단을 요구하게 됐다. 한국에서 역사 해석의 주도권은 이제 국민서사화의 가능성 여부에 달려 있다고 해도 과언이 아니다. 몇 해 전 1987년 6월 민주항쟁을 다뤄 흥행에 크게 성공한 영화 〈1987〉(장준환 감독, 2017)은 그 정점의 분위기를 보여줬다.

⑩ 역사 독점 VS 갱신과 지속

대학 시절 학생 운동을 했던 4~50대 아저씨들의 과장된 자기서사는 '꼰대'의 증거로 폄하되지만, 국민서사화된 공동체의 역사들은 여전히 마음을 고양시키는 문화적 경험으로 받아들여진다.

이 둘의 차이를 섬세하게 구분하는 게 5.18 광주민주화운동을 성공적으로 계승하는 가장 중요한 방법이 될 수 있다. 즉 5월 광주의 체험과 기억을 독점하고 홀로 고결하려는 40대 이상의 낡은 세대 감각이 문제다.

원체험은 역사 독점의 합당한 근거가 될 수 없으며 고유한 경험을 지닌 주체가 누리는 위상은 다양한 해석과 분화를 용인하는 한에서만 지켜질 수 있다. 즉 그 날의 체험과 기억은 자꾸자꾸 변형되고 가능한 더욱더 해방되어야 한다.

다행히 2030세대들이 만들어 내는 많은 문화 콘텐츠가 5월 광주의 기억을 새롭게 소환하고 환기하는 작업을 지속하고 있다. 광주 학살의 주범 전두환을 암살하려는 발칙한 시도를 담은 역사적 상상이 웹툰과 영화로 만들어졌고, 5.18 광주민주화운동의 역사적 은유를 간직한 추상과 메타적 예술 작품들이 계속 나오고 있다. 5월의 광주는 그렇게 갱신되고 지속되고 있다.

특별생방송이 이뤄낸
30년 만의 재회

이산가족찾기 특별생방송(1983)

◎ 한국전쟁 휴전 30주년 특별생방송

1983년 6월 30일 목요일 밤 10시 15분 KBS1 채널에서 〈이산가족을 찾습니다〉 특별생방송이 시작됐다. 한국전쟁 휴전 30주년을 맞아 텔레비전 생방송을 통해 이산가족을 찾게 해주겠다는 기획 의도로 시작한 방송은 두 시간 동안 진행될 예정이었다.

방송 시작부터 심상치 않은 조짐이 있었다. 몇 주 전부터 이산가족찾기 생방송 예고가 나가자 3천 명이 넘는 사람들이 출연 신청을 했기 때문이었다. 예상한 것보다 훨씬 더 뜨거운 호응에 고무된 제작진이 사전 신청자들 중에서 선별한 150명을 공개홀로 초청해 방송은 시작됐다.

생방송이 진행되는 공개홀 밖에는 아쉽게 출연이 불발된 사람들 중 300명가량이 혹시나 하는 마음에 찾아와 대기 중이었다. 저마다 텔레비전 방송에 나가면 가족을 찾을 수 있지 않을까 하는 기대감에 부풀어 있었다. 스튜디오 안팎 모두 달뜬 분위기였다.

현장 분위기는 쉽게 가라앉지 않았다. 생방송 진행을 맡은 유철종, 이지연 아나운서는 어디에 내놔도 뒤지지 않을 베테랑들이었지만 이들 역시 이날따라 정돈되지 않고 긴장한 느낌이 역력했다.

프로그램의 얼개는 단순하고 명료했다. 공개홀로 초청된 이산가족들이 한 명씩 나서 자신이 누구인지 밝히고, 찾고자 하는 가족은 누구이며, 언제 어디서 헤어졌고, 잃어버린 부모와 형제를 어떻게 기억하고 있는지를 돌아가며 인터뷰하는 방식이었다.

1.4 후퇴 때 내려오다 손을 놓쳤다거나, 거제도 포로수용소에서 헤어졌다거나, 마을 앞개울 빨래터에서 본 게 마지막이라는 사람들이 저마다의 사연을 이야기했다. 한 사람당 1~2분밖에 안 되는 매우 간단한 형식의 인터뷰였다. 한국전쟁 직후 가족과 헤어진 아픔과 고통을 간직한 사람들이 거칠게 살아온 인생 드라마와 지난 30년 동안 써내려간 애달픈 삶의 서사가 모두 담겨 있었다.

ⓞ 세계 최장 기간 연속 생방송 기록

방송이 시작되자 현장 접수 전화통은 불이 났다. 출연한 사람 중에 인연이 있는 것 같다는 사람부터 방송을 통해 헤어진 가족을 찾고 싶다는 사람까지 수천 명의 사람들이 전화를 걸어오기 시작했다.

예상치 못한 반응과 시청자들의 관심이 쏟아진 특별생방송은 예정해둔 시간을 훌쩍 넘겨서까지 끝낼 수 없었다. 찾고자 하는 가족의 정보를 하나라도 더 말하려는 출연자들과 한 사람의 사연이라도 더 전하고자 하는 제작진의 마음이 합쳐져 방송 시간은 4시간 30분을 넘어 새벽까지 이어지고 있었다.

결국 〈이산가족을 찾습니다〉 특별생방송은 1983년 6월 30일 시작해 동년 11월 14일까지 이어졌다. 생방송 일수만 138일이었고 시간으로 따지면 453시간 45분이었다. 단일 생방송 프로그램으로는 세계 최장 기간 연속 생방송 기록이었다.

KBS 특별생방송 〈이산가족을 찾습니다〉의 자료와 기록들은 그

역사적 가치를 인정받아, 지난 2015년 유네스코 세계기록유산으로 등재되기도 했다. 우리나라는 물론 전 세계 사람들이 이 방송을 한국전쟁과 분단의 참상은 물론 극복 과정까지 담고 있는 보기 드문 사례로 함께 기억하게 됐다.

원래 한 차례만 방송하기로 기획한 프로그램은 시청자

이산가족찾기 특별생방송으로 30년 만에 만난 가족들의 사연을 연일 소개했다. ('이 아픔, 이 통곡, 이 단절', 〈동아일보〉, 1983년 7월 4일.)

한국 현대사를 뒤흔든 40가지 사건

들과 출연을 원하는 사람들의 불같은 성원에 힘입어 바로 다음 날 특별생방송을 재개했다. 전화 응대를 늘리고 현장 진행요원을 대폭 확보했지만 밀려드는 이산가족들의 요구와 바람을 소화하기에는 역부족이었다. 하루 종일 텔레비전을 보며 전화를 붙잡고 있던 사람들이 도통 연결이 안 되자 급기야 서울 여의도 KBS 방송국 앞으로 몰려들기 시작했다.

방송 시작 이틀 뒤인 주말부터 광주, 대전, 대구, 부산 등 전국 각지에서 상경한 이산가족들로 여의도 광장은 인산인해를 이룬다. 찾고자 하는 가족의 이름과 정보를 적은 손 팻말과 KBS 방송국 건물 벽면을 가득 채운 벽보가 등장하게 된 것도 이때부터였다. 사람들은 여의도 광장을 '만남의 광장'이라고 부르기 시작했다.

⑩ 환희와 머뭇거림의 공존

특별생방송을 향한 사람들의 관심은 말 그대로 폭발적이었다. 시청률은 75%를 넘어섰고 KBS는 정규편성을 중단한 후 즉시 특별생방송 체제로 전환했다. 방송은 이제 인력으로 조정하는 단계를 넘어 역사적 힘에 이끌려 지속되고 있었다.

생방송이었기 때문에 통제하지 못한 현장음이 고스란히 마이크로 전달되기도 했다. 피붙이의 이름을 목 놓아 부르는 고성과 예상치 못한 순간에 가족임이 확인된 이들의 탄성과 울음 따위가 걸러지지 않고 전송됐다.

방송을 진행하던 아나운서들도 어느 순간 성사될지 모를 극적인 만남을 예측할 수 없었다. 방송이 거듭될수록 한 사람의 사연이라도 더 소개해야 하는 상황을 맞아, 상봉 장면 틈틈이 물밀듯 밀려드는 이산가족들의 정보와 사연을 읽어줬다. 이쯤 되면 방송 진행을 위해 사전에 준비한 큐시트와 대본은 불필요했다.

잃어버린 가족을 되찾은 이들이 터뜨리는 격앙된 감정과 기쁨과 환희의 울부짖음이 텔레비전 화면을 통해 그대로 송출됐다. 또한 이산가족들이 상봉하는 순간 겪을 수밖에 없는 머뭇거림과 기연미연(其然未然)하는 태도까지 날것으로 걸러지지 않고 전해졌다. 가족과 재회하는 이산가족들의 복잡다단한 감정 기복과 알 수 없는 마음의 상태는 30년이라는 세월의 무게와 흔적이 결코 균질하거나 동일하지 않다는 점을 말해주고 있었다.

생방송을 진행하던 아나운서들은 방송을 진행한다기보다 가족

생방송 도중 가족을 극적으로 만난 사람들이 얼싸안고 있다.

한국 현대사를 뒤흔든 40가지 사건

을 찾길 절절하게 바라는 이들의 가까운 이웃이나 친구처럼 함께 기뻐하고 슬퍼했다. 방송 진행자들은 어떤 상황에서도 평정심을 유지하려고 애썼으나, 방송이 시작되자 이내 그들과 감정이 동조화되어 함께 웃고 울고 하는 모습을 보여주기도 했다. 어디에서도 볼 수 없는 드라마틱한 상봉 장면들이 눈앞에 펼쳐지는 역사적인 현장에 있었으니 어쩔 도리가 없는 일이었다.

⓪ 텔레비전은 힘이 세다

시청자들이 몇 달 동안 이 방송에서 눈을 뗄 수 없었던 이유는 극적 상봉이 연달아 계속 성사되었기 때문이다. 10만여 명이 접수했고 5만여 명이 출연했으며 1만여 명의 가족이 재회했다. 여러 정보를 취합해 서로 가족이라 생각되는 사람들을 생방송 이원중계로 연결시켜주는 장면이 백미였다.

이분할된 화면에 각각의 얼굴이 나오고 서로가 기억하는 가족의 신체 특징이나 헤어졌던 기억 등을 맞춰본 뒤 헤어진 가족임을 확인하는 절차가 이어졌다.

시청자 대부분은 화면 속 서로 닮은꼴 얼굴이 잡히는 순간 저들이 가족 사이임을 단박에 알아챌 수 있었다. 30년간 떨어져 살았지만 부모와 자식 혹은 동기간일 수밖에 없는 게 분명해 보이는 비슷한 이목구비를 가진 사람들이 동시에 노출되는 화면은 텔레비전 미디어만이 구현할 수 있었던 가족 확인 절차의 가장 확실한 증거이기도 했다. 당시 방송을 시청하던 수많은 국민이 실시간으로 헤어진 가족들의 재회와 상봉을 승인하고 판정해준 셈이다.

'이산가족찾기 특별생방송'은 텔레비전의 힘을 과시하는 계기가 됐다. 그동안 신문과 라디오에서도 이산가족찾기 캠페인이 종종 시행되었으나 효과는 미미했다. 아무래도 미디어 수용자 층이 한정적이다 보니 전파력이 낮았고 활자와 목소리만으로 정보를 비교 확인해야 하는 한계도 있었다.

카메라 중계를 통해 브라운관으로 서로의 얼굴과 신체 특징을 곧바로 알 수 있자 오랫동안 떨어져 살았더라도 서로를 가족으로 금방 인지했다. 한 화면에 묘하게 서로 닮은 부모와 자식, 형제와 자매의 얼굴이 비춰지는 순간 전 국민이 가족이 맞다며 손뼉을 쳤다.

전국망을 갖춘 컬러 텔레비전 방송의 위력은 대단했다. 수십 년간 분단국가로 유지되어온 한국 사회가 겪어야만 했던 이산가족 문제를 해결할 수 있을 거라 기대할 정도로 텔레비전 방송의 위상이 강화된 계기가 됐다.

바보상자로 불렸던 텔레비전이 과거의 훼손된 시간을 극복하고 상처를 치유할 수 있는 가능성의 매체로 등극한 셈이다. 덩달아 프로그램 오프닝 곡으로 쓰인 패티김 버전의 〈누가 이 사람을 모르시나요〉(1965, 곽순옥)와 주제곡으로 사용된 〈잃어버린 30년〉(1983, 설운도)과 같은 노래도 큰 인기를 얻었다.

이산가족찾기 특별생방송은 분단으로 생긴 이산가족의 비극을

텔레비전으로 이산가족이 상봉하고 있다. ⓒKBS 특별생방송 〈이산가족을 찾습니다〉 기록물

전 국민이 공감할 수 있게 만든 시간이었으며, 헤어진 가족들의 상처를 회복할 수 있는 가능성을 보여준 시작점이기도 했다.

⑩ 이산가족 상봉은 휴머니즘의 문제

당시 사람들에게 공영방송이라는 개념 자체가 투박한 것이었기에 KBS가 주관하는 사업을 국가 혹은 정권의 치적으로 등치하는 경우가 많았다. 그래서인지 상봉 직후, 서로 얼싸 안으며 "대한민국 만세, KBS 만세"를 외치는 게 전형적인 세리머니로 자리 잡았다. 뒤따라 이산가족들이 북한의 김일성에 저주를 퍼붓거나 태극기를 힘차게 흔드는 것도 익숙한 장면이었다. 반공(反共)을 국시로 삼고 있던 당시로선 너무나 자연스러운 태도이자 반응이었다. 가족이 뿔뿔이 헤어질 수밖에 없었던 근본 원인이 북한의 남침에 있다고 생각하는 시각이 이미 보편화되고 상식화된 상황을 반영하는 것이기도 했다.

전두환 정권도 전 국민이 흠뻑 빠져든 기회를 놓칠 리 없었다. 대통령이 KBS 공개홀을 전격적으로 방문하고 여의도광장에 몰려든 이산가족을 격려하고 응원하는 장면을 연출하기도 했다.

정부는 이참에 전 국민의 주민등록 정보를 수집하고 비교 대조할 수 있는 행정력을 갖췄다는 점을 과시하기도 했다. 이산가족들이 그토록 간절히 원했음에도 서로를 찾지 못한 까닭이 주민등록 정보 데이터베이스가 완전하지 않았기 때문이기도 했다.

이산가족찾기 방송을 통해 찾고 싶은 가족들의 정보나 단서가 확보되었을 경우, 전국 각 단위의 시군구청과 동사무소 등이 적극 협조해 가족을 찾아 연결시켜줬다. 방송의 영향력과 정부의 행정력이 결합되어 상봉의 가능성은 더욱 높아지고 수월해졌다.

다행인 건 이산가족 상봉의 문제를 남과 북 사이의 체제 경쟁으로 연결 짓지 않고 휴머니즘의 시각으로 접근해야 한다고 생각하는 사람들이 점차 많아졌다는 점이다. 이번 방송을 통해 남한 내 존재하는 이산가족들 간의 상봉이 가능했다면, 이제 북한에 살고 있는 가족들을 만나고 싶은 욕구가 자연스럽게 솟아나기 시작했다.

이전까지만 해도 북한과의 교류는 언감생심이었으나 조건 없는 이산가족 상봉을 서둘러 추진해야한다는 기류가 강해졌다. 당시 추산으로 남한 내 이산가족만 1천만 명이 넘었으니 이들의 기대는 전국민적인 요구라고 봐도 과언이 아니었다.

한국전쟁으로 남북 간에 깊은 앙금이 남아 있었고 이후 남북은 체제 경쟁 심화로 돌이킬 수 없는 적대적 관계가 지속됐다. 정치적 셈법이 복잡했던 남북 정권 양측이 비로소 소통을 시작하고 화해할 수 있게 된 물꼬가 트인 셈이었다.

이후 남북은 적십자사를 가교 삼아 남북 이산가족 상봉을 추진하기도 했다. 이산가족 상봉이 남북 각각의 정권 유지와 체제 선전에 이롭다는 계산이 선 때문이기도 하겠지만, 시간이 더 늦춰지면 살아생전 가족을 영영 만나볼 수 없을지도 모를 고령자 이산가족을 배려하자는 분위기가 조성된 때문인 이유가 컸다.

이 방송 이후 텔레비전 특별생방송의 사회적 영향과 위력은 더욱 강해져 우리 사회가 긴급히 필요로 하는 이벤트들이 특별생방송의 형식으로 공개되기도 했다. 1980~90년대 정례적으로 볼 수 있었던 '소년소녀가장 돕기' '심장병 어린이 돕기' '재난 이재민 구호' 방송 등이 이산가족찾기 특별생방송의 후신이라 할 수 있겠다.

행정복지 정책의 사각지대에서 발생하는 문제를 민간이 방송의 힘을 빌려 해결하려는 노력이었다고 볼 수도 있다. 정부가 수행해야 할 공적 역할을 방송과 시민이 대신하고 있었다.

87년 체제의
계승과 극복을 위해서

6월 민주항쟁(1987)

◎ 6.29 민주화 선언

1987년 6월 10일 서울역 앞 광장에 모인 100만 명의 시민과 학생
들은 성난 군중의 힘이 얼마나 위대하고 강한 것인지를 몸소 체험
했다. 엄청난 인파가 한데 모이니 발을 굴러 대지에 진동을 일으키
고 큰 함성으로 하늘을 깨트릴 수 있을 것만 같았다. 도심과 대학
인근에서 산발적으로 펼쳐지던 학생들의 화염병 시위가 직장인을
비롯한 시민 모두가 함께 참여하는 집회 및 행진으로 바뀌면서 전
두환 정권은 위기를 직감했다. 아이러니하게도 소수의 과격한 투쟁
보다 다수의 평화로운 움직임에 더 겁이 났다.

서슬 퍼런 군사독재정권 하에서 민주화를 공개적으로 요구하는

일이란 자신의 모든 걸 내걸고 감행하는 도전이나 마찬가지였다. 그렇지만 '권인숙 성고문 사건' '박종철 고문치사 조작 사건' '이한열 최루탄 피격 사건'을 연이어 경험하며 이제 한국의 평범한 시민들도 더 이상 독재정권의 횡포를 방관하지 않기로 결심했다. 남녀노소 가리지 않고 수많은 사람이 거리로 나가 시위대로 합류했다. 6월 민주항쟁을 통해 '권인숙' '박종철' '이한열'이라는 이름은 한국 민주화 역사에 잊을 수 없는 고유명이 됐다.

6월 민주항쟁이 절정의 국면으로 치닫자 전두환 독재정권은 1980년 광주에 이어 서울에서도 군 병력을 출동시켜 광장의 시민들을 쓸어버릴지 혹은 시민들의 직선제 개헌 요구를 수용하고 물러날지 고민하며 둘 사이의 선택에서 갈팡질팡한다.

한 번 더 군(軍)을 개입시켜 시민들을 제압한다면 영원히 돌이킬 수 없는 역사의 과오를 저지르는 것이었고, 직선제 개헌을 받아들이고 단임제로 임기를 끝낸다면 독재정권의 영속을 더 이상 기대할 수 없을 것이었기 때문이다.

1987년 6월 29일 시민들의 거센 저항과 도전을 막지 못한 전두환 정권과 당시 여당이었던 민정당의 노태우 총재는 직선제로 개헌하겠다는 '6.29 민주화 선언'을 발표한다. 독재정권이 패배를 인정하고 시민들의 민주화 요구를 받아들이기로 결정한 셈이다. 직선제 개헌으로 우리나라 국민은 박정희 유신체제 이후 중단되었던 직접선거의 권리를 다시 되찾았다.

직선제 개헌 요구를 수용하겠다는 노태우 총재의 6.29 선언을 보도하는 신문 기사.
(〈경향신문〉, 1987년 6월 29일.)

국민이라면 누구나 직접 1인 1표를 행사해 대통령을 선출할 수 있게 되면서, 철옹성 같던 독재 권력을 권좌에서 끌어내릴 수 있는 가능성이 제도적으로 마련됐다. 쉼 없이 몰아친 1987년 6월의 민주항쟁은 시민들의 승리로 끝난 것처럼 보였다.

ⓞ 6월 민주항쟁의 성과와 의미

1987년 6월 민주항쟁의 성과와 기대는 명확하다. 제도적 차원에서 '직선제 개헌'이라는 민주화의 진전을 이끌어냈고, 전두환 독재정권을 합법적으로 종료시킬 수 있는 계기를 마련했다. 박정희 독재정권의 18년 장기 집권과 우발적이고 비극적인 종말(10.26 사건)을 똑똑히 기억하고 있던 국민이 큰 희생을 감수하고 새로운 역사의 전환점을 스스로 모색했다.

1980년 광주민주화운동에서 시민들을 학살한 뒤 집권한 전두환 정권은 임기 내내 우리 국민에게 엄청난 트라우마를 안겨줬지만, 다행히 7년 단임으로 공포 정치의 시간을 끝낼 수 있었다.

제도적 차원의 변화를 뛰어넘어 6월 민주항쟁은 우리 국민이 민주화에 대한 상상의 지평을 넓혔다는 점에서 큰 의미가 있다. 오랜 독재정권 지배 아래서 우리에겐 불가능하거나 요원해보이기만 했던 민주화에 대한 기대를 실현할 수 있으며, 시민들의 연대와 도전이 상상을 현실로 만들어낼 수 있다는 성취의 동기를 제공했다. 즉 민주주의에 대한 생각의 근육에 힘이 붙은 셈이다.

6월 민주항쟁은 아시아에서 최초로 시민들의 자발적인 참여와 노력으로 독재 권력의 항복을 받아낸 승리의 역사라는 점에서도 눈에 띈다. 민주주의가 발달한 미국과 유럽 사회가 겪었던 시민혁명이 부재하기 때문에 아시아 국가들에선 진정한 의미의 민주주의적

1987년 6월 26일 부산에서 열린 국민평화대행진에 참가한 한 청년이 펼쳐든 대형 태극기를 뒤로 하고 웃통을 벗은 채 도로를 질주하고 있다.

근대화가 이뤄질 수 없다던 서구 학자들의 지적을 보기 좋게 뒤엎었다. 식민지 경험으로 '이식된 제도'와 '주어진 법률'로만 세운 껍데기 같은 나라의 허약한 지반 위에서 민주주의라는 장미꽃을 어렵사리 피워냈다.

또한 1987년 6월 민주항쟁은 산업화와 경제성장으로 국민을 배부르게만 해주면 그만이라는 독재자들의 시혜적 관점이 우리 국민의 '몸'과 '정신'을 완전하게 장악할 수 없다는 사실을 증명하기도 했다. '밥'과 '자유' 중 무엇이 더 긴요하냐는 양자택일의 소모적 질문을 비로소 내동댕이칠 수 있게 됐다. 밥의 소중함 못지않게 자유의 목마름도 동시적으로 절실하다는 욕망이 누구에게나 잠재되어 있다는 사실을 자각했다.

⑩ 절반의 성공 vs. 절반의 실패

정권의 개헌 약속을 받고 100만 시위대를 뒤로 물린 '서울역 회군'은 흔히 6월 민주항쟁을 '미완의 혁명'으로 평가받게 하는 요소다. 독재 세력의 항복을 받아낸 뒤 더욱 가열차게 투쟁을 몰아쳐 군사정권의 싹을 완전히 도려내야 했었다는 아쉬움이 담긴 역사적 관점의 반영이다. 가까스로 얻어낸 직선제 개헌으로도 그해 겨울 치러진 대선에서 정권 교체를 이뤄내지 못하고, 전두환의 친구이자 군사독재정권의 후예인 민정당의 노태우 후보가 대통령에 당선되었기에 그날의 철수는 더욱 뼈아프게 느껴진다.

한국 현대사를 뒤흔든 40가지 사건

그해 6월에 학생과 시민사회가 내린 미숙한 결정을 놓고 훗날 두고두고 한국형 시민 혁명의 완성에 확실한 매듭을 짓지 못했다는 자책과 날선 비판이 이어졌다. 1987년 6월 민주항쟁을 '절반의 성공' 혹은 '절반의 실패'로 보는 판단은 모두 이 같은 관점에서 비롯됐다. 하지만 당시 100만 군중이 참여한 시위를 이끌었던 지도부는 물론 민주화운동에 직접 참여한 시민들 스스로도 난생처음 경험하는 대단위의 행동과 급진적 실천이 어떤 방향으로 흘러가야 할지 종잡을 수 없었다는 점을 고려해야 한다.

6월 민주항쟁의 도전과 이상은 '무정형의 상태'였다. 항쟁의 참여한 자들 모두 현실에 대한 부정적 인식을 바탕으로 세계를 변화시키고자 하는 열정은 매우 강했으나, 바뀐 세상이 어때야 한다는 사회적 합의는 이뤄지지 않았다. 그러니 시민과 학생들을 이끌던 지도부는 독재정권과 맞서 싸워 승리를 목전에 두고도 우물쭈물할 수밖에 없었다.

제도적 정치권력을 쥐어보지 못한 100만 시위대는 민주화를 향해 투신한 자신들의 노력이 어떤 형식의 민주주의로 귀착될 것인지에 대해 깊이 생각할 겨를이 없었다. 경험과 학습이 부족했던 상황에서 '민주화 이후의 민주주의'에 대한 구체적인 상을 정립할 지식과 통찰이 부족한 게 당연했다. 미숙하거나 모자랐다는 평가를 내릴 수도 있지만, 그만큼 순수하고 권력에 사심이 없었다고도 볼 수 있다.

⑩ 무상함과 지리멸렬을 넘어서기 위해서

그렇게 미숙한 동시에 순수했던 87년 민주항쟁 세대가 이제 모두 완숙하고 힘이 센 어른이 됐다. 1987년 6월 이후 한국 사회의 어느 영역이나 분야를 막론하고 민주화 세대의 위세와 영향력이 크게 발휘되지 않는 곳이 없을 정도다. 한국 사회의 40대 이하 청장년층은 태어나 지금까지 소위 '86세대'라 불리는 이들이 만들어 놓은 법적 제도의 기틀과 문화적 환경 속에서 살아가고 있다고 봐도 과언이 아니다.

우리에게 공기처럼 익숙한 정치 제도와 사회 규범들이 모두 1987년 6월로부터 비롯됐다. 오늘날 대한민국의 '앎'과 '삶'의 토대이자 지평이 되는 기준들이 그때 만들어진 경우가 많다. 개인과 공동체를 규율하는 도덕과 윤리를 포함해 교육, 사회, 문화, 경제 시스템을 모두 합쳐 '87년 체제'라 부른다.

87년 체제는 민주주의 형식을 한국 사회에 제도적으로 안착시키고 민주주의 가치를 사회 전 방위적으로 확산했다는 점에서 긍정적인 평가를 받는다. 한편 신자유주의의 득세와 합리성을 가장한 무한경쟁 체제가 우리 사회에 자리 잡는 걸 막지 못했다는 비판을 받기도 한다.

1987년 6월 민주항쟁의 주역들은 이제 모두 50대 이상의 장노년층이 됐다. 처음에는 '386'으로 호명되다가 이제 '586'으로 불리고 있으니 30년 넘게 군림한 셈이다. 이제 한국의 장노년층 중에는

1980년 서울역 회군 현장. 지금
은 사라진 서울역 고가차도 아래
수만 명의 시위대가 모여 있다.
ⓒ민주화운동기념사업회

민주주의의 규범에 친숙한 세대와 전쟁과 산업화를 경험한 세대가
수적으로 비등해졌다. 민주화 세대가 경제적-문화적으로 더 큰 영
향력을 발휘하고 있다고 봐도 무방하다.

이들은 투쟁의 경력을 적극 활용해 현실 정치 영역에서 권력을
장악해 진보의 가치가 높은 지위와 많은 재산으로 환원될 수 있음
을 증명하기도 했다. 이후 한국 사회에서 진보 타령은 철 지난 유행
가가 아니라 가장 선명하고 세련된 가치 투자로 인식되기도 했다.
즉 이들은 자신들이 옹립한 사회 제도를 가장 적극적으로 활용해
큰 혜택을 받은 존재들이기도 하다.

2020년대 이후 우리 사회에 가장 눈에 띄는 현상이 바로 '전쟁
세대의 자연 소멸'과 '산업화 세대의 몰락' 그리고 '민주화 세대의
꼰대화'다. 1987년 이후 지금까지 벌어졌던 수많은 선거와 정치 이
벤트에서 우리가 목격한 대결 구도는 모두 이 세대들 간의 힘겨루
기거나 갈등이었다. 중간중간 생겨난 변수와 의외의 결과들은 모두

이들이 상황에 따라 이합집산하거나 야합해 벌어진 일들이었다.

어느 누구도 세월의 무상함과 존재의 지리멸렬은 막을 수 없다. 아무리 혁명적으로 등장한 정치 세력조차 어느 순간에는 오래되고 낡아 퇴장할 날이 찾아오기 마련이다. 어느 세대에게나 자신의 존재 가치를 증명하는 역사의 알리바이는 차고 넘친다. '삶과 죽음을 넘나든 전쟁 세대의 상흔' '배고픔을 참고 견디며 아끼고 모았던 산업화 세대의 고단함' '독재의 칼날 앞에서도 자유와 해방을 노래했던 용기'까지. 이 모든 건 분명 존중해야 할 사회적 경험이자 역사적 교훈들이다.

그러나 화려한 전적을 가지고 있음에도 불구하고 '퇴장'을 거부한 자들에겐 '퇴행'만이 기다리고 있을 뿐이다. 빛나던 존재들도 고이고 오래되면 썩는 게 당연한 이치다. 지난 수년 간 우리를 정치에 대한 환멸에 빠지게 만든 민주화 세대의 '내로남불'과 '비역질'은 세세하게 거론하기 거북할 지경이다.

"가야 할 때가 언제인가를 알고 떠난 이의 뒷모습은 얼마나 아름다운가." 더욱 예민하고 날카로운 감각을 지닌 새로운 세대가 부상해 우리 사회의 변화와 진전을 촉발하길 고대한다.

14대 대선 정국을 뒤흔든 희대의 막장쇼

초원복국집 사건(1992)

⑩ 안갯속 대선 정국

3자 대결 구도로 치러진 14대 대선은 1992년 12월 18일 투표일이 다 되도록 당선의 윤곽이 드러나지 않는 안갯속 정국이었다. 민주자유당 김영삼 후보와 평화민주당 김대중 후보가 팽팽하게 맞선 가운데, 현대그룹 총수였던 통일국민당 정주영 후보도 만만치 않은 기세를 보여주고 있었다.

군사독재정권을 종식시키고 민주화로 이행해야 할 중요한 시대적 과제를 맡을 대한민국의 지도자는 과연 누가 될 것인가에 온 국민이 촉각을 곤두세우고 있었다. 민주 진영의 분열과 반목으로 독재정권의 후예인 노태우에게 아쉽게 패배한 지난 13대 대선의 뼈아픈 기억을 잊고, 민주 대한민국호의 첫 수장을 뽑는 야심찬 선거였다.

14대 대선은 겉으로만 보면 지난 30년 동안 독재 권력에 저항했던 민주 진영 후보 두 명과 자유 시장경제 체제를 옹호하는 재벌 출신 민간 후보 한 명이 경쟁해 민주화가 상당 부분 진전된 형태의 선거 상황으로 보인다. 민주화 투쟁 과정의 오랜 동지이자 필생의 라이벌이기도 했던 김영삼과 김대중 후보 중 누가 대통령이 되어도 국민의 눈높이에 크게 어긋나지 않아 보였다. 누가 되더라도 더 나은 세상을 만들 거라는 확신과 기대가 있었던 행복한 선거였던 셈이다.

내막을 자세히 들여다보면 선거의 실상은 복잡하고 어지러웠다. 2파전으로 예상했던 선거 구도가 정주영 후보의 가세, 인권 변호사 출신 박찬종 후보와 같은 군소후보의 봉기로 다자전 양상으로 확장되면서 각 정당들은 분주하게 이익과 손해를 계산해야 했다.

어떻게든 차기 대통령이 되려는 욕심에 김영삼의 통일민주당은 1990년 2월 일찌감치 노태우 정권 하의 여당인 민주정의당, 김종필의 신민주공화당과 3당 합당을 한 뒤였다.

'야합'과 '배신'이라는 비난을 감수하고서라도 거대 여당의 지원과 세력에 힘입어 대통령이 되려는 사전 포석이었다. 김영삼이 구독재 세력과 결탁해 친 여권 인사로 변모하면서, 김대중은 민주화 진영을 대표하는 독자적인 주자로 자리매김할 기회를 얻었다. 진보 세력의 날선 공격을 방어하기도 벅찼던 김영삼으로선 통일국민당 정주영의 급부상도 골칫거리였다.

⑩ "우리가 남이가, 잘못되면 영도다리에 빠져 죽자"

손가락질을 받아가며 3당 합당까지 해놓은 마당에 압도적인 우세를 기대했건만 선거는 예상과 다른 흐름으로 흘러갔다. 여당의 조직적 지원을 받으면서도 김영삼 후보는 김대중 후보와 큰 격차를 벌리지 못하고 있었다. 정주영 후보의 맹추격도 불안하긴 매한가지였다. 더구나 민주 시민들은 박정희-전두환 세력과 힘을 합친 김영삼에게 증오에 가까운 배신감을 내보이고 있었다.

발등에 불이 떨어진 민주자유당은 지역감정을 불러일으켜 막판 세 결집을 노렸다. 민주자유당은 본래 영남 지역 지지 기반이 탄탄했고 마침 김영삼 후보도 부산과 가까운 거제 출신이었다. 반면 김대중 후보는 목포 출신으로 호남 지역에 강력한 지지세를 확보하고 있었다. 전국적인 지지를 얻을 수 없더라도 인구수가 많은 영남의 몰표를 얻으면 무난히 당선될 수 있다는 셈법이었다.

대선 투표일을 일주일 앞둔 12월 11일 부산시 남구 대연동 초원 복국집에 부산의 기관장들이 모두 모인다. 김영환 부산시장, 박일룡 부산경찰청장, 정경식 부산지검장, 이규삼 안기부 부산지부장, 우명수 부산시 교육감, 박남수 부산상공회의소 회장, 김대균 부산 기무부대장, 강병중 부산상공회의소 부회장이 참석했다.

모임을 주관한 이는 독재정권 시절 검찰총장과 법무부 장관을 역임하고 민주자유당의 선거 책사로 있던 김기춘이었다. 말 그대로 부산을 움직이는 정관계 인사들을 모두 불러 모은 셈이었다.

초원복국집에 모여든 부산 지역 유력 인사들이
밀회를 마치고 식당을 빠져나가는 모습.
ⓒ〈경향신문〉

이 자리에서 김기춘은 "우리가 남이가, 김대중이 되면 부산 경남 사람들 모두 영도다리에 빠져 죽자" "민간에서 지역감정을 부추겨야 돼" "좀 노골적으로 해도 괜찮지 뭐. 우리 검찰에서도 양해할 것이고 아마 경찰청장도 다 양해가 된 부분."이라고 말하며 지역감정을 적극 이용해 선거에서 이겨야 한다고 주장했다.

관을 동원하는 것도 모자라 지역감정을 부추겨 정권을 잡겠다는 파렴치한 전략이었다. 이 사실이 세상에 알려진 건 통일국민당 김동길 선거대책위원장의 폭로를 통해서였다. 초원복국집에서 여당 주도하에 기관장들의 비밀 모임이 예정되어 있다는 첩보를 입수한 뒤, 통일국민당 측에서 식당 안에 도청 장치를 설치한 것이었다.

한국 현대사를 뒤흔든 40가지 사건

⑩ 역공의 시작, 멸시와 모욕

미국에 닉슨 대통령의 워터게이트 사건이 있었다면 한국에는 초원
복국집 사건이 있었다. 폭로 직후 사람들은 대통령 선거를 둘러싸
고 벌어지는 음모의 실상을 확인하고 경악했다.

숱한 흑색선전이 어떻게 만들어지는지, 눈살을 찌푸리게 하는
각종 모함과 비방이 어디에서 비롯되었는지 비로소 알게 됐다. 대
한민국의 고질적인 문제로 지적되어온 지역감정을 유발하는 장본
인이 누구인지 만천하에 드러난 것이다.

그렇게 민주자유당과 김영삼 후보가 망하는 줄 알았건만, 초원
복국집 사건은 폭로자가 애초 바라던 의도와는 달리 의외의 방향으
로 전개됐다. 민주자유당에 매수된 언론들은 지역감정을 유발한 행
위를 나무라기보다 폭로 자체의 적법성을 따지고 들었다.

불법 도청은 증거로 인정될 수 없으며, 상대 당의 선거운동을 은
밀히 추적한 통일국민당의 행태가 바람직하지 못한 거라고 물타기
를 시도했다. 민주자유당이 동원할 수 있는 세력과 가용할 수 있는
자원 모두 힘을 합쳐 도청 행위가 부도덕하다며 역공을 펼쳤다.

그렇게 공격을 이어가자 말도 안 되는 일이 일어났다. 국민도 차
차 보수 언론의 공작에 넘어가 무엇이 옳고 그른지 헷갈려 하기 시
작한 것이다.

범죄를 저지른 사람이 처벌받기보다 범죄행위를 고발한 사람이
도리어 지탄받았다. 역설적으로 초원복국집 사건은 부산 경남 지역

초원복국집 사건의 혐의에 대한 검찰의 현장 검증 모습. 요란하게 시작했지만 아무도 처벌하지 않고 끝났다.
ⓒ〈한겨레〉

이 김영삼 후보를 중심으로 똘똘 뭉쳐 결집하는 계기를 마련했다. 어이없게도 김영삼의 대선 승리에 초원복국집 사건이 가장 큰 기여를 한 셈이었다.

그럼에도 불구하고 우리는 초원복국집 사건을 한낱 해프닝이나 어찌됐든 성공한 선거 전략쯤으로 치부할 수 없다는 사실을 잘 알고 있다.

초원복국집 사건은 경남 부산 지역에 어렵게 자생하던 진보 세력에 대한 무참한 멸시였으며, 토착적으로 성립되어 있던 건강한 보수 세력에겐 큰 모욕이기도 했다.

김영삼 대통령은 3당 야합 전력과 초원복국집 사건으로 임기 내내 권력의 정통성을 의심받았다. 부정한 방법으로 잡은 권력이 늘 그렇듯 김영삼 정권 역시 초라하게 끝을 맺었다.

아들의 구속과 IMF 구제금융이 김영삼 대통령이 받은 마지막 퇴임 선물이었다.

⑩ 깊고 진한 정치의 계절

초원복국집 사건이 일어난 지 30년이 더 지났다. 그때에 비하면 현재 대한민국의 지역감정은 상당히 많이 누그러졌다. 하지만 지역에

한국 현대사를 뒤흔든 40가지 사건

따라 특정 정당 후보에 대한 편파적인 지지나 비토 분위기는 여전하다. 게다가 지역 정서에 기대 바람을 일으키거나 열세를 만회해보려는 정치인들의 전략도 과거와 크게 다르지 않다. 그들은 여전히 허풍을 불어대고 공수표를 남발하며, 우리 삶의 연속성 구간에 획기적인 분기점을 마련해줄 것처럼 환상을 불러일으키고 있다. 우리나라 정당은 언제쯤 덕성과 능력을 갖춘 리더를 만날 수 있을까.

대의 민주주의 체제에서 선거는 가장 중요한 국가적 이벤트이자 유권자에게도 가장 적극적인 정치적 의사 표현 행위다. 그런데 먹을 것 없는 잔칫상만 받아온 유권자는 벌써부터 파티가 시시하고 지루하다. 사실 요즘 같은 쌍방향 첨단 미디어 시대에 민주주의 정치란 매일매일 치르는 국민투표적인 성향이 강하다.

그렇더라도 선거가 아니고선 제도와 구조의 변화와 혁신을 이끌어내기 어려운 것도 사실이다. 그래서 때마다 돌아오는 선거와 투표가 반드시 필요하고 중요하다. 평소 현실 정치에 관심이 없는 사람들도 나라의 앞날을 걱정하는 시간이다. 깊고 진한 정치의 계절이 다가오고 있다.

냉전시대 간첩이 된
천재 이방인의 비애

무함마드 깐수 간첩 사건(1996)

◍ 〈처용가〉의 '처용'은 아랍 사람?

> **〈처용가〉**
>
> 서라벌 밝은 달밤
> 밤늦도록 노닐다가
> 돌아와 잠자리를 보니
> 다리가 넷이구나.
> 둘은 내 것인데
> 둘은 뉘 것인가
> 본디 내 것이지만
> 빼앗긴 것을 어찌하리오.

〈처용가〉는 신라 헌강왕 때(879년) 처용이 지은 팔구체 향가다. 처용이 자신의 아내가 역신과 동침하는 모습을 보고 〈처용가〉를 부르자 역신이 사죄하며 물러갔다고 한다. 국문학 연구자들은 〈처용가〉를 흔히 관용 정신을 통해 축신(逐神)을 이뤄낸 주술적 무가로 해석한다.

여기서 한 발 더 나아간 주해(註解)가 있다. '처용무'를 출 때 쓰는 처용의 가면이 서역(西域) 사람과 닮아 있다는 점과 당시 신라가 아라비아 문화권 나라들과 무역 및 교류를 활발히 진행했다는 역사적 사실을 근거로 처용이 아랍 사람일 거라는 주장이 제기됐다.

항공기를 타고 가도 하루 종일 걸릴 정도로 멀리 떨어져 있는 사이인 한국과 아랍 국가 사람들이 천 년도 더 전에 서로 만나왔다니 놀랄 일이다. 신라의 수도였던 경주와 가까운 울산 반구동에서 당시 아랍 문화와 해상 교류한 흔적이 발견되는 등 이 같은 학설에 힘을 싣는 증거들이 많다.

때문에 처용으로 묘사된 인물이 아랍 사람이라는 주장은 현재도 〈처용가〉를 해석하는 주류 학설로 인정받고 있으며, 신라와 서역과의 교류가 일찍부터 시작되었음을 입증하는 문학적 근거로 차용되고 있다.

신라시대 표기법인 향찰로 기록된 향가를 현대의 우리말로 처음 완역한 학자가 '양주동'과 '김완진'이었다면, 〈처용가〉 해석에 동서 문화 교류의 역사를 덧입혀 해석한 연구자는 '무함마드 깐수'가 최초다. 깐수 교수의 연구 덕분에 신라는 일찌감치 아랍과도 교류를 맺을 정도로 개방적이며, 수도 경주와 국제무역항 울산은 일찍이 트랜스내셔널 문화가 꽃핀 글로벌 도시였음이 드러났다.

고대 동서양 사이의 문화 가교 역할을 담당했던 '실크로드'의 출발점이자 종착역이 신라의 경주일 수도 있다는 역사적 가능성과 문화적 상상력을 발휘할 수 있는 계기를 마련했다는 점에서 큰 의미가 있다.

⑩ 레바논계 필리핀인 '무함마드 깐수'

이제 보편적 문학 상식으로 굳어진 〈처용가〉의 이 같은 해석을 처음 시도한 학자는 한국인이 아니라 외국인이었다. 레바논계 필리핀인 '무함마드 깐수(Muhammad Kansu)'.

한국을 좋아하고 한국 문화를 사랑해 한국의 대학교에 들어가 이슬람 문화를 연구했던 사람이다. 깐수의 이슬람 문화 연구 성과는 타의 추종을 불허한다. 그가 걸어온 길이 곧 한국 이슬람 문화 연구의 역사다.

그는 학술적 성과 못지않게 이슬람 관련 지식들을 대중 교양으로 전달하는 능력도 뛰어났다. 주요 일간지에는 쉽게 읽히고 깊은 깨달음을 주는 그의 글들이 실렸고 인기가 많아 텔레비전 방송 출연도 잦은 편이었다.

1980년대 한국 사회는 타 문화에 상당히 배타적이었고 외국인

한국 현대사를 뒤흔든 40가지 사건

을 대하는 사회 분위기 자체가 지금과 비교할 수 없을 정도로 폐쇄적이었다.

더욱이 이슬람 문화에 대해선 우리 사회 전체가 문외한이나 마찬가지였던 시절이었다. 다행히 깐수 덕분에 척박하기만 했던 이슬람 문화에 대한 이해 수준을 조금이나마 높일 수 있었다. 또한 외국인이라면 무조건 '미국 사람'만 있는 줄 알았던 당시 한국인들이 깐수를 통해 제3세계의 존재를 이해하고 아랍 문화를 친근하게 받아들이게 됐다.

깐수는 1990년 단국대학교에서 이슬람 문화 연구로 박사학위를 받고 교수가 됐다. 그 사이 한국인 여성과 결혼하고 가정도 꾸렸다. 이후 그는 이슬람 문화와 관련한 수준 높은 연구 논문을 주기적으로 발표하고 단행본 교양서적도 꾸준히 출간하는 등 학술 연구와 집필 활동 모두 의욕적이었다. 그는 다양한 문화적 배경을 가지고 있는 자신만의 장점을 살려 7개 국어를 사용할 줄 알았고 동서 문명 교류의 밀알을 자처했다.

⑩ '정수일'이 '무함마드 깐수'가 되기까지

1996년 7월 3일, 세상 사람 모두 깜짝 놀랄 만한 보도가 나왔다. 무함마드 깐수 교수가 국가보안법 위반 혐의로 구속되었다는 소식이었다. 사람들은 뉴스를 믿지 못했다. 뭔가 잘못되었거나 오해가 생겨 발생한 일이라고 생각할 정도였다.

국가보안법 위반 혐의로 체포된
간첩, 무함마드 깐수 교수.
(《경향신문》, 1996년 7월 22일.)

어제까지 텔레비전에 나오던 친근한 외국인 교수가 간첩이라니 어이가 없는 일이었다. 문민정부에서도 멀쩡한 학자에게 간첩 혐의를 씌우냐며 따지는 사람도 있었다. 그도 그럴 것이 이전 군사독재정권에서 조작된 간첩 사건들이 숱하게 많아 국민은 이미 이골이 난 상태였기 때문이다.

그런데 국민의 철석같은 믿음에도 불구하고 안타깝게도 깐수는 진짜 간첩이었다. 수사 결과 더욱 믿을 수 없는 사실이 속속 밝혀졌다.

깐수는 북한에서 남한으로 파견한 고정간첩이었으며 외국인이 아닌 한국인이라는 것이었다. 그의 본명이 '무함마드 깐수'가 아니라 '정수일'이라는 것도 이때 드러났다. 그리고 1946년생이 아니라 1934년생으로, 알려진 것보다 열두 살이나 더 많았다. 세상 사람들은 물론 그와 결혼해 오랫동안 함께 살던 아내조차도 그의 정체를 전혀 눈치 채지 못했다.

그는 일제의 지배를 받던 만주국 간도 용정에서 태어난 조선인이었다. 제2차 세계대전에서 일제가 패망한 이후 만주가 중국으로 다시 귀속되면서 중국 국적이 됐다. 어려서부터 총명함이 남달랐던 그는 어느 자리에서나 두각을 드러냈다.

한국 현대사를 뒤흔든 40가지 사건

1952년 중국 베이징대학교 아랍어학과에 수석 입학해 1955년 12월에 최우등생으로 졸업했다. 이후 중국의 국비유학생으로 선발되어 이집트 카이로대학교으로 유학을 갔다. 중국 최고의 이슬람 문화 전문가로 일찍부터 실력을 키웠다.

빼어난 아랍어 구사 능력을 지니고 있던 그는 유학을 마친 후 중국 외교부 및 모로코 주재 중국대사관 등지에서 일했다. 하지만 소수민족 출신이라는 한계 때문에 중국 한족 주류 세력에게 끊임없이 차별받았다.

중국에서 멸시와 모독을 견디지 못한 그는 1963년 북한으로 들어가 조선민주주의인민공화국 국적을 취득했다. 조선인 뿌리를 되찾고자 그가 선택한 조국은 남한이 아닌 북한이었다. 이때 중국의 지도자 저우언라이 총리가 직접 그를 만나 국적 변경을 만류하기도 했을 정도로 그는 뛰어난 인재였다.

북한에서 그는 줄곧 평양국제관계대학교와 평양외국어대학교에서 교수로 일했다. 그러던 그의 삶이 크게 바뀐 건 1974년 대남 특수공작원으로 선발되면서부터다. 그가 선택한 조국 북한은 어이없게도 한 세기에 한 명 나올까 싶을 정도로 우수한 학자를 콕 집어 간첩으로 만들었다. 냉전시대 분단국가의 체제 경쟁은 다른 모든 걸 압도할 만큼 중요하고 우선적인 과제로 취급됐다.

그는 혹독한 훈련과 사상 교육을 받은 뒤 남한으로 잠입하고자 신분을 세탁하기 시작한다. 우선 튀니지대학교의 사회경제연구소

연구원에 들어갔다. 이후 말레이대학교 이슬람아카데미 교수직도 맡았다. '무함마드 깐수'란 이름으로 해외에서 활동하며 북한 출신 흔적을 지워나갔다. 그렇게 10년이 지나서야 '정수일'은 레바논계 필리핀인 '무함마드 깐수'가 됐다.

⑩ 냉전시대 타고난 천재의 간첩 생활

깐수의 남파 경로는 지난하고 복잡했다. 그러나 그가 한국으로 입국한 뒤 고정간첩으로 10년 넘게 활동하며 올린 실적은 별다를 게 없는 수준이었다.

그가 북으로 송신한 남한 관련 첩보들은 누구나 다 알고 있는 정치, 경제, 문화 소식을 갈무리한 것에 불과했다. 어느 때는 그저 자신이 연구하던 학술 정보를 정리해 보내기도 했다. 그는 간첩보다 학자가 어울리는 사람이었다.

그는 한국에서 7개 국어를 한다고 자신을 소개하곤 했는데 실제로는 아랍어, 페르시아어, 한국어, 중국어, 일본어, 타갈로그어, 말레이어, 프랑스어, 러시아어, 독일어, 스페인어, 영어까지 12개 국어를 능숙하게 구사할 줄 알았다.

12개 국어를 할 줄 아는 게 들통 나면 자신의 복잡한 이력이 탄로날까 봐 염려되어 7개 국어 정도만 할 줄 아는 것으로 줄여(?) 소개했다는 웃지 못할 일화가 남아 있다.

그의 언어 능력이나 학문적 업적을 따져보면 한 마디로 '타고난 천재'라고 볼 수밖에 없다. 냉전시대 남북의 체제 경쟁과 정치적 대립도 그의 학구열을 소진시키지 못했다. 자신을 환대해주는 건 물론 점차 익숙해져 애착이 생기는 남한에서 생활하며 남몰래 이적 행위를 한다는 게 쉬운 일은 아니었다. 오랜 번민과 고뇌가 이어졌으나 자신을 믿고 간첩으로 파견한 조국 북한을 배반할 수도 없는 노릇이었다.

무함마드 깐수는 간첩 혐의로 적발되기 직전까지 빛나는 학술적 성과를 내놓은 최고의 이슬람 문화 연구 학자였다. (《경향신문》, 1992년 9월 26일.)

남한에 정착한 뒤 학자로서 명성도 얻고 비교적 윤택한 생활을 하고 있었으나, 북한에 있는 본처와 자식들을 모른 체할 수 없었다. 북에 남겨두고 온 가족이 볼모로 잡혀 있는 상황에서 함부로 행동할 수 없는 상황이었다. 그는 그렇게 세상 사람들을 감쪽같이 속이고 신분을 위장한 채, 한국에서 이도 저도 아닌 간첩이자 학자인 생활을 이어가고 있었다.

타고난 이국적 외모와 정성스럽게 기른 콧수염이 그를 영락없는 아랍 사람으로 보이게 했기에 정체가 들통날 염려는 별로 없었다. 그는 아랍어 사용과 행동거지가 완벽했기에 심지어 이슬람 사원에서 만난 아랍 사람들조차 그가 아랍인이 아닐 거라고 생각하지 못했다. 그러니 그를 간첩으로 의심하는 사람이 아무도 없었던 건 당연한 일이었다.

⑩ 고정간첩의 비애와 매너리즘

무함마드 깐수는 한국에서 새로 결혼도 하고 가정을 꾸려 생활했으며 이슬람 문화 연구자이자 학생들을 가르치는 교수 역할도 해야 했기에 더없이 분주하고 고단했다. 논문도 발표하고 방송에도 출연하며 신문 칼럼도 써야 했다.

간첩 본연의 첩보 활동에 에너지 전부를 사용할 여력이 없었다. 그러다 보니 정례적인 첩보 활동의 일환으로 누구나 구할 수 있는 신문 쪼가리에 나오는 기사를 오려 보내거나, 자신의 학문 연구 내용을 정리해 보낸 경우도 많았다. 간첩 생활의 비애와 고충을 어느 정도 이해할 수 있는 서글픈 대목이다.

무함마드 깐수 간첩 사건은 냉전시대 분단국가에서 살아온 우리에게 간첩이란 무엇인가를 새삼 다시 생각해보게 한다. 간첩은 스파이나 첩보원의 활약을 다룬 할리우드 영화에서처럼 멋지고 드라마틱한 삶을 살아가는 주인공이 아니었다. 간첩은 언제 정체가 탄로 날지 모른다는 불안감 속에서 생활의 핍진함을 견뎌내며, 밑도 끝도 없는 '밀고'와 '접선'을 반복적으로 수행해야 하는 고달픈 존재들이었다.

그들은 언제고 자신의 신세가 나락으로 떨어질지 모른다는 걱정과 긴장을 안고 살아야만 했다. 더구나 간첩임이 발각되는 순간 자살하도록 훈련받아, 독극물을 상비한 채 지닐 정도로 자신의 존엄성을 스스로 지키기 어려운 조건이기도 했다.

간첩은 냉전시대 체제 경쟁에 내몰린 국가에 의해 가장 모욕적으로 다뤄진 '비(非)인간화된 인간의 전형'이었다. 또한 그들은 자신들이 수행하는 정보 수집 업무가 그다지 영양가가 없으며, 체제 경쟁 과정에서 자신들의 첩보가 변수로 작용할 만큼 변변치 못하다는 사실을 스스로 가장 잘 알고 있어 매너리즘에 빠지기도 했다.

⑩ 버려진 간첩, 유령 같은 존재들

1996년에 깐수가 간첩으로 적발된 사정도 내막을 살펴보면 복잡한 구석이 있다. 1994년 여름 북한의 김일성이 사망하면서 아들 김정일이 권력을 승계한다. 겉으로 드러나진 않았지만 북한 정권 내부에서도 부자간의 권력 세습을 두고 엄청난 암투와 갈등이 벌어졌다. 외부적인 체제 경쟁보다 내부 단속이 더 시급한 상황이었다.

그러니 남파한 간첩에게 신경 쓸 틈이 없었다. 우선 공작금이 끊기는 등 지원이 중단됐다. 당장 자기 발등에 떨어진 불을 꺼야 했던 북한 정권이 남한 첩보 임무를 중요하게 취급할 리 없었다.

더 이상 조국 북한의 지원과 보호를 기대할 수 없으니, 남한에 파견된 간첩들도 각자도생에 나설 수밖에 없었다. 더구나 북한은 공식적으로 남한 파견 간첩이 없다는 입장이었다. 간첩에 대해선 남한도 마찬가지 태도였다. 간첩 깐수는 정권의 이해관계에 따라 버려진 셈이었다. 이 모든 게 냉전시대 간첩들에게 예정된 운명이었고 피할 수 없는 미래였다.

간첩은 남한과 북한 양측 모두에게 공식적으로 인정받지 못했기에 어느 곳에서도 실체를 드러낼 수 없으나, 현실에서 엄연히 존재하는 유령 같은 존재들이었다. 냉전시대 간첩은 언제 어디서나 비가시적인 형태로 머물 것을 강요당하는 흐릿한 그림자였다. 더구나 고정간첩이라는 직책은 현지에서 오랫동안 활동을 이어가며 막을 수 없는 세월의 더께를 받아들여야 했고, 생활의 무상함을 온전히 느끼며 살아가는 이들이기도 했다.

⑩ 고단한 이방인 간첩의 뒤늦은 전향

'무함마드 깐수' 아니 '정수일'은 간첩 혐의로 징역 12년, 자격 정지 12년을 선고받았다. 이슬람 문화권 인사와 동료 학자들의 끊임없는 탄원 덕분에 비교적 가벼운 처벌이 내려졌다. 하지만 교수직에서 쫓겨나고 모교인 단국대학교에서 박사학위를 취소당하는 것까진 막지 못했다.

그는 감옥에서 전향을 결정하고 형 집행 6년 만에 가석방된다. 이후 그는 다시 온전한 학자로 돌아와 '한국문명교류연구소'를 설립하고 소장으로 재직하며, 지금까지도 노익장을 과시한 채 한국 최고의 이슬람 문화 연구자로서 왕성한 활동을 이어가고 있다. 그의 나이도 이제 아흔이 다 됐다. 희한하게도 그의 얼굴은 이제 영락없는 한국인 할아버지의 모습으로 바뀌었다.

정수일은 20세기 초 만주에서 태어난 조선인으로 중국과 북한,

한국문명교류연구소를 설립하고
소장으로 재직 중인 정수일 교수.
ⓒ한국문명교류연구소

남한을 넘나들고 중동과 아프리카를 횡단하며 한국 현대사의 질곡
을 온몸으로 관통해낸 '식민'과 '분단'의 산증인이었다.

그는 냉전시대 북한에 의해 가장 어리석은 방식으로 활용된 엘
리트 간첩인 동시에 남한에선 자신의 정체를 숨기고 살아가야 하는
고단한 이방인이기도 했다.

역사에 만약을 가정하는 일이 덧없다는 걸 알지만, 그가 간첩이
되지 않고 이슬람 문화 연구에만 전념할 수 있는 형편이었더라면
한반도와 아랍 국가들 사이를 잇는 제2의 실크로드가 한 번 더 멋
지게 열렸을지도 모를 일이었다.

2부

역사를 바꾼 몰락의 얼굴

욕망과 추락의 시간들

'엿 먹어라'와 '치맛바람'의 기원이 된 중학 시험

무즙 파동과 입시 비리(1964)

⑩ 한국 최고 엘리트, KS 마크

한국 사회 최고 엘리트를 규정하는 표식 중에 역사와 전통을 자랑하는 게 바로 'KS 마크'다. 흔히 1960~70년대 경기중-경기고-서울대 출신을 일컫는 말이다. 누구나 알아주는 최고 학벌의 상징이자 세속적인 성공을 보증하는 뒷배경으로 인정받았다. 이 과정을 무사히 통과하면 출세하는 경우가 많았고, 그렇기에 세상 사람들에게 부러움의 대상이 되기도 했다.

실제로 KS 마크를 단 이들은 정관계와 재계는 물론 사회 곳곳의 요직을 차지하고 큰 영향력을 행사했다. 한국 특유의 혈연과 지역연고 문화만큼이나 강력한 힘을 발휘한 게 KS 마크로 끈끈하게 맺

1960년대 중학 입시 시험 광경. 열세 살밖에 안 된 어린 학생들은 몸과 마음이 성숙되기 전부터 입시 경쟁에 내몰렸다. ⓒ〈서울신문〉

어진 학연이었다. 그러니 어느 나라보다 교육열이 높았던 한국 사회에서 이 학교들을 가고자 치렀던 입시는 전쟁을 방불케 했다.

날씨가 추워도 입시 탓, 가정이 화목하거나 불행한 것도 입시 결과로 정해지는 사회였다. 대학이 한 사람의 인생을 결정하는 구조다 보니 대학을 잘 가기 위해 좋은 고등학교를 나와야 했다. 또 그러기 위해서 명문 중학교를 가는 게 필수적이었다.

중학교 입시를 치르는 나이는 고작해야 열세 살이었다. 아직 성숙하지 못한 몸과 마음을 가진 어린 학생들이 온전히 경쟁에만 내몰려야 하는 신세였다. 상대를 밟고 올라서야만 성공할 수 있다는 냉혹한 가치관이 어렸을 때부터 뼛속 깊이 새겨졌다. 약육강식의 질서에 적응해야만 사람대접을 받을 수 있었다.

당락을 결정하는 1점 차이가 인생 전체를 좌지우지하는 시대였으니 시험 문제가 잘못되면 큰일이었다. 시험이 끝나면 이번 년도는 여느 때보다 어려워 학생들이 힘들었다느니 상대적으로 쉬워 변별력이 떨어졌다느니 군말이 나오지 않는 경우가 별로 없었다. 합격과 불합격으로 갈리는 결과 때문에 어느 때고 불만이 없을 수 없겠지만, 1965학년도 중학교 입시는 유독 시끄러웠다.

⑩ 무즙 엿과 치맛바람

한 문항이 문제였다. 1964년 12월 7일에 치러진 서울특별시 지역 전기 중학교 입시 자연 과목 18번 객관식 사지선다 문항은 소위 '무즙 파동'이라 불리는 사태를 초래했다. "엿을 만들 때 엿기름 대신 넣어도 좋은 것은 무엇인가?" 서울시 공동출제위원회가 발표한 정답은 1번 '디아스타제'였다.

한편 2번 답안으로 제시된 '무즙'을 정답으로 고른 학생도 많았다. 무즙을 넣어도 엿이 만들어졌기 때문이다. 지역에 따라 엿을 만들 때 무즙을 넣는 경우가 있었다. 실제로 무즙에 디아스타제 성분이 다량 포함되어 있으니 당연히 무즙도 답이 될 수 있었다.

시험 직후부터 논란이 불거졌는데도 불구하고 서울시 교육청은 원안을 고수했다. 1번 디아스타제만 정답으로 인정하고 나머지는 오답으로 처리한 것이다. 결국 한 문제 때문에 수십 명의 학생이 그토록 선망하던 명문 중학교 입학에 실패했다. 당연히 2번 무즙을 답안으로 골라 오답 처리된 학생들의 엄마들이 들고 일어났다.

그들은 무즙을 넣어 직접 만든 엿을 들고 교육청을 찾아가 항의했다. 흥분한 엄마들은 "무즙으로 만든 엿이나 먹어라"며 소리 지르고 엿을 던지는 등 소동을 피웠다. 당시 윤천주 문교부 장관은 성난 엄마들에게 셔츠를 찢기는 수모를 당하기도 했다. 심지어 오답자의 엄마들이 국립과학수사연구원에 의뢰해 무즙으로 엿을 고을 수 있는지 실제로 실험이 이뤄지기도 했다.

이처럼 1960년대 중학교 입시는 엄마들이 치르는 대리전이기도 했다. '치맛바람'이라는 말이 처음 나온 것도 이때부터였다.

사태가 심각해지자 박정희 대통령까지 나서 입시 문제 정답 오류 사태를 일으킨 담당자들에게 책임을 묻고 파면토록 지시하기도 했다. 시험 문제 하나 때문에 문교부 차관, 서울시 교육감, 교육청 교육국장, 청와대 공보비서관 등의 목이 줄줄이 달아났다. 당시 서울시 교육감은 끝까지 "이 문제는 사회가 책임을 질 일이지, 나에게는 책임이 없다"며 퇴진을 거부하다가 빈축을 사기도 했다.

무즙으로 엿을 멀쩡하게 만들 수 있으니 무즙도 정답으로 인정되어야 했으나, 이듬해 입학 절차가 마무리될 때까지 끝내 결과는 바뀌지 않았다. 학부모들은 포기하지 않고 사법부에 소를 제기했다. 복수정답으로 바꾸고 명문 중학교 입학에서 탈락한 자녀들을 구제해 달라는 소송이었다.

1965년 3월 30일 서울고등법원은 학부모들이 제출한 무즙을 재료로 만든 엿 등의 증거물을 바탕으로 무즙도 정답으로 인정해야 한다고 판결했다. 한 문제 차이로 경기중학교에서 탈락한 서른두 명의 학생들에겐 정원 외 입학이 가능하도록 조치하라고 통고했다.

한국 현대사를 뒤흔든 40가지 사건

법원의 판결과는 달리 현장에서 학생들에 대한 구제는 빠르게 이뤄지지 못했다. 학교 정원 문제가 걸려 있어 이듬해 입학 인원을 줄여야 하는 부작용도 있었고, 무즙 문항과 상관없이 자신들도 구제해 달라며 온갖 청원과 소송이 빗발쳤기 때문이었다. 교육 당국은 판결 이후 조치에 대해선 경기중학교 교장에게 사태를 해결하라며 책임을 미뤘다. 질질 끌던 재입학은 결국 2년이 더 지나서야 성사됐다.

'무즙도 정답으로', 〈동아일보〉,
1965년 3월 30일.

⑩ 소동을 틈탄 입시 비리와 창칼 파동

자식의 명문 중학교 입학을 위해서라면 투쟁과 소송도 불사했던 엄마들이 거둔 승리였다. 나라를 뒤흔든 무즙 파동은 이렇게 마무리되는 듯 했으나 사건은 이상한 방향으로 흘러갔다.

법원의 판결 덕분에 경기중학교, 서울중학교, 경복중학교, 경기여중학교로 전학을 온 학생들 사이에 수상한 몇몇 학생이 끼어들었다. 고위공직자와 재벌가의 자제들이었다. 혼란을 수습하는 틈을 타 무즙 파동과는 전혀 관계없었던 자신의 자제들도 명문 중학교에 어

'창칼 파동'을 일으킨 1968학년도
중학 입학 시험 문항.

영부영 입학시키려 했던 것이다. 기가 막힌 일이었다.

복수정답 소동 끝에 발생한 입시 비리는 결국 국민을 또 다른 충격으로 몰아넣었다. 잘못된 걸 바로잡으려는 순간, 찰나의 틈을 비집고 들어온 입시 비리 사건이 터지자 사람들은 분노하지 않을 수 없었다.

사회적 혼란에 빠져 있는 그 순간이 부유층과 고위층들에겐 먹잇감을 사냥하는 시간이었던 셈이다. 어떻게든 부정한 방법을 동원해서라도 사적 이익을 편취하려는 고관대작들의 행태가 무즙 파동을 역이용한 입시 비리로 이어진 것이다.

시험 관리에 부실했던 교육청의 허술한 행정을 비판하던 국민은 고위층의 입시 비리에 더욱 분개했다. 가장 공정해야 할 입시 제도를 이제는 더 이상 믿을 수 없다는 분위기가 팽배해져갔다. 교육청과 학교는 공신력을 완전히 상실했다.

2년 뒤에 발생한 '창칼 파동'*까지 겹치면서 중학교 입학시험 무용론은 더욱 확산됐다. 상위권을 구분 짓기 위해 지엽적인 내용을

◆ 1967년 12월 1일 실시된 중학교 입학 시험 문제 중 "목판화를 새길 때 창칼을 바르게 쓴 그림은?" 문제에서 2번 '앞으로 당기는 것'과 3번 '뒤로 당기는 것' 답안이 논란 끝에 복수정답으로 인정된 사건이다. 이 소동 역시 법원까지 올라갔지만 오답 처리되어 입시에서 손해를 본 학생들은 끝내 구제받지 못하고 종결됐다.

한국 현대사를 뒤흔든 40가지 사건

묻는 문제들이 난삽하게 출제되고 정답을 추리는 데도 이의가 제기되니 논란이 잦아들지 않았다.

이후 한국에서 중학교 입학시험은 모두 폐지됐다. 평준화 조치를 시행해 시험을 치르지 않고 학교를 배정받았다. 1969학년도부터 서울에서 중학교 추첨제를 시행했고 이듬해에는 부산, 대구, 광주, 인천 등의 대도시도 중학교 입시 제도를 없앴다.

더불어 서울에선 1970학년도를 끝으로 이른바 명문으로 불렸던 일곱 개 중학교가 폐교됐다. 속칭 최고 명문 중학교였던 경기중학교, 서울중학교, 경복중학교, 경동중학교, 경기여중학교, 수도여중학교, 이화여중학교가 역사 속으로 사라졌다. 입시 문제가 너무 심각하니 학교를 없애버리는 극단적인 방법을 택했다.

⑩ 대물림의 욕망과 사회적 업보

주지했듯 '무즙 파동'과 '창칼 파동' 이후 중학교 입시는 철폐됐다. 하지만 1970년대와 1980년대에도 고등학교, 대학교 입시 전쟁은 계속 이어졌다. 겉으로만 평준화였지 지역에 따라 학군으로 나뉘면서 강남 8학군 학교들로 우수한 학생들이 몰려들었다.

강남 지역 아파트 값은 천정부지로 치솟고 아이를 강남에 있는 학교에 보내기 위해 위장전입도 불사했다. 부모의 소득 수준과 사회적 지위에 따라 자식이 받는 교육 혜택이 확연히 달라졌다.

개천에서 용 나는 시대가 가고 사다리는 걷어차졌다. 사회 고위층 자녀들의 입시 비리는 그 후로도 더욱 교묘하게 지속됐다. 부유층 사이에선 자녀를 좋은 학교에 보내기 위한 기상천외한 방법들이 암암리에 공유되기도 했다. 중고등학교 시기 외국에 유학 보냈다가 특례로 대학교에 입학 시기키도 하고, 적성에도 맞지 않는 승마나 하프 따위를 배우게 해 체대나 음대에 편법으로 집어넣기도 했다.

대학입학 학력고사가 대학수학능력시험으로 바뀌고 종합생활기록부와 내신이 중요해져도 파고들 빈틈이 있었다. 1980~90년대는 대학들이 뇌물을 받고 자격이 없는 이들을 부정 입학시켰다는 뉴스가 심심치 않게 터져 나왔다. 2000년대 이후로는 법학전문대학원(로스쿨)이 생겼고 의학전문대학원이 개설됐다.

정권 실세 인사의 자녀가 부풀린 성과로 부당하게 얻은 학벌이 박근혜 정부와 문재인 정부 모두에 아킬레스건이 되었던 사례를 우리는 생생하게 기억하고 있다.

1960~70년대 KS 마크를 달았던 부모 세대가 자식들에게 증표를 물려주려는 비뚤어진 욕망이 우리 사회를 지속적으로 해롭게 만들었다. 게다가 그런 부모 밑에서 속물로 성장한 80~90년대 학번 세대도 자식들의 주류 사회 안착을 돕고자 물불 가리지 않는 행태 역시 여전하다. 우리 사회가 이대로 지속된다면 지금 초중고를 다니고 있는 학생들이 어른이 되어도 바뀌는 게 없을지 모른다.

지금도 우리나라는 입시 때만 되면 국가 전체의 사회적 긴장이 높아져 모든 우선순위를 진학 관련 이슈로 할애하는 등 공동체의 에너지를 불필요하게 소진하는 일이 많다. 시험 시간에는 나라 전체가 비행기도 띄우지 않는 문화는 좋게 말하면 수험생을 배려하는 차원이기도 하지만 입시 경쟁을 당연시하거나 부추기는 사회적 병증이기도 하다.

어린 학생들은 입시의 고비를 넘지 못하면 대역죄인이나 된 것처럼 의기소침해지거나 인생의 낙오자가 되었다는 듯이 좌절하고 만다. 안타깝게도 우리 사회는 1960년대 '무즙 파동'이나 '창칼 파동'을 겪은 뒤에도 입시 문제에 대한 제대로 된 사회적 안전판을 마련하지 못했다. 이후로도 아주 오랫동안 학생들은 '사당오락(四當五落)'이니 '서연고 서성한 중경외시' 같은 상스러운 조어들을 삶의 규준으로 삼아야만 했다.

이런 교육 환경에서 자란 세대들에게 '공정'과 '평등'의 개념은 '성과주의'와 등치될 수밖에 없다. 대승적인 화해나 윤리적인 나눔의 감각을 배우고 익히지 못한 탓이다. 악습의 대물림이자 원죄를 씻지 못한 사회적 업보다.

사카린 밀수부터
똥물 투척까지

사카린 밀수와 국회 오물 투척 사건(1966)

◎ 비밀리에 들여온 흰색 가루의 정체

부산세관. 대한민국 제일의 항구 도시 부산. 외국에서 우리나라로 들여오는 수입품의 절반 이상이 부산항을 거친다. 부산세관은 국외에서 부산으로 들어오는 물건의 통관을 담당하는 국가 기관이다. 하지만 1960년대 부산항에는 정당한 절차를 거친 물건들만 들고 나지 않았다. 정식 수입 절차를 거치지 않고 세관원의 눈을 피해 몰래 물건을 들여오는 밀수는 부산항의 큰 골칫거리였다.

밀수의 대상은 시장에서 인기가 많아 돈이 되는 고급 시계, 화장품, 담배, 귀금속, 정력제 등 무궁무진했다. 밀수범들은 세관에 적발되지 않기 위해 무동력 소형 어선이나 잠수부를 동원하기도 했다.

한국 현대사를 뒤흔든 40가지 사건

돈이 되는 물건들을 걸리지 않고 밀수에 성공하면 한밑천 든든히 챙길 수 있는 시대였다.

당시 부산, 여수 등지에서 횡행하던 밀수는 지방 도시에 근거를 두고 세력화한 조직폭력배들의 주요 사업이기도 했다. 더러 크게 한몫 잡으려고 천둥벌거숭이마냥 무턱대고 밀수에 뛰어든 사람도 있었지만, 대개 금방 정체가 들통나 적발되거나 꼬리를 밟혀 곧 붙잡히고 말았다. 밀수는 위험하고 복잡한 일이었기 때문에 음지에서 오랫동안 터를 닦아가며 성장한 비합법 세력들만 손댈 수 있었다.

밀수품은 국가 경제를 망가뜨리고 시장 질서를 교란하는 주범이었기 때문에 정부에서 단속을 강화하기도 했다. 하지만 밀수 조직들도 미리 손을 써 지역 세관 혹은 경찰들과 암암리에 연계되어 단속을 피해 오고 있었다. 이들은 정기적으로 '기름칠'과 '빼빠질'을 해 미리 빠져나갈 구멍을 만들어 놓았다.

1966년 5월 24일 엄청난 양의 포대자루들이 부산세관에 의해 적발되는 사건이 발생한다. 정체 모를 하얀 가루가 담겨 있던 자루는 2,259포대(약 100톤)나 됐다. 비밀리에 들여온 흰색 가루의 정체는 사카린이었다. 조사 결과, '한국비료'가 일본에서 몰래 들여온 사카린 원료(OTSA)를 비료로 속여 세관을 통과하려 했던 것으로 밝혀졌다. 한국비료는 국내 굴지의 대기업 삼성그룹에 속해 있던 계열사였다. 즉 재벌 그룹인 삼성이 밀수를 저질렀다는 말이었다.

당시 사카린은 식량 및 물자가 부족했던 우리나라에 매우 귀한

식품 원재료였다. 설탕보다 훨씬 저렴하고 단맛은 더 강하게 내는 효율적인 화학물질이라 식음료 공장은 물론 가정과 식당에서 수요가 상당했다. 설탕이 귀하고 비쌌던 시절, 흔히 '뉴슈가'라는 제품명으로 만들어져 널리 유통되고 있었다. 설탕보다 효능은 300배나 강력하고 가격은 1/30밖에 되지 않으니, 싼값으로 단맛을 내기 위해 사카린은 매우 효과적인 재료였다.

⑩ 삼성이 주도한 사카린 밀수

사카린 밀수가 들통난 건 부두 하역 노동자들 때문이었다. 자신들이 나르는 포대가 비료 아닌 사카린이라는 걸 눈치 채고 몇 포대 빼돌리려다가 걸려 사달이 났다.

당시 '한국비료'는 일본에서 몰래 들여온 사카린 원료를 비료 공장 준공을 위한 건설 자재로 둔갑시켜 세관을 통과한 뒤 국내에 유통하려던 계획을 세운 참이었다. 밀수한 사카린을 내다 팔면 사온 값의 네 배 넘게 이윤을 남길 수 있었다. 하역 노동자들이 사카린 포대자루에 손을 댄 것도 그런 사정을 잘 알고 있었기 때문이었다.

박정희 정권은 1964년 제1차 경제개발계획을 수립하면서 가장 시급한 과제 중 하나로 비료 공장 건설을 꼽았다. 비료 부족 현상은 해방 직후부터 한국이 겪어온 고질적인 문제였다. 식민지 시기부터 비료 공장이 함경남도 흥남을 중심으로 이북에만 집중 분포하고 있었기에 분단 이후 남한은 줄곧 비료 부족 사태에 시달려야 했다.

삼성그룹의 사카린 밀수를 처음으로 폭로한 신문 기사.
('또 재벌밀수', 〈경향신문〉, 1966년 9월 15일.)

부족한 비료는 수입에 의존했는데, 아무래도 외국에서 들여와야 했기 때문에 가격이 비싸 농민들의 고충이 상당했다. 이에 박정희 대통령은 삼성그룹 이병철 회장에게 비료 공장 건설을 제안한다. 제안을 수락한 삼성이 설립한 회사가 한국비료였다. 정부의 제안을 받아들인 대가로 삼성은 한국비료 공장 건설 비용을 조달하는 데 있어 정부의 지불보증이라는 특혜를 얻어냈다.

정부보증 차관으로 비료 공장에 사용될 기계를 일본 미쓰이 물산에서 수입하면서 리베이트 100만 달러를 받았다. 그때와 지금의 화폐가치가 대략 100배 정도의 차이가 나니, 현재 가치로 족히 수천억 원에 해당하는 금액이었다. 리베이트로 받은 불법 자금은 정권과 결탁해 얻어낸 것이었기 때문에 일정 부분은 세탁을 거친 후 최고 권력과 정치권으로 다시 흘러 들어가야만 했다.

삼성이 돈세탁을 위해 동원한 방식이 바로 밀수였다. 사카린 원료를 비롯해 텔레비전, 냉장고, 세탁기, 에어컨, 전화기, 밥솥, 욕조, 양변기 등 당시로선 사치품에 해당하는 물건들을 비료 및 건설 자재로 속여 무더기로 수입하는 방법을 택했다.

⑩ 믿는 도끼에 발등 찍히다

밀수 행위가 세관에 적발된 뒤에도 삼성은 별로 걱정하지 않았다. 사전에 정부와 짬짜미한 계획이었기에 큰 문제로 불거지지 않을 줄로만 알았다.

실제로 부산세관은 밀수를 적발하고 나서도 검찰에 삼성을 고발하지 않았다. 절반에 해당하는 사카린 1,059포대를 압수하고 2천만 원의 벌과금만 추징하는 선에서 사건을 흐지부지 끝내려 했다. 그러던 게 시일이 지나 1966년 9월 15일 〈경향신문〉의 최초 폭로로 한국비료 사카린 밀수 사건이 세상에 드러났다.

음지에서 기생하는 조직폭력배, 저질 범죄자들이나 가담하는 짓으로만 알았던 밀수 행위를 국내 최고 재벌이 주도해 저질렀다는 사실을 알게 된 국민은 큰 충격을 받았다.

게다가 밀수한 품목이 당시로선 생활필수품에 해당하는 사카린과 서민들은 구경도 할 수 없었던 고급 생활용품들이었기 때문에 국민의 분노는 일파만파로 퍼졌다.

악화일로로 치닫는 여론의 등쌀을 견디지 못한 국회는 특별진상

조사위원회를 구성하기에 이르렀다. 박정희 대통령도 9월 19일 검찰에 지시해 사건을 전면 재수사하게 했다. 정권은 삼성에게 모든 잘못을 뒤집어씌우고 면피할 심산이었다. 최고 권력만 믿고 있던 삼성으로선 믿는 도끼에 발등 찍힌 셈이었다.

결국 이병철 회장은 9월 20일 기자회견을 열어 "한국비료 공장을 완공한 후 국가에 헌납하겠다"는 약속과 함께 삼성그룹 총수 자리에서 물러났다.

⑩ "똥이나 처 먹어라"

한 번 나빠진 국민 여론은 쉽사리 가라앉지 않았다. 전국 각 대학에선 학생들이 나서 밀수 규탄 성명을 발표했다. 이번 사건과 관련된 정부 관료들을 즉시 파면하고 재벌의 불법 자금을 몰수하라는 주장이었다. 야당인 민중당은 삼성그룹의 본거지인 대구에서 '특정재벌 밀수진상폭로 및 규탄국민대회'를 개최했다.

이 대회에서 박정희 정권에 가장 비판적이었던 지식인이자 〈사상계〉 발행인이기도 한 장준하는 "박정희야말로 우리나라 밀수 왕초다"라고 선언하기도 했다. 정권과 재벌, 양자 모두가 밀수 사건의 공동정범이라는 인식에서 나온 비판이었다.

놀라운 일은 또 벌어졌다. 1966년 9월 22일 국회에서 열린 사카린 밀수 사건 대정부 질의 도중, 김두한 의원이 국무위원석에 앉아 있던 정일권 국무총리, 장기영 부총리 등 장관들을 향해 인분을 투척한 것이다. 김두한은 정부 각료들이 재벌 삼성을 비호하기만 하고 스스로 책임지려는 태도를 보이지 않자 사전에 준비한 똥물을 급작스럽게 퍼부었던 것이다.

> "이것은 국민의 모든 재산을 도적질해서 합리화하는 이 내각을 규탄
> 하는 국민의 사카린이올시다. 그러니까 이 내각은 고루고루 맛을 봐
> 야 알지. 똥이나 쳐 먹어라 이 새끼들아!"
>   – 국회의사당에 오물을 뿌리기 직전 단상에서 김두한이 행한 연설

신성한 국회 본회의장에서 정부 각료들이 똥물을 뒤집어써서 범벅이 되는 사건이 벌어진 것이다. 전례 없던 일이었고 이후에도 일어나선 안 될 일이었다.

똥물을 뒤집어쓴 총리와 장관들을 비롯한 내각 전원은 그때서야 비로소 사카린 밀수 사건과 국회 오물 투척 사건의 책임을 지겠다며 총사퇴를 결의했다.

오물 투척이 벌어지는 등 정부 견제 기능을 제대로 하지 못하는 국회는 어서 문을 닫으라며 국민의 국회 해산 요구도 빗발쳤다. 김두한은 국회 오물 투척 사건을 저지른 죄과로 국회의원에서 곧바로 제명당한 뒤 서대문형무소에 구속 수감됐다.

김두한은 독립운동가 김좌진 장군의 아들로 알려져 있었지만, 종로를 주름잡던 건달 출신으로 더 이름을 얻고 있었다. 타고난 성

정이 거칠고 욱하는 기질을 숨
기지 않아 국회의원 사이에서도
크게 신망을 얻지 못했다.

그러던 김두한이 국회 대정
부 질의 회의장에 오물을 들고
들어가 국회와 정부를 동시에

1966년 9월 22일, 국회에서 오물을 투척하는 국회의원 김두한.

모욕했으니 터질게 터졌다는 반응이었다.

그런데 이번만큼은 김두한이 잘했다며 심정적으로 이해하고 호의적인 평을 내리는 국민도 많았다. 밀수 사건에 아무런 책임도 지지 않으려는 정치인들과 고위 관료들의 행태에 화가 난 국민이 이들을 향해 똥물을 퍼부은 김두한의 행위에서 대리만족을 느낀 것이었다.

이 사건 직후 김두한은 반짝 인기를 얻기도 했다. 하지만 마땅한 정치적 둥지가 없었던 김두한은 동료 의원들로부터도 매몰차게 버림받았고, 법적 처벌까지 받은 뒤 끝내 다음 선거에서 낙선의 고배를 든다.

⑩ '정경유착'이라는 잔혹한 느와르

나빠진 여론 탓에 대검찰청 특별수사부는 끝내 밀수 사건을 주도한 이병철 회장의 둘째 아들 이창희 한국비료 상무를 구속했다. 이창희는 징역 5년과 10억 원의 벌금을 선고받았다.

회장직에서 내려온 이병철을 대신해 장남 이맹희가 삼성그룹을 잠시 동안 경영하기도 했다. 하지만 6개월 뒤 이병철은 보란 듯이 복귀한다. 총수 자리에서 물러나겠다는 기자회견은 여론이 가라앉길 바란 보여주기 식 사퇴쇼였다는 게 드러난 셈이었다.

한편 사카린 밀수 사건은 우리나라 최고 재벌인 삼성 가문의 불화와 반목이 시작된 계기이기도 했다. 사태가 심각해지자 아버지와 아들들은 서로 잘못을 떠넘기는 볼썽사나운 촌극을 연출했다. 이들은 밀수 사건을 빌미로 상대가 꿍꿍이를 부려 자신을 경영 일선에서 물러나게 하려 한다고 생각했다.

실제로 이 사건 이후 삼성가 부자지간 몇몇은 끝내 연을 끊었다고 알려져 있다. 이병철 회장 사후 상속 과정에서 장남 이맹희는 쫓겨나다시피 했고, 셋째 아들 이건희가 삼성그룹을 물려받은 것도 다 이런 사정 때문이었다. 냉혹한 재벌가의 실체였다.

사카린 밀수 사건은 정부와 재벌이 공모해 저지른 범죄였다. 한국 사회의 고질적 병폐로 지적되어 온 1960년대의 정경유착이 어떤 방식으로 일어나는지 보여주는 중요한 사건이기도 했다.

한국의 정경유착은 1950년대 삼백산업 집중 지원으로 시작되었다. 삼성 역시 이 시기에 가장 직접적으로 혜택을 본 기업이기도 했다. 그렇게 한국 특유의 재벌 가문이 만들어졌고 정경유착은 더욱 노골적으로 진화해 갔다.

사카린 밀수 사건에서 드러난 것처럼 한국의 정경유착은 매우

한국 현대사를 뒤흔든 40가지 사건

사카린 밀수 밀매 사건이 폭로된 이후 삼성 이병철 회장이
기자회견을 열어 사과하며 회장직에서 사퇴하겠다는 발언을 하고 있다.
ⓒ〈경향신문〉

'견고하게 구축된 이익의 연대'처럼 보이지만, 실상 결정적인 순간
에 서로에게 잘못을 뒤집어씌우려는 '배신의 위험성이 상존하는 약
한 고리'이기도 했다. 정권과 재벌은 언제나 서로에게 신세를 지며
상부상조하는 것처럼 보이지만, 마음 속 깊은 곳에선 서로 믿을 수
없는 상대라는 의심을 품고 있는 적대적 관계이기도 했다.

둘의 관계는 예전이나 지금이나 마찬가지고 서로 간의 이합집산
은 지금까지도 반복되고 있다. 한국 영화나 드라마가 정관계의 역
사를 재현할 때 우정의 드라마가 아닌 잔혹한 느와르 장르로 만들
수밖에 없는 이유이기도 하다.

사카린 밀수 사건은 달콤해 보이지만 더럽고 끈적끈적한 점성이
한국 정경유착의 본질적 성격임을 드러낸 소동이었다.

천재의 비참한 말로가
비추는 것들

김웅용 천재 소동(1967)

⑩ 아이큐 210 신동이 나타났다

누구나 자기 자식이 함함하고 영특해 보이는 건 당연지사다. 어린
시절 언어를 쉬이 익히고 셈이 빠르면 내 자식이 천재가 아닐까 생
각해본다. 유아기에 발현되는 뛰어난 집중력과 빼어난 흡수력을 천
재성과 혼동하는 일이 잦은 건 이 때문이다. 그런데 문제는 그런 제
자식을 남 앞에 내보이고 싶은 심리가 과잉될 때 드러난다.

아무래도 자랑을 해야겠으니 가진 능력보다 더 보태 과장하고 꾸
며낸다. 그렇게 거짓이 쌓이다 보면 남보다 조금 일찍 말을 뗐을 뿐
인 네 살도 안 된 아이가 7개 국어를 하는 것으로 둔갑하는 경우가
생긴다. 또한 그저 뜻도 모르고 부모가 알려준 대로 외워 적는 것뿐

한국 현대사를 뒤흔든 40가지 사건

인데 석박사가 되어야 겨우 해결할 수 있을 법한 수학 물리 문제를 척척 푸는 것처럼 보이기도 한다.

네 살 된 김웅용이 일본 후지TV에 출연해 대학교수가 출제한 미적분 수학 문제를 풀고 있는 장면.
ⓒ〈헤럴드경제〉

1967년 11월 2일 일본 후지TV 〈세계인간박람회〉에는 네 살 먹은 한국인 신동이 출연해 일본 대학교수가 출제한 수학 문제를 능수능란하게 푸는 모습을 방송했다.

기저귀를 찬 채 색동 한복을 입고 쪼그려 앉아 큰 칠판 위에서 난해한 미적분학 공식을 적어 내려가는 어린아이는 진정 천재 같았다. 한국인 역사상 가장 높은 아이큐를 지닌 것으로 알려진 '천재 김웅용'의 유명한 일화다.

일본 본토에서 한복을 입은 네 살짜리 어린아이가 일본 대학생도 해결하지 못하는 수학 문제를 풀이하는 장면을 보고 우리 국민은 묘한 쾌감을 느꼈다. 식민지 시절 일본에게 지배받은 역사와 일본에 크게 뒤쳐져 있는 경제 수준은 당시 우리 국민이라면 누구나 갖고 있는 콤플렉스였다. 일본에서 주목한 '한국인 꼬마 신동'의 수학 문제 풀이 실력이 마치 곧 한국이 일본을 꺾고 경쟁에서 이길 수도 있을 것만 같은 기대를 품게 했다.

김웅용은 일본에서 실시한 아이큐 검사 결과 210이라는 말도 안
되는 결과를 통보받았다. 전례 없는 기록이었기에 곧바로 기네스북
에 등재됐다. 그는 태어난 지 6개월 만에 말을 시작했고 갓 돌이 지
났을 때는 한글을 익히고 장기를 둘 줄 알았다. 3세 때 벌써 5개 국
어를 할 줄 알았으며 미적분을 풀고 기하학을 이해했다. 만 네 살이
채 되기도 전 틈틈이 써둔 영어 에세이와 우리말 수필집도 한 권씩
출간했다.

7세 때는 한양대학교 물리학과에서 대학생들과 함께 양자역학
수업을 들었고, 8세에는 미국 콜로라도주립대학교에 입학해 3년 만
에 학부 과정과 석박사 과정을 마쳤다. 11세에는 나사(NASA)에 핵
물리학 분야 연구원으로 채용되어 당시 컴퓨터로도 감당하지 못하
는 우주 발사체의 궤도 계산 업무를 담당했다. 알을 깨고 태어나지
않았다 뿐이지 그는 그야말로 전기적(傳奇的)인 존재였다.

⑩ 거짓으로 판명 난 천재 일화

아무리 천재라지만 이 이야기를 모두 믿긴 어렵다. 그래서 그의 경
력을 좀 더 자세히 살펴볼 필요가 있다. 이 같은 화려한 경력들 모
두가 객관적인 증거 없이 그가 일방적으로 주장하고 있는 내용이기
때문이다.

김웅용은 16세 되던 해 미국 나사 연구원직을 그만두고 돌연 한
국으로 돌아온다. 끝없이 부과되는 계산 업무의 고단함을 견디기

미국에서 돌아와 평범하게 살고 있는
김웅용을 소개한 신문 기사.
('평범한 소년이 된 신동 김웅용군', 〈동아일
보〉, 1979년 9월 6일.)

어려웠고, 타국에서 외톨이로 지내는 신세가 처량해 쓸쓸함을 참을
수 없었다고 한다.

　그렇게 한국으로 돌아온 김웅용은 2년 동안 홀로 공부해 검정
고시를 통과한 뒤 지방의 어느 국립대학교 토목공학과에 입학한다.
이후 그는 평범하게 학교를 다니다가 대학원을 졸업한 뒤 직장에
들어가 일을 하며 살았다. 물리학 천재의 명성에 어울리지 않는 지
극히 평범한 행보였다.

　훗날 김웅용이 범상하게 살고 있다는 소식을 들은 사람들은 우
리나라가 또 한 명의 명석한 두뇌를 잃었다며 아쉬워했다. 한편 어
떤 이들은 그가 택한 평범한 삶이 이름난 천재가 으레 겪는 실패와
몰락의 증거라도 되는 양 거리낌 없이 조롱하기도 했다. 범재가 된
신동을 다시 찾아가 군이 신문과 방송에 노출시키며 '실패한 인생'
이라 성급하게 단정 짓기도 했다. 잔인한 일이었다.

더욱 놀라운 점은 위에 서술한 김웅용의 천재 스토리가 거의 전부 연출되거나 거짓으로 꾸며낸 이야기였다는 사실이다. 평범한 삶을 살고 있는 현재의 모습을 제외하면 이전까지의 '천재 김웅용'은 모두 만들어낸 이야기에 불과하다는 사실이 하나씩 밝혀졌다. 아이큐 기록 기네스북 등재도 나사 연구원도 모두 조작된 것이었다.

김웅용 본인은 현재까지도 자신의 수많은 천재 일화들에 대해 긍정도 부정도 하지 않고 있다. 검정고시 성적과 대학 시절 성과를 살펴보면 그는 알려진 것만큼 언어와 수학 분야에서 그렇게 우수한 능력을 갖고 있지 않아 보인다. 또한 미국 대학교 입학 이력 역시 공식적으로 확인할 수 없고 나사 연구원이었다는 경력 또한 허위로 밝혀졌다. 애초에 기네스북이나 미국 출국 기록 자체가 없기 때문에 김웅용의 행적은 전부 거짓으로 보는 편이 타당하다.

⑩ 반복되는 거짓 천재 소동

미국에서 지낸 것으로 알려져 있던 청소년기의 김웅용은 아무도 모르게 사회와 격리된 채 집안에서 은둔 생활을 해온 것으로 드러났다. 그의 부모가 왜 그를 숨겨놓고 키웠는지는 대략 짐작 가능하다. 천재성을 지속적으로 증명해 보이길 요구하는 주변의 기대에 부응하기 어려운 상황에 맞닥뜨리면서 김웅용을 외국으로 떠난 것으로 해놓는 방법밖에 떠오르지 않았을 테다. 미국 대학과 나사 등은 그의 외국행을 설명하고자 부풀리고 추가된 거짓 경력들이었다.

1960~70년대 벌어진 '김웅용 천재 소동'은 '조숙'을 '천재'로 혼동한 전형적인 사례에 해당한다. 남보다 조금 일찍 학습 역량을 발휘하는 것과 천재성과는 아무런 인과관계가 없다. 게다가 자식을 천재로 만들어 보려는 부모의 비뚤어진 열정이 과했던 것도 원인으로 지목할 수 있겠다. 더욱이 김웅용 스스로가 어린 시절부터 사람들에게 받았던 경배와 찬사를 계속 누리고 싶은 욕망이 있었던 것으로 보인다. 김웅용 천재 소동은 부모의 연출과 자식의 연기가 결합되어 만들어진 한 편의 허무맹랑한 픽션이었다.

1960~70년대 신문에는 신동이나 천재를 길러낸 가정을 소개하는 기사가 자주 실렸다.('세 신동을 길러-올해 장한 어머니 윤석중 여사', 《경향신문》, 1968년 4월 16일.)

그렇다고 '김웅용 천재 소동'을 개인의 일탈이나 어처구니없는 소동극쯤으로 간단히 취급할 수만은 없는 사정이 있다. 김웅용 이후에도 비슷한 사례들이 끝없이 반복되었기 때문이다.

2000년대 한국 사회를 떠들썩하게 만든 '송유근 소동'도 김웅용 천재 소동의 동일한 반복이자 무참한 재현이었다. 스탠포드대학교와 하버드대학교에 동시 합격해 두 학교를 동시에 다닐 수 있도록 허가받았다고 거짓말을 한 미국 고등학교에 다니던 한인 교포 소녀 '김정윤' 역시 마찬가지 경우로 볼 수 있다.

우리 사회는 천재의 발굴과 몰락을 지켜보길 좋아하는 관음증을 가진 환자와도 같았다. 허장성세로 드러난 천재 소동이 허무하게 막을 내리면, 어느새 곧 또 다른 신동이 나타났다며 세상 앞에 어린 아이를 발가벗겨 내다 놓았다. 자식을 영재로 키우고자 하는 가정과 천재의 등장을 바라는 사회의 욕망에 편승해 사교육 시장의 '영재 교육' 비용은 천정부지로 치솟고, 국가도 정체불명의 '인재 육성' 간판을 내걸고 조기에 천재를 발굴하는 데 몰두하기도 했다.

천재로 호명되는 개인을 향한 과장된 사회적 기대는 국가의 총체적인 부실함과 조급증을 반영한다. 남보다 뒤처져 있다는 자학과 어서 빨리 그 격차를 따라잡아야 한다는 생각에 꼼수와 변칙도 마다하지 않게 됐다. 우리도 잘 살아봐야 하지 않겠냐는 의지와 결심이 그 모든 걸 정당화했다.

후진성을 단숨에 극복하고자 하는 공동체의 열망이 특정 개인에게 집중될 때 그 무게를 견디기란 쉽지 않다. 보통 천재에겐 남들보다 빠르게 정규 과정을 밟아 능력을 증명해 보일 것과 특정 분야(대개 수학이나 과학기술 분야)에서 전례 없는 성과를 제출할 것을 요구하는 경우가 많다. 천재들이라고 그런 압력과 긴장을 버텨낼 특별한 재간이 있는 게 아니다. 인내와 끈기는 천재의 필요 덕목이 아니기 때문이다.

⑩ 괴물이 된 천재

천재 역시 한없이 나약한 인간들 중 하나일 뿐이다. 실패를 경험할 수 있는 기회를 부여받지 못한 가엾은 천재는 괴물이 되기 십상이다. 더구나 명성과 인기에 취해 천재성을 반복적으로 증명해야 한다는 강박에 빠져 있는 이들은 결국 상대를 속일 궁리를 하고 스스로 환각에 빠져 자기기만을 하는 단계에 이른다. 범인보다 천재의 삶이 더 순탄치 못한 사정은 이런 맥락에서 이해할 수 있다.

유년 시절 천재로 이름을 널리 알린 이들이 성인으로 성장한 이후 대개 평범하거나 그보다 못한 삶을 사는 것도 어쩌면 당연한 일이다. 그들은 청소년기가 지나면 천재 명성을 잃는 경우가 많다. 조숙은 성장 속도의 차이일 뿐이지 성장의 최대치를 끌어올리는 것과 무관하기 때문이다.

주변 사람들의 그릇된 환상이 천재성을 소진시키는 사례도 있다. 사회적 고립을 견디면서 많은 이의 과도한 기대를 실현해야 하는 압박과 고통을 이겨내는 건 결코 쉬운 일이 아니다. 게다가 나이 어린 천재들에게 지식의 공급은 이뤄졌을지언정 사회적 유대나 타인에 대한 공감 능력을 길러주는 일은 대개 소홀했다.

한편 인적 자원의 개발만이 공동체의 번영을 이끌어내는 방법으로 여기는 한국의 사회적 경향이 과도한 교육열과 천재의 낭비를 정당화했다. 천재성이 빛을 발할 수 있게 곁에서 기다려주기보다 사회 전체가 빨리 천재성을 증명해 보라며 다그치고 감시했다.

천재의 비참한 말로는 퇴행적인 한국 사회의 부조리한 단면을 비추는 거울이었다. 천재 연기를 했던 김웅용의 사기 행각을 비난하고 나무라는 이들이 많지만 어쩌면 그도 고통스러운 짐을 짊어진 피해자였는지도 모른다.

미국이나 일본처럼 우리보다 발전된 나라 사람들에게 인정받아야 한다는 욕구와 그들을 빠르게 따라잡아야만 살아남을 수 있다는 집착이 천재를 고달픈 삶으로 내몰았다. 뒤쳐진 우리나라의 현실을 천재가 일거에 극복할 수 있게 만들어줄 거라는 메시아적 기대가 문제였던 셈이다.

그 시절 천재는 우리에게 잠시나마 열패감을 해소해줄 눈요깃거리였는지도 모른다. 그들도 우리와 동일한 공동체의 구성원이라는 사회적 공감대가 부족했다. 그렇게 그들은 천재라 불리는 괴물이 될 수밖에 없었다. 김웅용의 천재 일화가 모두 거짓이었을망정, 훗날 무척이나 외롭고 힘들었다는 그의 회고만은 진실처럼 들린다.

한국 현대사를 뒤흔든 40가지 사건

개발 신화와 성장 사회의
부실한 민낯

와우아파트 붕괴 사고(1970)

'성장'과 '발전'은 지금껏 한국 사회가 가장 중요하게 여기는 과제이자 목표였다. 대한민국의 경제 발전과 문화 도약은 세계적인 자랑거리이자 우리의 자부심이기도 하다. 하지만 빛나는 성취 뒤에 감춰진 부작용도 만만치 않다. 오랫동안 우리나라는 남에게 뒤처지거나 무리에서 밀려나면 사회적 죽음이 선고되는 사회이기도 했다.

무엇이든 더 빨리, 더 높이, 더 먼저 이뤄야만 성공으로 인정받았다. 낙오자 또는 패배자가 되지 않기 위해선 아등바등 살아갈 수밖에 없었다. 그러다 보니 우리는 잊을 만하면 뭔가 주저앉고 내려앉는 세상을 살게 됐다.

무너져 내린 건 아파트와 백화점과 다리만이 아닐 것이다. 그것들이 붕괴할 때 우리의 마음과 정신과 세상을 향한 믿음 역시 함께 허물어졌다. 성장과 발전만을 추구하던 세상의 '붕괴된 신화와 몰락한 사회'의 실상을 소위 '한국의 3대 붕괴 사고'로 불리는 '와우아파트 붕괴 사고(1970)'와 '성수대교 붕괴 사고(1994)', '삼풍백화점 붕괴 사고(1995)'를 통해 살펴보도록 하자.

① "와우산 자락 아파트가 와르르르"

지난 2022년 1월 11일, 광주 도심 한가운데 자리한 초고층 아파트 건설 현장에서 붕괴 사고가 발생했다. 40층에 달하는 아파트의 최상부 구역 공사 중에 콘크리트 거푸집이 터지면서, 웅장한 타워 구조물이 벽면을 타고 줄줄이 무너져 내렸다. 수 명의 사망자와 실종자가 발생하는 등 인명 피해가 컸고 붕괴로 인한 안전 문제가 발생해 천문학적 손실을 입었다. 인기 많은 브랜드를 보유한 굴지의 건설사가 책임 시공하는 아파트가 그렇게 허무하게 무너지자 사람들은 1970~80년대에나 일어날 법한 일이 터졌다며 탄식했다.

'광주 화정 아이파크 붕괴 사고'를 본 사람들 중에는 1970년에 일어난 '와우아파트 붕괴 사고'를 떠올리는 이가 있었다. 이번에 발생한 사고는 그나마 시공 중이던 아파트가 붕괴해 인명 피해가 아주 크지 않았지만, 서울 마포 와우산 자락에 자리한 시민아파트 붕괴 사고는 사람들이 버젓이 들어와 살고 있던 아파트 한 동이 하루아침에 폭삭 주저앉은 끔찍한 사건이었다.

새 아파트에 살게 되었다고 뿌듯해하던 사람들이 피할 수 없는 재앙을 맞이한 건 아파트 건설 과정에서 벌어진 온갖 부정과 부실공사 때문이었다. 사고 직후 어느 유명 가수가 공연에서 〈신고산 타령〉을 개사해 "와우산 자락 아파트가 와르르르" 하고 부르며 부실 공사를 비판했다가 기관원에게 끌려가 고초를 겪기도 했다.

감사 결과 드러났듯 광주 붕괴 사고의 원인은 와우아파트 붕괴 사고와 크게 다르지 않았다. 그때나 지금이나 건설업계 내부의 고질적인 하도급 관행은 여전하다.

예산 줄이기 방편으로 공사 기간을 무리하게 단축하려 했다는 사실도 드러났다. 게다가 공사 인력을 턱없이 줄이고 싸구려 원자재와 시멘트 함량 미달의 콘크리트를 사용했다는 내부 폭로도 나왔다. 비용을 아끼기 위해 안전 문제는 언제나 뒷전이었다.

1970년 와우아파트와 2022년 광주 화정 아이파크는 그렇게 붕괴됐다. 이번 광주 붕괴 사고는 우리가 여전히 붕괴된 신화로 점철된 몰락한 사회 속에서 살고 있다는 사실을 새삼 일깨웠다. 이 두 사건은 50년 시차를 두고 평행 세계처럼 연결되어 있다.

◎ 아파트 공화국의 기원

프랑스의 사회학자 발레리 줄레조 교수는 한국을 '아파트 공화국'이라 칭한다. 전 세계에 유례가 없을 만큼 많은 국민이 아파트를 선호하고 아파트에 많이 거주하기 때문이다. 한국에서 아파트는 가장 표준적인 주거 형태인 동시에 경제적 욕망의 집합체이기도 하다.

한국 도시 문화의 습속과 규범은 대부분 아파트 생활을 근거로 구성되거나 아파트 살이를 기준으로 만들어진 경우가 많다. 도시의 교통과 상권, 문화 시설 모든 게 지역의 거점 아파트를 중심으로 배치되어 있다.

더구나 아파트 한 채가 한 개인이 평생 모은 재산의 전부인 경우가 대부분이고, 아파트를 장만하거나 그렇지 못한 사람들 사이에 심각한 경제적 격차가 발생하기도 한다. 대한민국에서 아파트는 생활과 욕망의 시작인 동시에 끝이기도 한 셈이다.

아파트는 우리에게 흔하고 표준적인 주거 형태지만 1970년대 초까지만 하더라도 매우 새롭고 낯선 형식의 주택이었다. 1960년대 산업화와 도시화가 급속도로 진행되며 이촌향도 현상이 심화되자, 일자리를 찾기 위해 서울로 몰려든 사람들은 거주지를 확보하기가 쉽지 않았다. 서울 곳곳의 산 중턱과 언덕까지 달동네와 판자촌이 다닥다닥 들어섰지만 늘어나는 인구를 감당하기 어려웠다.

1962년 박정희 정권은 주택 문제를 해소하기 위한 방편으로 도심 외곽 지역인 마포에 아파트를 짓는다. 우리나라 최초의 대단지 아파트인 마포아파트는 공동주택 형태를 도입해 밀집된 공간에 최대한 많은 사람을 수용하고 생활할 수 있게 만들려는 의도로 기획된 산물이다. 1970년 마포 와우산 자락에 들어선 시민아파트 역시 마포아파트 건설의 연장선상에서 만들어졌다. 이때부터 서울은 아파트의 도시가 됐다.

1960년대 후반 접어들며 박정희 정권은 서울의 도심 개발과 경관 미화 사업에 주력한다. 독재 권력이 정권의 정당성을 확보하고 국민의 지지를 얻기 위해 대대적인 개발 사업을 벌인 것이다.

우선 청계천 고가차도를 만들고 종로와 광화문 지역에는 번듯한 상업 시설을 조성해 기업들을 유치할 계획이었다. 그러나 그곳에는

1962년 우리나라에 최초로 지어진 아파트인 마포아파트 단지 전경.
ⓒ〈조선일보〉

이미 오래전부터 지방에서 이주해온 가난한 사람들이 살고 있었다. 도심 한복판인 청계천과 남산 자락에 위치한 빈민 거주촌은 도시 미관을 해치는 대표적인 난개발 지역이었다.

박정희 대통령은 김현옥 서울시장에게 지시해 이들을 도심 외곽으로 이주시킬 아파트를 짓도록 했다. '불도저 시장'이란 별명답게 김현옥 시장은 시민아파트를 말 그대로 뚝딱 세웠다. 아파트 건설 현장에 '돌격 건설'이라는 팻말을 걸어두기도 했다.

1년 넘게 걸려도 모자랄 공사 기간을 6개월로 단축하고 예산을 쥐어짜 공사비용도 원가에 미치지 못할 정도로 깎았다. 신속하게 공사를 마무리 짓고 도심 개발을 완료해 권력자의 눈에 들 목적이었다.

⑩ 하청에 재하청, 부실에 또 부실

날림으로 지어진 마포 와우산 시민아파트는 채 4개월을 버티지 못하고 붕괴됐다. 1970년 4월 8일 오전 6시 30분, 산사태가 난 것처럼 우르르 쾅쾅 소리가 난 뒤 30가구가 사는 아파트 한 동이 순식간에 폭삭 주저앉았다.

겨울이 지나 봄이 되면서 아파트를 떠받치던 언 땅이 녹고 지반이 약해지자, 부실 공사로 지어 강도와 장력이 약한 콘크리트 건물이 무너진 것이었다.

이른 새벽이라 거주민들이 대부분 집에 있는 경우가 많아 피해가 컸다. 붕괴 사고로 70여 명이 매몰되었다가 34명이 사망했다. 전체 세대의 절반밖에 입주하지 않은 상황이었던 게 천만다행이었을 정도였다.

아파트가 붕괴된 잔해 속에서 앙상한 철근과 푸석한 콘크리트가 드러났다. 아파트가 무너진 이유는 부실시공 때문이었다. 하청에 하청을 거듭하면서 또 중간에 이윤을 남겨먹는 사람들이 저지른 부정부패에 의해 아파트 한 동의 건축비가 1,100만 원까지 줄어들었다. 당시 소형차 한 대 가격이 100만 원 정도였으니 겨우 고급 자동차 2~3대 가격에 해당하는 돈만 가지고 경이롭게도(?) 30가구가 살 수 있는 아파트 한 동을 지었던 것이다.

예산이 터무니없이 적으니 철근도 적게 쓰고 불량 시멘트를 사용할 수밖에 없었다. 모래와 자갈이 잔뜩 섞인 콘크리트로 타설된

1970년 4월 8일 아침, 사람들이 살고 있는 아파트 한 동이 거짓말처럼 무너져 내렸다.
ⓒ중앙포토

건축 구조물이 안전 규정에 맞는 장력과 강도를 갖출 리 없었다. 1제곱미터당 280kg밖에 견디지 못하는 종잇장 아파트에 900kg 이상의 무게가 실리는 살림과 사람들이 들어왔으니 넉 달을 견디지 못하고 무너진 건 어쩌면 당연한 일이었다.

와우아파트가 붕괴된 가장 직접적인 원인은 약한 지반 때문이었다. 집을 지을 때 가장 공들여 진행해야 할 지반 공사를 생략하다시피 했다. 건물을 올리기 전 지반을 강화하기 위해 조밀하고 튼튼하게 말뚝을 박아야 하는데, 와우산 자락 아래 위치한 부지에 5층짜리 아파트를 올리면서 지반 공사를 대충하거나 건너뛰었다.

지반 공사에 가장 큰 돈이 드니 약식으로 한 것이다. 겨울에 입주한 새 아파트가 봄이 되자마자 무너진 건 이 때문이었다.

⑩ 개발 신화의 어두운 그림자

와우아파트 붕괴 사고는 독재정권 시절 성장과 발전만을 능사로 여기던 권력자와 행정가들이 성급히 추진한 사업이 얼마나 비참하게 끝맺음하는지 보여준 상징적인 사건이었다. 아무 죄 없는 사람들이 아파트 붕괴로 죽거나 다쳤다.

그들이 입은 피해와 희생은 개발 신화에 매몰된 사회에 드리운 어두운 그림자였다. 졸속으로 추진된 빈민 이주 정책과 마구잡이로 시행된 공동 주택 건설 정책이 온갖 부정과 부실의 과정을 거쳐 최악의 결과를 만들어냈다.

독재정권이 추진한 보여주기식 개발 정책은 참혹한 결말을 예고하는 사회적 재난이었다. 국가가 원주민들의 거처를 강제 병합한 뒤 집단적으로 이주시킨다는 계획 자체가 지극히 전체주의적인 발

마포 와우산 시민아파트 붕괴 사고 소식을 전하는 신문 기사.('와우 시민아파트 붕괴 참사', 〈경향신문〉, 1970년 4월 8일.)

상이었다. 쫓겨난 것과 다름없이 제 집에서 밀려난 철거민들이 정부가 새로 건설한 시민아파트로 이사하는 게 쉬운 일도 아니었다. 보상금은 적고 입주 비용은 많이 들어 대부분의 철거민들은 아파트로 이주할 수 없었다.

이주민들에게 보다 좋은 거주 공간을 마련해준다는 정부의 약

한국 현대사를 뒤흔든 40가지 사건

속은 허울뿐이었다. 이주민들을 위해 건설한 마포 시민아파트가 중산층 이상의 투기 수요에 장악된 것도 이 때문이었다.

한국의 독재정권은 산업화 도시화 정책을 펼치면서 성장과 발전을 먼저 추구한 뒤 훗날 결실을 골고루 분배할 거라는 기약 없는 약속을 공수표처럼 남발했다.

하루가 멀다 하고 새로운 도로가 나고 높은 건물이 들어서고 커다란 아파트 단지가 조성됐다. 서울은 점차 거대해졌고 건설 붐으로 수혜를 입은 재벌들만 몸집을 불려나갔다.

한국의 성장 신화는 그렇게 만들어졌다. 와우아파트가 무너지면서 신화는 붕괴되고 몰락한 사회가 민낯을 드러냈다. 와우아파트 붕괴 사고는 1980~90년대 일어난 온갖 부실 공사와 붕괴 사고들의 잔혹한 예고편에 불과했다.

성탄절에 일어난
세계 최대 호텔 화재 참사

대연각 화재 사건(1971)

◎ 끔찍한 크리스마스 악몽

1971년 평화로운 성탄절 아침, 다급한 화재 신고 전화가 걸려왔다. 서울 도심 한복판에 있는 초고층 빌딩 대연각 호텔에 불이 나 많은 사람이 건물 안에 갇혀 있다는 외침이었다. 2층 레스토랑에서 발화된 불은 삽시간에 건물 전체로 번졌다.

고급 호텔의 안락한 객실에서 여유롭게 크리스마스 휴일을 즐기던 수백 명의 투숙객들은 발이 묶여 순식간에 꼼짝달싹 못하는 처지가 됐다. 화염과 유독성 연기에 노출된 사람들 모두가 끔찍한 피해를 입었다. 끝내 찾지 못한 25명의 실종자들을 포함하면 사망자가 191명이나 발생한 초대형 참사였다.

대연각은 당시 우리나라에서 보기 드문 대형 고층 건물에 들어
선 최고급 호텔이었다. 크리스마스를 앞두고 21층 최상층 객실까지
모두 손님으로 가득 차 있었다. 연말을 맞아 서울을 찾은 외국인 관
광객도 있었지만 대부분 크리스마스 휴가를 즐기던 한국인 투숙객
들이었다.

심지어 당시 대연각에는 우리나라와 최우방 관계였던 대만과 터
키의 외교관들이 머무르고 있었고, 서울에서 크리스마스 공연을 마
친 후 투숙하고 있던 가수들도 있었다. 피해자 한 사람 한 사람 모
두 소중하고 사연 많은 아까운 목숨들이었다.

대연각 화재 사건은 50년이 훌쩍 지난 지금까지도 세계 최대 규
모의 호텔 화재 참사로 기록되어 있다. 미국 할리우드의 1974년 작
〈타워링〉이 만들어지는 데도 영향을 줬다.

1971년 12월 25일 화염에 휩싸인 대연각 호텔.
ⓒ〈합동통신〉 배정환 기자

평화로운 크리스마스에 거짓말처럼 일어난 화재 사고로 수많은 사람들이 희생되었고 전 국민이 충격을 받고 애통해했다. 아무도 예상하지 못했거니와 어떻게 대처해야 할지 몰라 피해가 더 컸다. 사람들은 크고 화려한 현대식 건물도 한순간에 불에 타 잿더미가 될 수 있다는 사실에 놀라움을 느꼈다. 사상 최악의 크리스마스 악몽이 현실화된 셈이다.

◎ 화염 속에서 무작정 뛰어내린 희생자들

크리스마스 당일 늦은 아침 식사를 하려던 사람들은 2층(로비) 식당과 카페에서 연기가 피어오르자 처음에는 대수롭지 않게 생각했다. 많은 사람의 음식을 준비해야 하는 호텔 주방에선 으레 센 불을 사용하고 냄새가 새어나오기 마련이기 때문이었다.

그런데 이내 큰 폭발음이 들리고 불이 번지기 시작하자 사람들은 보통 일이 아님을 직감했다. 식당 주방에서 일하는 직원이 프로판 가스통을 부주의하게 다루다가 불이 옮겨 붙어 폭발했다.

당시로선 화려하고 고급스러운 고층 호텔 건물에서 화재가 발생할 것이란 생각 자체를 하지 못했다. 당연히 안전망과 대비책이 준비되어 있을 리 없었다. 온 사회가 안전불감증에 걸려 있었다.

스티로폼, 목재, 한지 등 온갖 가연성 소재로 방과 복도가 잔뜩 치장된 호텔 건물 구조가 화재를 더 키웠다. 2층에서 시작된 불이 순식간에 윗층으로 번져 건물 전체를 감쌌다. 늦잠 자던 사람들과 일찍 퇴실하지 않고 객실에 머무르던 사람들 모두가 발만 동동 구른 채 방 밖으로 나올 수조차 없게 됐다.

뜨거운 열기와 매캐한 연기를 견디지 못한 사람들은 화염에 휩싸인 건물 위에서 매트리스를 들고 창문 밖으로 뛰어내리기도 했다. 매트리스가 떨어지는 충격을 흡수해줄 것으로 기대한 것이다. 또한 객실 창문 커튼을 뜯어 줄을 만들어 타고 내려오려는 사람도 있었다.

화재가 발생한 대연각 고층부에서 매트리스를 붙잡고 뛰어내리는 사람들.
ⓒ〈서울신문〉 편집국 사진부 김동준 기자

그렇게 탈출한 이들 가운데 운이 좋아 목숨을 건진 사람도 극소수 있었지만 불행하게도 대부분은 현장에서 사망하고 말았다.

화재경보기와 스프링클러가 설치되어 있었거나 비상계단과 완강기가 구비되어 있었다면 조금이라도 많은 생명을 구할 수 있었겠지만, 안타깝게도 당시 한국 사회의 화재 예방 수준은 매우 조악했다. 화재 발생 이후 대처도 미숙했다.

현장에 출동한 소방국 대원들의 지휘체계가 일원화되어 있지 않고 무엇을 어떻게 해야 할지 몰라 우왕좌왕했다. 더구나 당시 소방국은 경찰청에 배속된 하위 기구로 편재되어 위상이 매우 낮았다. 제대로 된 화재 진압과 인명 구조 역할을 기대하기 어려운 형편이었다.

산업화와 도시화가 빠르게 진행되며 서울의 스카이라인은 나날이 높아져가고 있었는데, 소방 당국은 변변한 고가 사다리차조차 구비하고 있지 않았다. 고층 건물에 화재가 났을 때 속수무책일 수밖에 없었다.

당시 우리나라가 보유한 소방 장비 중 가장 높은 곳까지 화재 진압 작전을 수행할 수 있는 사다리차가 대연각 호텔의 중간층까지밖에 닿지 못했으니 사정이 얼마나 열악했는지 짐작할 수 있겠다.

⑩ 안전은 뒷전, 성장에만 목맨 결과

화재 직후 호텔 이름이 '대연각'인 것도 입방아에 올랐다. 원래 호텔 이름은 대연각(大然閣)이었지만, 사람들은 '큰 불이 난 건물'이란 뜻의 대연각(大燃閣)을 연상케 한다며 건물 이름 자체가 화재를 불러온 것 아니냐며 쓴소리를 하기도 했다.

물론 이 같은 추론은 미신적이고 비합리적인 것이지만, 그만큼 사람들이 대연각 화재 사건을 큰 관심 속에 안타깝게 바라보고 있었음을 보여준다.

대연각 화재 사건은 고도성장 사회에서 소비 지향의 도시 문화가 경험할 수 있는 사상 최악의 재난이었다. 당시 우리나라는 많은 사람이 묵고 있던 대형 호텔 건물에 갑작스러운 화재 사고가 발생했을 때 대처할 수 있는 능력이 전무했다. 우리 사회 전체가 화재를 예방하는 안전장치나 불이 났을 때 대응할 수 있는 매뉴얼을 전혀 갖추지 못했다는 사실을 적나라하게 드러났다.

1970년대 한국 사회는 '성장'과 '발전'만을 중히 여기고 '사고'와 '재난'을 대비하는 일에는 소홀했다. 만일의 위험에 대비하는 사회 시스템도 부재했으며 위기가 닥쳤을 때 사회 전반의 대응 능력 역시 취약했다.

대연각 화재는 인공적인 사고와 예상치 못한 재난이 시민을 큰 위기에 빠뜨릴 수 있는 '위험 사회'가 도래하고 있음을 예고하는 참사이기도 했다.

⑩ 참사마저 지배의 도구로 사용한 독재정권

박정희 정권은 대연각 호텔 화재 사건조차도 지배와 통치의 소재로 활용했다. 텔레비전 뉴스와 신문들은 재난 사건을 객관적으로 취재해 전달하기보다 대형 건물에서 일어난 화재의 스펙터클(spectacle)과 자극적이고 선정적인 장면을 짜깁기해 내보냈다.

뉴스 화면에 희생자들이 화염을 피해 건물 아래로 뛰어내리다가 죽는 장면을 여과 없이 내보냈으니 보도 윤리는 전혀 지켜지지 않은 셈이다. 엄청나게 많은 희생자가 발생한 화재 사건조차도 현대 사회의 대중오락이나 눈요깃거리로 소비시킨 감이 없지 않다.

대연각 화재 현장을 방문해 살펴보고 있는 박정희 대통령과 곁에서 고개를 숙이고 있는 김현옥 내무부 장관의 모습.
ⓒ〈조선일보〉

더욱 눈에 띄는 건 그 와중에도 참사 현장에 직접 등장해 구조와 진화를 진두지휘하는 박정희 대통령의 모습을 부각시키며 지도자로서의 면모를 드러내려 노력했다는 점이다.

당시 김현옥 내무부 장관을 비롯해 사고 수습을 담당했던 정부 관계자들은 피해자 가족들을 외면하고 대통령에게만 고개를 숙이기 급급했다. 대통령에게 못볼 꼴을 보여 송구하다는 듯한 이 같은 태도는 제왕적 통수권자의 권위만을 중요시하고 국민의 안전은 안중에도 없다는 사실을 드러낸다.

국가가 국민을 보호하거나 구조하지 못한 잘못을 반성하고 성찰하기보다 텔레비전 뉴스를 통해 크리스마스를 맞아 느슨해진 국민의 태도를 질타하기도 했다.

화재 소식을 전하는 보도 말미에는 이 같은 대참사가 생활 속의 부주의뿐만 아니라 북한의 침략으로도 일어날 수 있는 일이라는 걸 상기하며 '반공 이데올로기'를 강화하는 방식으로 매듭짓기까지 했다. 어처구니없는 대응이자 엉터리 보도가 아닐 수 없다.

⑩ 몫이 없는 자들의 벌거벗은 삶

대연각 화재 사건에 대한 부적절한 언론의 보도 행태와 정치가들의 망언은 수십 년이 지나 '세월호 참사'와 '용산 참사'에서도 그대로 반복된다.

"놀러가다(놀다가) 죽은 걸 국가가 왜 책임져야 하냐"는 그들의 논리에는 '몫이 없는 자'들은 보호할 필요가 없다는 권력의 본성이 숨겨져 있다. 보호받지 못하는 운명을 감수해야 하는 개인은 늘 예외 상태에 처해 있는 '벌거벗은 삶'일 수밖에 없다.

대연각 화재 사건 이후 우리나라는 고층 건물이나 집합 건물에 화재 예방 시설을 의무화하고 구시대적인 소방과 구조 정책을 개혁하기 시작했다. 덕분에 스프링클러나 비상계단, 완강기 같은 시설도 우리들에게 익숙한 것이 됐다. 이후 소방국은 소방청으로 분리 독립해 위상이 강화되는 계기를 마련하기도 했다.

인명구조용 헬기와 고가 사다리차 등도 점차 구비하고 위기 대응 매뉴얼을 만들어 도심에서 발생할 수 있는 대형 사고에 대비할 수 있게 됐다.

다행히 사고 이후 많은 개선이 이뤄졌지만 수많은 사람이 생명을 잃었다는 점에서 대가가 너무 컸다. 대연각 화재 사건은 다신 반복되어선 안 될 크리스마스 악몽이 아닐 수 없다.

네온사인도 꺼버린
새해 벽두 오일 쇼크

석유 파동(1974)

◎ 새해 벽두에 불어닥친 오일 쇼크

1974년 1월 1일 아침, 새해 첫날 사람들은 새로 고시된 국제석유 시세를 보고 깜짝 놀랐다. 설마설마했던 일이 벌어졌기 때문이었다. 원유가는 배럴당 9달러를 넘어서더니 10달러 돌파를 목전에 두고 있었다. 지난 가을 3달러를 넘어섰을 때도 심상치 않더니 어느새 10달러에 육박했다.

국제거래소에선 원유 선물 가격이 14달러를 넘어섰다는 흉흉한 소문이 돌기도 했다. 이제 기름값은 매달 오르는 걸 넘어 매일 시시각각 가격이 달라지는 상황이었다. 겨우 석 달 사이에 석유 가격이 세 배나 뛴 것이다. 가격이 너무나 가파르게 올라 오히려 비현실적으로 느껴질 지경이었다.

1973년 10월에 석유수출국기구(OPEC)에서 일방적으로 아라비아원유 가격을 17% 인상한 게 신호탄이었다. 당시 배럴당 3달러 2센트에서 무려 17%가 급등한 3달러 65센트로 한꺼번에 올려버렸다.

급기야 1974년 7월에는 국제석유시세가 배럴당 11달러 65센트까지 치솟았다. 1년 전 같은 분기 고시가에 비해 무려 400% 인상된 가격이었다. 1년 사이에 기름값이 네 배 오른다는 건 감당이 안 되는 정도가 아니라 까무러칠 수준이었다.

지금이야 누구나 어느 때고 실시간으로 각종 경제 지표나 원자재 가격을 찾아볼 수 있지만 당시만 하더라도 분기별 시세 발표가 일반적이었다. 게다가 그 영향이 한국에 미치는 건 또 한참이 지나야 했기 때문에 일반 시민들은 석 달에 한 번 신문에서 발표하는 경제지표에 의존할 수밖에 없었다. 그러던 게 비상 상황이 되자 한국의 신문들이 거의 매일 변동되는 국제원유가를 고지하기 시작했다. 사람들은 정신없이 오르는 국제시세를 따라가기 버거울 정도였다.

지금도 마찬가지지만 당시 한국은 국제석유시세에 굉장히 민감할 수밖에 없었다. 우리나라는 산업과 생활에 필요한 에너지를 거의 전적으로 수입에 의존하고 있었고, 석유는 그중에서도 가장 큰 비중을 차지하고 있는 자원이었기 때문이다.

급격한 국제원유가 인상은 중동 지역의 정세 불안과 원유 생산

'산유국 석유값 배 인상 합의', 〈조선일보〉, 1973년 12월 21일.

국가들의 세력화 전략과 관련되어 일어났다.

이스라엘과 아랍권 국가들 사이에 벌어진 영토 분쟁과 종교 전쟁이 방아쇠를 당겼다. 더해 원유를 생산해 공급하는 역할을 담당하는 중동의 국가들이 결성한 석유수출국기구가 담합해 석유 가격을 올리기 시작했다.

갑작스러운 원유 가격 인상 때문에 1973년 말과 1974년 새해 벽두부터 우리나라는 물론 전 세계 거의 모든 국가가 동시적으로 충격을 받았다. 산업이 발달하고 생활수준이 높은 국가들이 더 큰 타격을 받았다. 그만큼 1970년대 석유는 인류에게 가장 중요한 에너지였으며, 다른 무엇으로도 대체 불가능한 자원이었다.

1973년 말 시작된 오일 쇼크는 단지 가격 인상만 단행했던 게 아니라, 원유 생산 국가들이 합심해 석유 수출 물량 자체를 줄이고 전략적으로 통제하기 시작했다는 점에서 큰 피해를 야기했다.

에너지를 수입하는 데 이전보다 더 많은 비용을 지불해야 했고, 원유의 공급 자체가 줄어들어 필요한 만큼의 석유를 확보할 수 없었다.

한국 현대사를 뒤흔든 40가지 사건

폭등한 가격으로 지불하더라도 석유가 동이나 전혀 구할 수 없는 상황이었다. 말 그대로 오일 쇼크로 전 세계적인 비상사태가 발생한 것이다.

⑩ 에너지 부족 사태가 빚은 생활고와 물자난

1973년 말과 1974년 초 서울 명동의 가장 번화한 거리에 있던 상가들의 간판 네온사인이 모두 꺼졌다. 공공 기관들도 서둘러 사무실 불을 껐다.

택시는 운행을 하지 못하게 하고자 번호판을 뗐다. 택시 영업 윤번제가 시행된 것도 이때부터다. 모든 차량에 2부제가 적용되어 홀짝으로 허가된 날짜에만 운행할 수 있게 했지만, 그마저 기름을 넣을 수 없어 운행하지 못하는 차량들이 태반이었다.

당시 가정에선 밥을 지을 때 석유곤로를 사용하는 경우가 많았는데, 기름을 구하지 못한 사람들이 큰 곤란을 겪기도 했다. 전기를 아끼고자 공장 가동과 근무 시간을 강제로 줄이기도 했다. 철없는 어린 학생들은 별안간 겨울방학이 연장되어 신을 내기도 했다.

물가 사정이 심상치 않자 불안을 느낀 시민들이 사재기를 했다. 쌀과 라면, 통조림과 휴지, 비누와 치약 등 생활필수품을 보이는 대로 사들여 골목 점포들마다 재고가 동나기도 했다.

컴컴한 밤이 되어도 가로등을 켜지 않았고, 사람들은 차량 운행을 멈추고 걷거나 자전거를 탔다. 난방과 취사에 필요한 석유를 구

오일 쇼크 당시 어떻게든 석유를 사기 위해 문 닫힌 주유소 앞으로 길게 늘어선 사람들. ⓒ〈월간조선〉

하고자 주유소와 석유 가게마다 사람들이 줄을 길게 늘어섰다.

수입이 중단된 석유가 별안간 솟아날 리 없었다. 비싸게 오른 석유 가격을 지불한데도 물량이 없어 석유 자체가 품귀 현상을 빚었다. 정부는 이런 사태를 전혀 예상치 못했고 비축유도 저장해놓지 않아 전 사회적으로 입은 타격은 상상을 초월했다.

아무리 에너지를 아껴도 반드시 필요한 때와 곳이 있었기에 오일 쇼크 피해는 여기저기서 드러났다. 당장 재화 생산에 차질이 생기니 수출을 못하고, 수출길이 막히니 경상수지가 악화되고, 경기가 나빠지니 돈이 돌지 않았다. 재화 생산이 적어지니 물가가 오를 수밖에 없었고 돈이 부족하니 소비가 이어지지 않았다. 물자 공급이 안 되어 소비 진작이 일어나지 않는 동시에 물가는 걷잡을 수 없이 오르는 스태그플레이션이 발생했다. 불황과 인플레이션이 동시에 온 것이다. 최악의 경제 상황이었다.

불황 경제의 가장 큰 문제는 고통의 분배가 불균형하다는 데 있

다. 사회 전체가 어려움을 감내한다고 해서 경기가 회복될 때 모두
가 보람을 얻을 수 있는 건 아니다. 불황을 끝내 못 이긴 경제적 약
자들은 헤어나올 수 없는 몰락의 길로 접어든다.

반면 불황을 등에 업고 자산을 늘린 부유층은 더 큰 열매를 독식
할 수 있다. 불황이 단순한 경기의 침체라기보다 승자들에게 사회
적 결실을 독점하고 영속하게 만드는 기회라는 점이 더 심각한 문
제다. 부자들이 겪은 불황의 시간은 경험이라는 자산으로 남지만
가난한 자들의 고통은 대물림된다.

⑩ 2차 석유 파동에 또 휘청

1973년 말부터 시작된 석유 파동은 그동안 경험하지 못한 전대미
문의 사태였다. 전기를 비롯해 거의 모든 에너지의 원천이었던 석
유 공급이 줄어들고 값이 폭등하자 모든 산업 생산과 소비 활동이
정지됐다. 석유 파동은 그동안 돈만 주면 당연하게 수입해 사용한
석유를 전략적으로 관리해야 할 필요성을 절감케 했다.

박정희 정권은 당장의 충격에 대응하기에도 벅차 장기적인 대책
을 신경 쓸 여력이 없었다. 중동 국가로 특사를 보내 어떻게든 활로
를 뚫어보려 했지만, 선진국들에 비해 국제적 위상이 낮았던 우리
나라로선 안간힘을 써도 석유를 조금씩밖에 얻어오지 못했다. 약소
국의 비애였고 작은 나라의 한계였다.

그러다 보니 이미 오를 때로 오른 원유 가격보다 더 높은 값을

지불해야 하는 일이 부지기수였다. 부당한 방법을 동원해 뒷거래를 종용해야 하는 일도 생겼다. 은밀하고 부정한 방법들만으로 위기를 타개하기에는 역부족이었다. 좀 더 치밀한 계획을 세워 근본적인 대책을 마련해야 했지만 그러질 못했다.

그리하여 우리나라는 1978년 이란혁명과 함께 불어닥친 제2차 석유 파동 때도 똑같은 시련과 고통을 반복할 수밖에 없었다. 제1차 석유 파동을 겪은 이후에도 산업 구조를 다변화하지 않았고 에너지 자원을 특정 지역 국가에만 의존한 관행을 개선하지 못했다.

이런 상황에서 비슷한 성격의 위기를 다시 맞으면 동일한 형태의 오일 쇼크는 언제든 재연될 수 있는 것이었다. 그럼에도 불구하고 1970년대 이후에도 우리나라는 에너지를 과중하게 사용하는 중화학 공업 육성에 계속 집중했으며, 석유 자원을 대신할 수 있는 새로운 대체 에너지 구상에 소홀했다.

그도 그럴 수밖에 없는 게 우리나라가 개발도상국 지위인 상태에서 발 빠르게 선진국을 따라잡으려면 효율성이 높은 산업에 선택과 집중 전략을 취할 수밖에 없었기 때문이기도 했다.

에너지 자원 확보가 부실하고 과잉 에너지를 소비하는 산업 정책을 바꾸지 않은 대가는 너무나 컸다. 선진국들처럼 전략적 비축유를 국가 차원에서 마련해 원유를 넉넉히 저장했더라면 국제 분쟁으로 발생하는 오일 쇼크에 좀 더 유연하게 대응할 수 있었겠지만, 안타깝게도 우리나라는 여건이 마련되어 있지 않았다.

거대한 국책 사업이 부랴부랴 서두른다고 뚝딱 하고 되는 것도 아니었다. 1976년부터 1978년에 걸쳐 서울 마포 매봉산 자락에 설치한 거대한 석유비축기지는 두 번의 오일 쇼크를 연달아 겪고 난 뒤에야 제 기능을 할 수 있었다.

⑩ 마이너스 성장과 긴급조치 그리고 뒤통수

두 번의 연이은 석유 파동은 근대화와 산업화에 발 벗고 나선 이후 우리나라에 처음으로 마이너스 성장(−1.6%, 1980년)의 시련을 경험하게 했다. 매년 10% 넘는 고도성장을 기록하고 있던 상황에서 그 충격은 매우 컸다. 또한 국제관계에서 에너지 의존이 종속적 관계로 이어질 수 있다는 사실을 깨닫게 해준 계기였다.

이후 1980년대부터 우리나라는 본격적으로 에너지 수입처를 다변화하기 시작했고 전략적 석유 비축 및 저장 계획을 마련하기도 했다. 또한 정부 주도로 석유기금을 조성해 비상시에 사용할 계획을 세우기도 했다.

석유 파동은 생활 방면에서 엄청난 문화적 긴장과 소비 패턴의 변화를 초래했다. 석유 파동을 맞아 처음으로 강구된 대책은 절약과 내핍을 생활화하는 것이었다. 에너지를 덜 사용하고 또 아껴 불필요한 소비를 줄이려 애썼다. 과소비는 지탄의 대상이 되었고 낭비는 죄악으로 여겨졌다.

정부에선 긴급 상황을 맞아 에너지 절약 캠페인을 벌이기도 했

정부가 각 지역에서 벌인 에너지
절약 캠페인 모습.
ⓒ〈경향신문〉

으며, 국민이 동요하거나 불안을 느끼지 않도록 노력도 병행했다. 하지만 사회 전반적인 분위기 침체와 우울한 경제 상황은 한동안 이어졌다.

제1차 석유 파동 이후 1년이 지나도록 국제 정세가 개선되지 않자 위기는 더욱 심화되었고 장기화됐다. 1974년 1월 14일 박정희 정권은 대통령 긴급조치 제3호 「국민생활 안정을 위한 대통령 긴급조치」를 단행했다. 저소득자에 대한 조세부담 경감 등 국민생활 안정을 위해 필요한 조치를 취하는 걸 골자로 한다.

사치성 소비를 억제하고 자원의 절약과 개발 및 노사 간의 협조 강화 등 건전한 국민생활 기풍 진작을 위해 필요한 조치를 신속히 취한다는 내용도 포함됐다. 세계 경제의 충격에 따른 내수 경제의 위기를 국민 스스로의 힘으로 극복하자는 것이었다.

박정희 정권이 발효한 긴급조치는 내세워진 목적과는 달리 이면에 늘 다른 정치적 목적을 숨기고 있었다. 말이 좋아 협조와 협력

한국 현대사를 뒤흔든 40가지 사건

이지 국민에게 의무와 부담을 전가하는 방식이었기 때문이다. 또한 긴급조치는 사회적 통제와 상시적 긴장 조성을 정당화하는 근거가 되기도 했다. 긴급조치를 시행하며 물자가 부족한 상황에서 국민생활 개선보다 전쟁 대비 물자를 저장하는 데만 더 골몰해 빈축을 사기도 했다.

석유 파동에도 아랑곳없이 과소비와 향락을 일삼는 권력자과 부유층의 행태가 드러나 국민에게 맹비난을 받기도 했다. 고위 관료와 정치인들이 낮에는 에너지 절약 궐기대회를 열고 밤이면 몰래 문을 연 룸살롱을 찾아 유흥을 즐겼기 때문이다. 살림살이가 팍팍한 서민들만 허리띠를 졸라매야 했고 고위층은 아무 때고 별 탈 없이 흥청만청이었던 사실은 그때나 지금이나 변함이 없다.

수조 원에 달하는 석유기금의 정치 비자금 유용도 문제가 됐다. 1980년대 전두환 정권이 석유기금을 제멋대로 사용한 내용이 5공 청문회를 통해 드러나기도 했다. 심지어 노태우가 보안사령관이던 시절인 1980년 비대해진 대한석유공사(유공)를 본인의 향후 사돈 집안이 될 선경그룹(SK그룹의 전신)에 통으로 넘겨준 의혹도 있다. 당시 유공은 가격이 폭등한 석유 거래를 독점하면서 엄청난 폭리를 취할 수 있었다. 어느 때고 마찬가지지만 나라를 걱정하며 궁핍한 삶을 기꺼이 감내한 국민만 뒤통수를 맞고 바보가 됐다.

1980년대 이후 석유 파동에 따른 에너지 위기는 점차 해소되었지만, 정치인과 고위 관료들을 향한 국민의 의심의 눈초리는 끝내 거둬지지 않았다.

코로나 인플레이션 기간에 서민들이 체감한 에너지 가격 폭등은 상상 이상이었다. 1970년대 오일 쇼크 당시와 유사하다는 말이 나올 정도였다. 휘발유 가격이 리터당 2천 원을 넘어 충격을 주기도 했다.

전기 사용료와 가스 사용료가 무서워 난방이나 냉방을 줄인 가정도 눈에 띄게 늘고 있다. 계절이 바뀔 때마다 가장 먼저 나오는 뉴스들은 모두 줄줄이 인상된 에너지 가격 소식뿐이다. 폭서의 여름과 혹한의 겨울을 유난히 길게 느끼는 서민들이 점점 늘고 있다.

한국 경제를 마비시킨 '건국 이래 최대 사기극'

장영자 어음 사기 사건(1982)

◉ 반칙은 나의 힘

정치인들은 입만 열면 청년들을 위한 정치를 하겠다고 말하지만, 실상 그들의 자녀들만 온갖 반칙과 특권을 활용해 이익과 자리를 독차지하는 경우를 흔히 본다. 좌(左)와 우(右)를 막론하고 정치인들이 같은 종(種)으로 묶이는 건 그런 면모들이 보여주는 공통성 때문이겠다.

돌이켜 보면, 우리가 차별과 불공평에 불만을 표할 때 한국 사회가 올바른 방향으로 전환되길 바라는 절실한 심정인 경우는 그렇게 많지 않다. 오히려 우리는 스스로가 그런 특혜를 누리지 못하는 비루한 처지에 있음을 한탄하는 경우가 더 흔할지도 모른다.

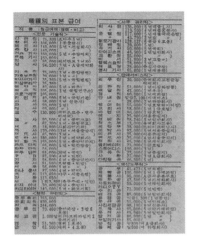

1982년 당시 대한민국 노동자 직종별 평균 월 급여.
ⓒ〈국민일보〉

이렇듯 보통의 존재들이 느끼는 정서적 건조함의 근원은 특권과 반칙이 횡행하는 현실을 어쩌지 못하는 부박함 속에 도사리고 있다.

부조리한 사회에 대한 메마른 인식과 디스토피아적 전망을 마냥 나무랄 수도 없다. 사사로운 역사적 경험을 통해 얻은 삶의 교훈이란 게 권선징악보다 삿된 사람들이 잘 먹고 잘 사는 현실을 목도하는 경우가 많기 때문이다. 실제로 반칙과 사기를 업으로 삼는 자들은 대대로 잘 먹고 잘살았다.

세도가들이 그랬고 친일파들이 그랬다. 그들은 지탄을 받고 욕을 먹더라도 더 좋은 걸 걸치고 주름 없는 얼굴을 유지할 수 있었다. 정직하게 살며 나쁜 마음을 먹지 않는 사람들은 대개 고생을 많이 하고 가난한 경우가 많다. 암담하고 참혹하다. 도덕의 역설이자 믿음의 배신이다.

그렇다면 대한민국이 사기가 판치는 나라가 된 건 언제부터일까. 인류의 역사가 시작된 이래 사기는 늘 존재해왔겠지만 현대적인 금융사기, 즉 기업과 개인들로부터 돈을 끌어모아 한탕 크게 털

한국 현대사를 뒤흔든 40가지 사건

어먹은 사기의 원조로 '장영자'를 들 수 있다.

그녀는 1982년 당시 우리나라 국민총생산의 약 10%에 해당하는 금액인 7,100억 원에 달하는 금액을 사기 쳤다. 당시 근로자 평균 월 급여가 10만 원 안팎이었으니 지금으로 따지면 수십조 원에 해당하는 금액이다.

⑩ 사기의 꽃, 어음 할인

'건국 이래 최대 사기 사건'으로 불리는 장영자 금융사기 사건은 어음으로부터 시작됐다. 어음이란 기업이 발행하는 일종의 금전 담보 증서다. 기업이 매출을 근거로 미래에 수금될 금액을 산출해 당장 필요한 돈을 끌어 쓰고자 적절히 할인해 발행하는 채권인 셈이다. 지금도 종종 쓰이지만 1980년대까지만 해도 우리나라 경제계에서 매우 흔하게 사용됐다. 기업과 은행은 상호 신뢰를 바탕으로 어음을 발행하고 수납했다.

당시 제조업이 대다수였던 한국 산업 구조상 재화를 만들어 납품해야 돈을 받을 수 있으므로 원료 조달과 임금 지급 같은 생산 단계에 필요한 자금이 필요했다. 이럴 때 기업은 보통 어음을 발행해 돈을 미리 앞당겨 빌려 사용했다.

어음 제도는 끊임없이 성장하는 경제 상황에서 신뢰와 믿음이 지켜질 때 지속가능하다. 반면 갑자기 생산에 차질이 생기거나, 수출길이 막혀버리거나, 어느 한 주체라도 대금 지불에 문제가 생기면 어음은 휴지 조각이 되어 버린다.

마지막에 어음을 담보로 돈을 빌려준 사람이 부담을 전부 짊어진다. 부도의 위험을 감수해야 하기 때문에 어음은 액면가로 거래되는 게 아니라 할인된 가격으로 유통된다. 기업의 상황이나 상환기일, 재정 조건에 따라 어음의 할인율은 달라지며 은행을 비롯한 큰손들이 어음 가격을 적당하게 조정하곤 했다.

당시 전두환 대통령 집안과 인척관계였던 장영자는 뒷배를 과시하며 명동 사채시장을 석권하던 참이었다. 더구나 그녀의 남편 이철희는 중앙정보부 차장 출신이자 국회의원까지 했던 사람이었기에 장영자-이철희 부부의 위세는 대단했다.

숙명여자대학교 메이퀸 출신의 젊고 배포 있는 여걸이 자금이 달리는 기업들에게 어음을 담보로 돈을 꿔준다는 소문이 돌자 너도나도 장영자를 찾았다. 일개 임원이 찾아오면 만나주지도 않았고, 회장이 직접 방문해야만 겨우 차 한잔할 수 있을 정도로 장영자 사무실의 문턱은 아주 높았다.

저자세로 부탁해 오는 기업들에게 장영자는 어음을 큰 폭으로 할인해 받았다. 당장 현찰이 궁한 기업들은 울며 겨자 먹기 심정으로 장영자에게 어음을 싼값에 발행했다. 장영자는 그렇게 받은 어음을 다시 은행이나 다른 사채업자들에게 이문을 붙여 비싼 값에 팔았다. 이 과정에서 지위와 권력을 남용해 은행과 기업을 동시에 압박했음은 물론이다.

장영자는 자기 돈은 한 푼도 들이지 않고 수백 수천억 원을 융통했다. 그렇게 계속 이익을 편취할 수 있었다. 기업에겐 돈을 빌려준 대가로 이자를 받고 담보로 받은 어음은 되팔아 양쪽에서 이익을 남겼다. 독재정권 하에서 권력을 등에 업은 이에게 현금 동원과 어음 거래는 땅 짚고 헤엄치기였으니, 장영자가 유통하던 어음 액수는 눈덩이 불어나듯 늘어갔다.

⑩ "경제는 유통이다"

기업이 어음을 발행하고 약속된 상환 기일 전까지 돈을 갚지 않으면 문제가 된다. 장영자가 중간에 농간을 부려 비정상적으로 거래되던 어음은 어느 순간 사고가 나도 반드시 날 판국이었다. 당시 건설회사 도급 순위 8위에 해당하는 '공영토건'과 철강업계 2인자 '일신제강'이 장영자에게 발행한 어음이 만기가 되어 돌아왔다.

만기 시까지 원금을 갚지 못하면 부도가 나는 건 자연스러운 수순이다. 장영자가 쥐고 있을 것으로 믿고 있던 어음이 돌고 돌아 명동과 남대문 사채업자들로부터 원금 상환 요청이 들어왔으니 뜻밖의 상황에 기업은 제대로 된 대응을 하지 못했다. 굴지의 기업들이 속절없이 무너진 건 이 때문이다.

장영자만 믿고 거액의 어음을 발행해 자금을 빌려 썼던 기업들이 줄줄이 도산했다. 총 여섯 곳의 기업이 파산 혹은 부도가 났고, 장영자의 어음 유통에 관여된 수많은 개인 채권자들의 돈도 한순간

1982년 재판정으로 출두하기 전 기자들
에게 둘러싸인 장영자의 모습.
ⓒ〈경향신문〉

에 묶여버렸다. 여기저기서 곡소리가 들려올 즈음 청와대에도 장영
자를 처벌해달라는 투서가 날아들었다. 사기꾼 장영자 때문에 여러
기업과 은행, 수많은 채권자가 한순간에 망했다.

결국 장영자-이철희 부부는 동시에 구속된다. 죄목은 외환거래
법 위반이었다. 장영자는 사기로 획득한 돈의 일부는 뇌물로 사용
하고 일부는 달러로 돈세탁을 거쳐 미국 부동산을 샀다. 장영자의
금융사기 레퍼토리와 돈 처분 방식은 이후 한국에서 흔히 볼 수 있
는 전형적인 패턴으로 자리매김했다. 과연 금융 사기꾼의 선구자다
운(?) 면모라 할 수 있다.

장영자 사기 사건으로 일자리를 잃은 실직자가 5천 명에 이르렀
고, 파산한 기업 주식에 투자했던 소액주주 9,400명이 투자금 전부
를 날렸다. 장영자에게 돈을 대주고 어음 할인에 관여한 은행장과
파산한 기업주, 어음을 유통해준 사채업자를 포함해 장영자에게 뇌
물을 받은 정치인 관료들까지 총 서른두 명이 구속됐다. 더해 국민
의 분노와 피해자들의 피눈물이 계속되자 전두환 정권은 11개 부
처의 장차관을 경질하기에 이른다. 사상 초유의 대규모 개각이었다.

그럼에도 불구하고 장영자는 법정에서 자신은 정상적인 경제 활동을 했을 뿐이라고 뻔뻔하게 항변했다. 불법적인 사기 행각과 어음 할인 거래에 대해서도 "경제는 유통이다"라는 희대의 발언을 하면서 자신의 행위를 정당화하려 했다.

장영자는 피해자 구제에는 관심이 없었고 자신의 형을 낮추는 데만 힘을 쏟았다. 쟁쟁한 전관 변호사를 열 명 넘게 선임해 법정다툼을 이어갔다. 한국 정치에 소용돌이를 일으키고 한국 경제를 일시에 마비시킨 사기꾼다운 행보였다.

⑩ 잊을 만하면 터지는 사기 사건들

장영자가 저지른 금융사기는 정경유착의 폐해와 관치금융의 부조리를 적나라하게 드러낸 사건이었다. 사기꾼 장영자와 함께 불법을 감행하고 권력에 야합한 기업 총수, 은행장들이야 응당 처벌을 받아 마땅하지만, 그들이 운영하던 기업체에 소속된 노동자들과 못 먹고 안 입어가며 은행에 생때같은 돈을 저축했던 국민이 입은 피해는 산술적으로 따질 수조차 없다. 장영자 사건 이후 피눈물 흘리며 고통을 감내해야 했던 수많은 서민의 아픔은 그 누구도 어루만져주지 않았다.

장영자 사건은 고도성장기 한국 기업과 은행 사이의 비이성적 금융 거래 관행과 권력에 빌붙어 기생하던 사기꾼들의 실체를 폭로했다. 한국의 기업들은 정권에 밉보이지 않으려 권력자와 연줄이

'이철희 장영자 징역 15년 선고', 〈경향신문〉, 1982년 8월 9일.

닿아 있는 사람에게 먼저 고개를 숙여야만 했고, 그 과정에서 기업 역시 수많은 불법 행위를 저지르기도 했다.

그럼에도 당시 전두환 정권은 이 사건을 온당하게 수습하기는커 녕 권력 내부의 실력 다툼 소재로 활용하는 데만 급급했다. 장영자 를 구속하느냐 마느냐를 두고 청와대와 검찰 수뇌부, 정치인과 관 료들 사이에서 암투가 벌어졌다.

장영자 구속도 정권이 처한 위기를 돌파할 국면 전환을 위한 제 스처로 이뤄진 감이 없지 않다. 장영자가 전두환 대통령 처삼촌의 처제였기 때문에 불똥이 최고 권력자에게 번지지만 않게 하려고 안 간힘을 썼다. 경악스러운 일이었다.

장영자는 저지른 사기 범죄에 비해 턱없이 가벼운 징역 15년 형량을 받았고, 심지어 그조차도 감형되어 1993년 10년 만에 가석방 출소한다. 이후 장영자는 지속적으로 크고 작은 사기 행각을 이어 갔고 지금까지도 계속 감옥을 드나들고 있다.

장영자 이후 '조희팔' '굿모닝시티' '나라종금' 같은 나라를 뒤흔드는 사기 사건은 잊을 만하면 터져 나왔다. 경제사범이나 사기꾼을 제대로 처벌하지 못한 후과다. 아니면 이런 사기 사건들과 내밀하게 관계된 힘 있는 자들이 여전히 한자리를 차지하고 있기 때문인지도 모른다. 누구 말대로 나라에 돈이 없는 게 아니라 도둑이 너무 많다.

사라진 국보 274호의
기막힌 비밀

별황자총통 발굴 조작 사건(1992)

◎ **"一射敵船 必水葬(일사적선 필수장)"**

"18일 09시 한산도 문어포 인근 해역 수심 10m 지점에서 포신이 45도
기울어져 묻혀 있는 총통을 발견하였습니다."

1992년 8월 18일, 해군은 경상남도 통영 한산도 앞바다에서 귀
중한 유물 한 점을 발굴했다고 특별 발표한다. 임진왜란 당시 거북
선에 장착되었던 것으로 보이는 화포 '별황자총통(別黃字銃筒)'을 인
양했다는 소식이었다. 뉴스가 방송으로 보도되자 단박에 큰 화제가
됐다. 사람들은 그동안 이야기로만 전해지고 실물은 존재하지 않아

'거북선 대포 발견', 〈한겨레〉, 1992년 8월 21일.

증명과 재현에 어려움을 겪던 거북선의 비밀을 풀어낼 중요한 단서를 찾았다며 기뻐했다.

인양된 총통이 더욱 관심을 끈 이유는 원형을 그대로 유지하고 있었으며 보존 상태도 거의 완벽했기 때문이었다. 게다가 포신에 새겨진 글자들도 알아보기 어렵지 않을 정도로 선명하게 남아 있어 무기의 제조년도와 제작 목적을 비롯해 사용 방법과 성능까지 쉽게 확인할 수 있었다. 또한 몇몇 문장은 임진왜란 당시 왜군과 맞서 싸우는 조선 수군의 기개와 결기를 엿볼 수 있는 것들이기도 했다.

"一射敵船 必水葬(일사적선 필수장)"단 한 발의 포탄으로 적선을 침몰시키겠다는 각오는 마치 충무공 이순신의 서릿발 같은 영(令)을 보는 것 같았다. 포신에 또렷하게 새겨진 이 문구를 본 사람들은 400년 동안 바닷속에 잠겨 있다가 발굴된 이 화포를 전쟁에 임하는 이순신의 '필생즉사 사필즉생(必生卽死 死必卽生)' 정신이 온전히 담긴 무기로 느끼게 만들었다. 이후 '일사적선 필수장'은 대한민국 해군의 공식 슬로건으로 사용될 정도로 유명한 경구가 됐다.

ⓞ 임진왜란 400주년 이벤트

별황자총통을 발굴한 1992년은 임진왜란이 일어난 지 400년이 되는 해였다. 시기에 '딱' 맞춰 이렇게나 완벽한 형태의 충무공 유물이 '떡' 하고 세상에 드러났으니 사람들은 이순신 장군이 여전히 우리나라를 굽어 살핀다고 생각할 정도였다.

이내 사람들은 총통의 역사적 의미와 임진왜란 당시 활약했다고 알려진 거북선의 비밀을 규명할 사료로서의 가치를 들먹이며 발굴된 유물을 문화재로 어서 빨리 지정하라고 목소리를 높였다. 하여 발굴된 유물을 토대로 당시 무기를 재현해 화포 발사를 시현하기도 했고 국가 차원에서 거북선을 다시 만들어내자는 의견이 터져 나오기도 했다.

이런 상황에서 유물의 진위 여부를 세밀하게 검증하자거나 역사적인 가치를 철저히 평가하자는 주장이 귀에 들어올 리 없었다. 충무공의 손길이 남아 있는 유물을 향해 문화재로서의 가치를 따져봐야 한다는 생각 자체를 삿되게 여기는 분위기였다. 그리하여 별황자총통은 발굴된 지 17일 만에 문화재관리국에 의해 국보 274호로 지정되는 파격적인 조치가 내려진다.

별황자총통 인양 기자회견에서 해군 유
물 발군단 황동환 대령과 매수된 문화
재 전문가가 인양한 별황자총통을 들어
보이며 그 역사적 가치가 높다고 설명
하고 있다.
ⓒMBC

　최소한의 형식적인 감식은 유물 발굴의 공로를 세운 해군 발굴
단 인사들과 특수 관계를 맺고 있던 자문단이 맡았다. 발굴하는 사
람과 감식하는 사람이 같은 무리에 속해 있으니 하나 마나 한 검증
이었다. 국보 지정 사유는 한 문화재 위원이 임시로 작성한 200자
원고지 5페이지 분량에 해당하는 소견으로 대체됐다. 번갯불에 콩
구워 먹듯 빠른 절차였다. 당연히 문제가 있을 수밖에 없는 진행이
었고 졸속으로 처리된 과정이었다.

　그러나 아무도 이 같은 부실 절차에 토를 달 수 없는 분위기였다.
새로운 국보 발굴에 성공한 해군 유적발굴단은 민족의 자긍심과 해
군의 위상을 높였다는 공로로 포상을 받았고 발굴단장 황동환 대령
은 보국훈장 삼일장을 받았다. 국보 274호가 된 별황자총통은 경상
남도 진주의 해군사관학교 박물관으로 옮겨져 특별 전시됐다.

⑩ 결번이 된 국보 274호

그렇게 느닷없이 유물이 발굴되고 속전속결로 국보로 지정된 지 4년이 지난 1996년, 광주지방검찰청 순천지청에서 이상한 이야기가 흘러나왔다. 국보 별황자총통이 가짜라는 소문이었다.

뇌물 사건을 수사하던 검사가 뇌물공여 혐의가 있던 수산업자로부터 황당한 진술을 전해 들었다. 이권을 노린 수산업자가 현역 해군 장교들에게도 뇌물을 살포했는데, 그 대상에 별황자총통 발굴의 주역 황동환 대령도 포함되어 있었다. 그러던 중 수산업자가 황동환 대령에게 유물이 조작되었다는 이야기를 직접 들었다는 것이다.

수사 중인 뇌물 사건과 직접 관련성은 없었지만 검사는 이 대목을 그냥 넘기지 않았다. 황동환 대령을 소환해 조사를 시작하자 "나도 그런 소문을 듣긴 했는데, 해군의 명예도 있고 하니 그 이야기는 덮어주면 좋겠다"라는 답을 들었다.

총통이 가짜라는 소문에 발굴 당사자가 펄쩍 뛰는 게 아니라 외려 대충 수습하려 한다는 인상을 받은 검찰이 이 사건을 놓칠 리 없었다. 이후 검찰은 수사를 시작했고 당시 별황자총통 발굴이 처음부터 끝까지 완전히 조작된 사기 사건이었다는 사실을 밝혀냈다.

해군 유적발굴단을 운영했던 황동환 대령은 발굴단 창설 3년이 다 되도록 마땅한 성과를 내지 못하고 있었다. 실적 압박을 받던 차에 큰 건 하나 터뜨릴 결심을 했다. 수소문 끝에 온갖 유물을 가짜로 만들어 조작해내는 능력이 탁월하다는 골동상과 조작범들을 소

'거북선총통 사기극', 〈동아일보〉, 1996년
6월 19일.

개 받았다. 그들은 정교하게 화포를 만들고 약품을 이용해 일부러
부식시켜 감쪽같이 유물을 모사하는 전문적인 문화재 조작 사기꾼
들이었다. 그들에게 의뢰해 가짜 별황자총통을 제작한 뒤 그럴듯한
글씨도 새겨 넣고 바다에 몰래 빠뜨려 뒀다가 마치 발굴단이 임진
왜란 와중에 수장된 유물을 인양한 것처럼 꾸며냈다.

총통 발굴 직후 일부 사람들이 400년 동안 염도가 높은 바닷물
속에 수장된 금속제 유물의 보존 상태가 너무 멀쩡하고, 포신에 음
각으로 새겨진 글씨도 알아보기 어렵지 않을 정도로 선명하게 남아
있는 게 이상하다며 의문을 제기하기도 했다.

또한 대포에 쓰인 문장들이 당시 사용하지 않는 표현을 포함하
고 있는 것도 수상쩍었다. 검증하는 데 전문적인 과학과 역사 지식
을 조금이라도 동원하거나 역사 언어학적 연구의 조력을 받았더라

면, 포신에 새겨진 글귀들이 조잡하게 조작된 문장이라는 사실을
금방 알 수 있는 상황이었다.

예를 들면 당시 조선 수군이 사용하는 배를 '선(船)이라 표현했
는데 발굴된 총통에 새겨진 문장 "龜艦別黃字銃筒(귀함별황자총통)"
에선 현대 해군이 전함을 지칭할 때 쓰는 표현인 '함(艦)'이라는 어
휘가 사용됐다. 조선시대 문헌이나 자료에 '龜艦(귀함)'이란 용례는
없고 '龜船(귀선)'만 있다. 우리가 '거북함'이라 하지 않고 '거북선'이
라 부르는 것도 이 때문이다.

이밖에도 '水葬(수장)'이라는 말도 조선시대에는 사용하지 않던
없는 표현이고, '射(사)'라는 표현도 활을 쏠 때나 쓰는 단어지 화포
를 쏠 때는 '放(방)'이라는 어휘를 쓴다. 400년 전 만들어진 화포에
현대식 한자 조어 문장을 사용해 글귀를 새겨 넣었으니 문제가 되
지 않을 리 없었다.

⑩ 조급한 성과주의와 비뚤어진 민족주의

검찰의 수사와 문화재 전문가들의 엄격한 검증을 통해 별황자총통
조작 사건의 전모가 밝혀졌다. 가짜와 조작이라는 실체가 드러난
별황자총통은 끝내 국보 지정을 취소당했다. 전례 없이 빠르게 국
보로 지정된 유물이 맞닥뜨린 가장 초라한 말로였다.

이 사건으로 해군은 물론 문화재관리국도 큰 망신을 당했다. 이
후 국보 274호는 이 사건을 잊지 말고 역사적인 교훈으로 삼자는

의미에서 영구 결번으로 남기기로 했다.

별황자총통 발굴 조작 및 사기는 한국 사회 특유의 '조급한 성과주의'와 '비뚤어진 민족주의'가 결합되어 발생한 사건이었다. 문화재 발굴 및 국보 지정은 충분한 시간을 필요로 하며 신중하게 추진해야 한다. 그러나 해군 유적발굴단은 가시적인 성과를 빠르게 내보여야 한다는 압력과 부담에 얼토당토않은 가짜 총통을 만들어 발굴한 것으로 조작했다.

게다가 임진왜란 400주년을 맞아 이벤트가 필요한 때 전란 시기 거북선에 탑재되어 일본 함선을 침몰시킨 대포를 발견했다는 소식은 민족주의 정서를 자극할 더없이 알맞춤한 소재로 간주됐다.

민족의 성웅 충무공 이순신과 그가 운용한 비밀의 전투함 거북선 그리고 역사적으로 오랜 갈등을 빚은 경쟁 상대이자 현재까지도 라이벌로 생각하는 일본 수군을 격퇴한 무기 별황자총통까지. 이 소재들만 놓고 연결해보면 유적 발굴에서 국보 지정까지 일사천리로 진행될 법한 시나리오를 갖춘 셈이다.

별안간 갑작스럽게 발견된 화포 덕분에 해군의 명예는 한껏 드높아졌으며 우리 민족 전체의 자부심도 한없이 고양되는 효과를 누렸다. 그런데 허위와 조작으로 드러났으니 해군은 낯을 들지 못할 지경이 되었고 국민의 실망과 배신감 또한 이만저만이 아니었다.

⑩ 후지무라 신이치 발굴 조작 사건

한편 문화재 조작 사건이 우리나라에서만 일어난 일은 아니다. 일본 고고학계의 흑역사로 남아 있는 '후지무라 신이치 발굴 조작 사건'이 유명하다.

1981년 일본 미야기현에서 아마추어 고고학자 후지무라 신이치가 일본의 역사를 기원전 3만 년에서 무려 1만 년이나 앞당길 수 있는 기원전 4만 년의 선사시대 유물을 발굴한다. 그의 유물 발굴 소식에 일본 고고학계가 깜짝 놀랐고 일본 사회 전체가 전례 없는 흥분에 휩싸였다.

이후 신이치는 발굴 작업에 나설 때마다 새로운 유물들을 발견해낸다. 같은 작업 현장에서도 다른 고고학자들은 유물을 전혀 발견하지 못하는 반면 신이치가 손대는 곳에서만 유물이 쏟아져 나왔다. 몇몇 사람이 수상하게 여겼지만 섣부르게 의심을 드러낼 수 없었다.

일본 사회 전체가 일본의 역사를 연일 새로 쓰고 있던 후지무라 신이치의 고고학적 발굴 성과를 환영하고 있었기 때문이었다. 그는 '신의 손'으로 불리기 시작했다.

신이치는 발굴 작업에 나설 때마다 연대 기록을 경신했다. 급기야 1990년대 들어선 무려 70만 년 전의 유물을 발굴하기도 한다. 선사시대 역사를 아득히 넘어 인류 문명의 출발이 일본으로부터 시작되었다는 주장이 가능할 정도였다. 세계 4대 문명 이전에 일본의

일본 신문이 보도한 후지무라 신이치 발굴 조작 사건. 땅을 몰래 파 유물을 묻는 장면이 찍혔다. (《마이니치신문》, 2000년 11월 5일.)

문명을 가장 위로 올려놓아야 할 판이었다.

다른 전문 고고학자들은 유물을 전혀 발굴하지 못하는데 아마추어 고고학자만 계속 성과를 올리자, 아무래도 수상하게 여긴 언론이 2000년대 들어 그를 뒷조사하기 시작한다.

그가 발굴을 시작하기 전 유적지의 땅 한편에 몰래 유물을 묻는 장면이 카메라에 포착됐다. 20년 넘게 이어지던 사기 행각이 들통난 셈이다.

지난 20년 동안의 모든 유물 발굴이 조작인 것으로 드러나자 일본 사회 전체는 큰 충격에 휩싸인다. 후지무라 신이치가 가짜 유물을 처음 조작한 1980년대는 일본이 세계 최고의 경제 대국으로서 지위를 누리던 시절이었다. 경제적 위상 못지않게 역사적 자긍심을 고취할 필요가 있었다.

일본이 단순히 '경제동물' 국가가 아닌 인류 역사에 큰 족적을 남긴 문화 강국임을 선전할 필요성이 제기됐다. 그러던 차에 후지무라 신이치가 나타났으니 일본 사회 전체가 열광했던 건 당연한 일이었다. 역시 조급한 성과주의와 비뚤어진 민족주의가 결합된 전형적 유물 조작 사기 사건이었다.

◎ 환상과 열망에 깃든 사기와 조작

한국의 별황자총통 발굴 조작 사건은 일본의 후지무라 신이치 유물 조작 사건의 답습이자 반복이다. 두 사건은 조작 의도와 사기의 맥락이 매우 닮아 있고 정치적 문화적 효과마저 유사성이 매우 높다.

임진왜란 400주년 시기와 사안에 딱 맞춰 공교로울 정도로 아귀가 들어맞는 충무공 유물 발견 소식이 전해졌을 때, 수상하게 여긴다거나 정교하게 검증해야 한다는 의견을 낼 수 없었던 상황을 돌아봐야 한다는 자성의 목소리가 터져 나왔다.

별황자총통 발굴과 국보 지정이라는 민족의 경사와 축복의 이벤트가 진행되고 있는데, 어느 누구도 들뜬 분위기에 제동을 걸기 어려웠다는 건 그만큼 민족주의 정서가 한국 사회를 지배하고 있다는 방증이다.

하물며 이런 상황에서 유물이 가짜가 아니냐는 의심을 품는 행위는 충무공을 욕보인다는 비판을 받거나 민족의 배반자 소리를 들을 각오가 아니면 섣불리 입 밖에 낼 수조차 없는 일이었다.

이렇듯 사기와 조작은 환상과 열망을 먹고 자란다. 역사적 자긍심과 민족적 성취는 일회성 이벤트로 길러지는 게 아니다. 별황자

총통 유물 조작 사기 사건이 가짜 유물을 만들어낸 조작범들의 주
도로 펼쳐진 게 아니라, 소위 한국 사회의 고위층과 지식인들로 불
리는 현역 해군 대령과 해군 박물관장, 문화재 전문가들의 공동 모
의로 이뤄졌다는 점을 유심히 살펴볼 필요가 있다.

그들은 조작 사건이 들통난 뒤에도 진실한 반성을 하기는커녕
"그런 유물이 있다면 우리나라로서도 좋은 일이 아닌가"라는 말로
능치려고 했다. 최후까지 눈먼 국민의 헛된 환상과 열망에 기대 상
황을 모면하려는 술수였다.

고도성장기 끝자락의
살풍경을 노출하다

성수대교 붕괴 사고(1994)

⑩ "참으로 어처구니없는 일이 아닐 수 없습니다"

1994년 10월 전례 없이 무더웠던 여름이 지나고 거짓말처럼 서늘한 계절이 오고 있었다. 폭염이 지속되던 7월에는 북한에서 김일성 주석이 사망했다는 소식과 핵을 개발했다는 풍문이 한꺼번에 들려와 우리를 긴장시키기도 했다.

김영삼 대통령의 문민정부는 외부의 악재와 더불어 대통령 취임 직후부터 줄줄이 터진 대형 사건과 사고 때문에 골머리를 앓고 있었다. 직전 해인 1993년에만 해도 '서해 훼리호 침몰 사고'와 '부산 구포역 열차 탈선 사고'가 일어나 수백 명의 사망자가 발생했다.

수십 년간 독재정권 아래 이어져온 고속성장의 부작용이 한꺼번

성수대교 붕괴 소식을 전하는 신문 기사.
(《경향신문》, 1994년 10월 21일.)

에 불거져 나온 결과였지만, 국민의 안전을 책임져야 할 현 정권 역시 책임 소재에서 자유로울 수 없었다. 각종 인명 사고와 '지존파 사건' 같은 범죄가 발생해 하루라도 사건 사고 소식이 전해지지 않는 날이 드물었다.

그러던 10월 21일 금요일 아침 7시 30분, 생방송 뉴스를 진행하던 앵커에게 방금 들어온 소식이 쪽지로 전해졌다. 앵커는 메모를 보고난 뒤에도 믿기지 않는다는 표정으로 보도를 시작했다.

"참으로 어처구니없는 일이 아닐 수 없습니다. 현재 한강 성수대교가
무너져 교량이 붕괴했다는 소식입니다. 성수대교와 인근을 지나는 시
민들은 유의하셔야 할 것 같습니다."

사고 소식을 전하는 앵커의 넋 나간 표정을 이해하지 못할 바는 아니었다. 수많은 시민이 매일같이 건너다니던 한강 다리가 무너졌다니 믿을 수 없는 일이었다. 교통사고가 나거나 건물에 불이 날 수는 있지만 멀쩡한 다리가 무너질 거라고 생각한 사람은 아무도 없었다. 황당한 것도 잠시뿐 곧 피해 소식이 전해들기 시작했다.

아침 출근 시간이라 차량 통행이 많았고, 마치 칼로 자른 듯 뚝 떨어져 나간 교량 상판 위를 시내버스가 지나고 있던 터라 추락한 버스에 탄 승객들이 특히 많은 피해를 입었다. 그 버스에는 강 건너 학교로 등교하던 무학여중고 학생이 여럿 타고 있었는데, 시내버스 특성상 안전벨트도 하고 있지 않아 안타깝게도 승객 대부분이 현장에서 사망하고 말았다. 청춘의 빛을 보지도 못하고 스러진 어린 학생들에 전 국민적인 애도의 물결이 일었다.

◎ "한강 다리가 무너졌다니까요"

성수대교 붕괴 사고는 너무나 갑작스럽게 일어난 상식 밖의 일이라 어떤 사건 사고보다 사람들에게 더 큰 충격을 줬다. 다리가 무너지는 현장 주위에 있던 시민이 119에 신고 전화를 했을 때, 장난 전화 취급을 받았던 건 유명한 일화다.

"한강 다리가 무너졌다니까요"라는 말에 신고 전화를 받던 사람이 어이없어 하며 "장난전화 하지 말라"는 답을 한 기록이 생생하게 남아 있다. 더구나 성수대교 붕괴 사고는 불과 1년 전 서해 훼리호 침몰 사고(292명 사망)의 여파가 채 가라앉기도 전에 발생한 참사였기에 국민은 더욱 참혹한 기분에 휩싸였다.

붕괴 직후 텔레비전에서 긴급 뉴스가 타전되고 신문 호외가 발행되기도 했다. 무너진 다리의 모습은 끔찍했다. 교량 상판 양 쪽이 떡을 자른 것처럼 절단되어 수면 위로 떨어져 있었다. 붕괴된 교량을 찍어 송출한 화면과 사진을 보는 사람들은 자기 눈을 의심할 정도였다.

한국의 급속한 경제성장을 흔히 '한강의 기적'이라 칭했다. 무너져 내린 교량의 처참한 모습은 지금까지 우리나라 국민 전체가 자랑해 마지않았던 한강의 기적을 조롱하고 있는 것만 같았다.

강남과 강북을 잇는 웅장한 한강의 교량 숫자가 늘어가는 모습에 뿌듯함을 느끼던 사람들도 모멸감과 자괴감을 느낄 수밖에 없었다. 출근과 등교를 하다가 날벼락을 만난 소시민 피해자들과 난데없이 다리가 무너졌다는 소식을 들은 전 국민 모두가 괴롭긴 마찬가지였다.

사고 현장은 아수라장이었다. 특히 교량 상판이 떨어져 나간 뒤, 절단면에 아슬아슬하게 걸려 있던 버스가 결국 강으로 떨어지자 사람들은 몹시 절망했다. 사고와 동시에 무너진 상판과 함께 물속으로 가라앉은 차량 안의 사람들도 생존을 장담키 어려웠다.

추락의 충격을 이기지 못해 즉사한 사람들과 가까스로 구조되었지만 병원으로 실려 가는 도중에 사망한 이도 많았다. 급박한 상황

무너진 성수대교.
ⓒ〈동아일보〉

속에서도 2차 붕괴가 진행될까 봐 무턱대고 인명구조에 나설 수도 없는 상황이었다.

무너진 교량 상판 한가운데를 지나다가 내려앉은 상판 위에 비교적 안전하게 착지한 승합차에 경찰의 날을 맞아 본부로 표창장을 받고자 이동 중이던 의경들이 타고 있었다. 그들은 자신의 부상과 피해를 돌보지 않고 즉각적으로 인명 구조에 나서 많은 사람을 살려냈다.

사고 현장이 구조대가 즉각적으로 접근하기 어려웠던 조건이었기에 그들이 없었더라면 사망자가 훨씬 더 늘었을 건 불 보듯 뻔한 일이었다. 의경들의 구조는 천만다행인 일이었으나 이날 사고로 열일곱 명이 다치고 서른두 명이 죽었다.

한국 현대사를 뒤흔든 40가지 사건

⑩ 부실시공과 관리 미흡

사고 직후 서울특별시 사고대책본부가 조직되고 현장 피해가 어느 정도 수습된 뒤 진상규명 활동이 시작됐다. 교량 상판이 뚝 떨어져 나가 붕괴되는 말도 안 되는 일이 일어날 수 있는지를 조사한 결과, 당연하게도 부실시공 때문인 것으로 밝혀졌다.

성수대교 건설을 맡은 책임 주관사는 '동아건설'이었다. 당시 동아건설은 국내외 굵직한 사업을 수주하고 시공해 명성을 얻고 있던 한국 건설업계의 대표 격인 회사였다.

동아건설은 즉시 대국민 사과를 하고 1,500억 원을 들여 무너진 교량을 튼튼하게 다시 지어 국가에 헌납하겠다고 선언하기도 했지만, 한 번 돌아선 민심은 회복되지 않았다.

이 사건을 계기로 굴지의 건설사가 시장에서 퇴출되고 결국 망하고 말았다. 더 이상 공사 수주가 불가능해지고 자금줄도 막혔기 때문이었다. 전 방위적인 수사와 조사의 압박도 견뎌내기 어려웠고 기업 회장이 구속 처벌되는 수모를 겪기도 했다.

성수대교는 강남 개발 직후 늘어나는 교통량을 감당하기 위해 1976년 착공해 1979년 개통된 다리였다. 교량을 효율적이고 경제적으로 건설할 수 있어 당시 전 세계적으로 유행한 '트러스(Truss) 공법'으로 지어진 터였다.

트러스 공법은 콘크리트 교각을 수중에서 세운 뒤 미리 짠 철골 구조물을 교각 위 크레인으로 끌어올려 접합해 연결하는 방식이었다. 교각의 수를 줄일 수 있어 미적인 효과도 크고, 빠르게 시공할 수 있어 공기를 단축하는 데도 적격이었다.

이 공법은 트러스 사이의 이음새를 튼튼하고 안전하게 잇는 게 관건이었다. 철골 구조는 가뜩이나 연식에 따른 피로파괴 위험성이 높은데, 부실하게 시공했다면 더 높아질 수밖에 없다.

사고 직후 살펴본 성수대교 트러스의 연결 상태는 너무나 엉망이어서 처참한 수준이었다. 사람이 손으로 돌려도 쉽게 풀려버리는 볼트와 나사들로 간신히 연결되어 있었고, 수면 아래 잠겨 있던 콘크리트 교각 부위는 툭툭 건드리기만 해도 부서질 정도였다. 값싸고 빠르게 만드는 것에만 신경 썼지, 안전을 우선으로 고려하지 않았다는 사실이 드러난 셈이다.

⑩ "어느 다리인들 믿고 건널 수 있겠습니까?"

성수대교 붕괴 사고 이후 정부는 1994년을 '부실 공사 추방 원년의 해'로 선언하고, 전국의 건설 현장과 건축물에 대한 대대적인 점검에 들어갔다. '소 잃고 외양간 고치기'였지만 더 이상 소를 잃을 수 없었다. 성수대교 이외에도 이전부터 위험하다며 문제가 제기된 한강 다리들에 대한 전수 조사를 시작했다.

그 중 지하철 2호선이 지나는 당산철교는 성수대교 사고 이전부터 붕괴 위험이 높은 것으로 악명 높은 다리였다. 열차 기관사들이 교량을 지날 때마다 다리가 심하게 흔들려, 스스로 감속해 운행하는 게 관행이었을 정도였다. 성수대교 사고가 일어나지 않았다면 당산철교가 먼저 무너졌을 거라는 말이 나왔다. 성수대교 붕괴 이후 당산철교에 대한 긴급 안전 점검이 시행되었고, 진단 결과 교량 폐쇄와 해체 결정이 내려졌다.

이밖에도 성산대교, 양화대교, 한강철교 등의 보수와 개축도 진행됐다. 이들 다리는 성수대교와 마찬가지로 건설 당시 예측치보다 일일 교통량이 몇 배나 더 많았다. 성수대교가 맥없이 무너진 이유 중 하나로 교량 북부 진입로 인근에 위치한 시멘트 공장으로 드나들던 화물차들이 과적을 일삼았기 때문이었다는 사실이 지목되기도 했다.

더구나 성수대교는 올림픽대로와 강변북로, 동부간선도, 내부순환로 양방향 진출입이 모두 가능한 사통팔달의 교량이어서, 다른 다리들보다 교통량이 많았고 나날이 이동 차량이 늘어나는 추세이기도 했다. 이후 아이러니하게도 쓸모가 많고 사람들이 더 많이 이용하는 다리일수록 위험하고 불안한 교량으로 낙인찍혔다.

성수대교 붕괴 사고 이후 국민은 생활 안전의 염원을 직접적으로 요구하기 시작했다. 낮에는 교통사고, 밤에는 조직폭력과 인신매매의 위험에 노출되어 있고 어느 순간 다리가 무너지는 위험 사회에 살고 있다는 공포심이 팽배했다.

1990년대 한국은 세계 최고의 경제성장률을 기록하며 선진국 진입을 눈앞에 두고 있다는 기대가 높았던 역동적인 사회였으나,

언제 거품이 잦아들고 온갖 부작용이 드러날지 몰라 겁을 낼 수밖에 없는 긴장된 사회이기도 했다. 이즈음 집중 발생한 각종 사건 사고는 우리가 지금껏 추종한 개발 신화가 붕괴하고 사회가 몰락의 길로 접어들 수도 있다는 경고였다.

대형 사고가 발생할 때마다 과거 독재정권이 저지른 실책의 피해를 뒤집어써 억울하다며 볼멘소리를 하던 김영삼 대통령은 대국민담화로 성수대교 붕괴 사고를 사과하며 전국 공공시설의 안전 점검 시행과 안전 확보를 위한 종합 대책을 세우겠다고 약속했다.

성수대교 붕괴 사고는 위험 사회가 도래했으나 사회적 위험의 인식 수준은 낮았던 1990년대 중반 고도성장기 끝자락의 살풍경을 고스란히 노출시킨 사건이었다. 성수대교 붕괴를 마지막으로 '부실공사 추방'을 선언하며 다시는 대형 사고를 겪지 않겠다는 사회적 다짐은, 하지만 안타깝게도 1년도 되지 않아 깨지고 말았다. 아파트와 다리에 이어 백화점이 무너졌다.

몰락한 사회가 드러낸
끔찍한 자화상

삼풍백화점 붕괴 사고(1995)

⑩ 한국 역사상 최대 규모의 건축물 붕괴 사고

성수대교 붕괴 사고 이후 정부는 1994년을 '부실 공사 추방 원년의 해'로 지정한다. 다시는 우리나라에서 대형 건물 붕괴로 인한 다수의 인명 피해가 발생하는 일이 일어나지 않게 하겠다는 공공연한 선언이었다. 대형 건물과 공용 시설물에 대한 대대적인 안전 점검을 요란하게 시행했다. 부실시공을 일삼던 건설사들과 관행적으로 뇌물을 받고 인허가 절차를 허술하게 처리해준 공무원들을 적발해 본보기로 처벌하기도 했다.

하지만 이 같은 사회적 다짐과 각오가 무색하게 성수대교 붕괴 사고가 일어난 지 1년도 지나지 않아 한국 역사상 최대 규모의 건

무너진 삼풍백화점의 모습.
ⓒ〈동아일보〉

축물 붕괴 사고가 발생하고 만다. 대한민국의 자본과 욕망이 한데 집중된 거점이자, 서울의 풍요와 번영을 상징하는 강남 한복판에 자리한 당시 우리나라 최고 수준을 자랑하던 고급 백화점이 어이없게 무너져 내렸다. 삼풍백화점 붕괴 사고는 그간 겪었던 대형 사고와도 차원이 다른 전대미문의 사건이었다.

1995년 6월 29일 목요일 저녁 6시, 쇼핑객이 많이 몰리던 시간에 지상 5층 지하 4층짜리 백화점이 폭삭 주저앉고 말았다. 백화점 본관 건물이 양 날개만 남겨놓고 중앙 홀을 중심으로 시설 전부가 한순간에 사라졌다. 대피할 틈도 없이 순식간에 무너져 내려 인명 피해가 더 컸다. 희생자 숫자도 상상을 초월한다. 끝내 찾지 못한 실종자 서른 명을 포함해 총 502명이 사망하고 937명이 부상당했다.

⑩ 불법과 뇌물로 세운 백화점

충격적인 건 삼풍백화점이 지은 지 6년도 안 된 새 건물이나 마찬가지였다는 사실이었다. 겉으로만 보면 산뜻한 느낌이 드는 핑크빛 외관을 갖춘 웅장하고 세련된 건물이었지만, 속을 들여다보면 곪아 터져 위험하기 짝이 없었다. 가장 튼튼하게 마감해야 할 기초 지반 공사부터 부실하게 시공했다.

백화점을 지을 때 비용을 줄이고자 중요한 자재들도 무조건 값싼 것으로 골랐고 재료를 가급적 덜 쓰는 방향으로 공사를 진행했다. 건물을 떠받치는 가장 중요한 뼈대인 중심 기둥조차 상품 전시에 방해가 되고 미관상 좋지 않다는 이유로 마음대로 개조해 헐어버리기까지 했다.

삼풍백화점은 태생 자체가 불법 건축물이었다. 상업 건물을 지을 수 없는 주택 부지에 꼼수로 용도 변경을 감행해 종합상가용 건물을 올렸다. 공사 말미에는 더 욕심을 내 종합상가를 백화점으로 바꿔버렸다.

사치품과 고급품을 팔아 이윤을 극대화할 수 있는 백화점을 세우고자 하는 삼풍그룹 회장의 야망은 마치 탐욕의 폭주기관차 같았다. 그 과정에서 관계 기관 공무원들에게 무차별적인 뇌물 살포가 이뤄졌고 안전과 법령을 따져가며 일하려는 시공사는 가차 없이 내쫓았다.

⑩ 버블 경제의 정점에서 발생한 사회적 참사

삼풍백화점은 1990년대 중반 한국 경제가 버블의 정점을 지날 때 마지막으로 핀 화려한 꽃이었다. 강남 한복판에 위치해 생활수준이 높은 고객들이 주로 이용하는 백화점으로 유명했다.

당시로선 구경하기도 어려웠던 외국의 고급 브랜드가 다수 입점해 돈 많은 강남 고객들의 눈높이를 한껏 높였다. 버블 경제의 끝자락에서 값비싼 재화들을 흥청만청 소비하기에는 제격인 장소였다.

그렇지만 삼풍백화점 내부에는 운영 초기부터 밖으로 절대 새나가선 안 되는 비밀이 하나 있었다. 시설 관리부서에서 종종 건물이 흔들린다거나 벽면과 바닥에 균열이 생겼다는 보고가 올라왔다.

하지만 경영진에선 이 사실을 꽁꽁 숨기고 쉬쉬할 뿐 뚜렷한 대책을 마련하지 않았다. 그저 설마 무슨 일이 일어나겠냐는 심사였

붕괴되기 전 삼풍백화점의 위용 있는 모습. 삼풍백화점은 1990년대 초중반 한국의
경제 번영과 소비 욕망의 상징과도 같은 강남 최고급 백화점이었다.
ⓒ〈경향신문〉

한국 현대사를 뒤흔든 40가지 사건

고 안전 조치를 취하고자 영업을 중단할 때 발생할 손실에만 신경을 곤두세웠다.

백화점 운영과 시설 관리에 있어 안전은 고려 대상이 아니었다. 백화점 옥상부에 냉각탑이 모여 있었는데, 건물 전체 냉방을 가동할 때 발생하는 냉각탑의 진동이 건물의 균열을 가속화시켰다. 이 사실을 이미 알고 있던 백화점 직원들은 여름철이면 건물이 무너지는 건 아닌가 걱정할 정도였다.

사고가 일어나기 직전까지 시설 관리자는 옥상부에 위치한 냉각탑의 무게와 냉방 작동 시 발생하는 진동이 건물에 균열을 일으킬 수 있다고 수차례 경고했다. 하지만 한 여름 한창 영업 중인 백화점에서 에어컨을 가동하지 않을 수 없었기 때문에 시설 관리자의 경고는 번번이 묵살됐다.

붕괴 사고가 일어나기 며칠 전부터는 균열과 진동이 건물 전체로 확산되어 걷잡을 수 없는 지경에 이르렀다. 사고 당일 오후 경영진은 건물 붕괴 위험에 대한 긴급회의를 열었는데, 가장 위험하다고 보고된 본관이 아닌 별관에서 모임을 가졌다. 자신들은 혹시나 하는 위험을 피해보겠다는 심사였다. 이외에도 건물이 무너질 때 고객들을 대피시키지 않고 자기들만 먼저 빠져나간 사실이 드러나 전 국민에게 거센 지탄을 받기도 했다.

⑩ 고속 성장 신화 속에 가려진 끔찍한 자화상

삼풍백화점 붕괴 사고는 불가항력의 자연 재해가 아닌 인재로 발생한 사회적 참사였다. 붕괴 사고가 일어난 혼란의 와중에 한 사람이라도 더 구하고자 구조에 몸을 던진 살신성인의 모습과 사고가 발생한 이후 11일, 14일, 17일 만에 구조되어 기적적으로 생환에 성공한 3인(최명석, 유지환, 박승현)이 보여준 인간 승리의 드라마가 국민에게 희망을 심어주기도 했다. 하지만 지옥 같은 참사 현장에서 옷가지나 소품을 몰래 훔치려다 걸려 기소된 이들도 많았으며, 삼풍백화점 경영진은 사고에 책임을 지기는커녕 자신들의 재산상 손해가 더 크게 발생했다고 주장해 전 국민의 공분을 사기도 했다.

삼풍백화점 붕괴 사고는 사람들에게 집이나 학교, 회사 건물도 무너질지 모른다는 불안감을 팽배하게 했다. 한국의 건축물과 건설 과정에 대한 불신을 넘어 사회 전반의 제도와 규범까지 의심하게 하는 도화선이 됐다.

아파트와 다리와 백화점이 차례대로 무너진 이상 이제 어느 곳 하나 안전한 장소는 없으며, 그 누구도 믿을 수 없다는 불신의 정서가 도사리게 됐다. 나를 둘러싼 세계가 언제고 혼돈과 파국을 맞아 돌이킬 수 없게 될지도 모른다는 염려가 일상화됐다.

삼풍백화점 붕괴는 한국 국가 브랜드의 가치를 손상시키고 이미지를 나쁘게 만들기도 했다. 이전까지 국외 건축 수주가 활발했었는데, 사고 이후 한국 건설업은 한동안 국제사회에서 냉대받는 처

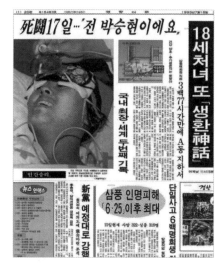

17일 만에 구조되어 기적적으로 생환
한 19세 박승현 양의 소식을 전하는
신문 기사.
ⓒ〈경향신문〉

지가 됐다. 세계 여러 나라에서 서둘러 한국 건설 회사가 지은 건축
물들에 대한 정밀 안전진단을 진행하기도 했다. 또한 국외 유수의
방송사들에서 삼풍백화점 붕괴 사고를 기록하는 다큐멘터리를 제
작 방영하기도 했다. 초고속 경제성장을 지속한 한국 사회의 왜곡
된 실상과 누적된 문제점이 전 세계에 발가벗겨져 폭로된 셈이다.

지난 30년 동안 한국 사회의 고속 발전을 견인해온 성장과 개발
의 신화는 그렇게 남루해져갔다. 붕괴된 삼풍백화점의 잔해는 몰락
한 우리 사회가 보여줄 수 있는 가장 끔찍한 자화상이었다. 삼풍백
화점이 무너지고 난 후 정확히 2년 뒤, 거짓말처럼 한국에 사상 최
악의 경제 위기가 찾아왔다. IMF 구제금융은 붕괴된 신화 뒤 몰락
한 한국 사회가 받아든 가장 냉혹한 성적표였다.

3부

시대가 낳은 범죄의 재구성

죄와
벌의
시간들

한일협정으로 성난 민심을 잠재운 국보 도난 사건

난중일기 도난 사건(1968)

⑩ 세밑 국민을 놀라게 한 도난 사건

1967년 12월 31일 한 해가 저물어가는 마지막 날 밤, 국보 76호
『난중일기(亂中日記)』가 도난당했다. 충남 아산 현충사 유물전시실
에 보관 중이던 진본 『난중일기』가 감쪽같이 사라진 것이다. 통상
『난중일기』로 칭해지는, 전란 중에 충무공이 쓴 일기 여덟 권과 『서
간첩(書簡帖)』 한 권 그리고 『임진장초(壬辰狀草)』 한 권을 합해 3책
10권이 모조리 사라졌다.

새해 첫날 아침 청와대까지 직접 보고된 이 사건은 세상을 발칵
뒤집어 놓았다. 국민은 물론 박정희 대통령이 가장 존경하는 역사
인물이자 임진왜란 당시 우리나라를 구한 성웅 이순신 장군이 전쟁

중에 쓴 『난중일기』가 사라졌으니 말이다. 서울에서 멀리 떨어져 있는 작은 지역에서 벌어진 도난 사건이었지만, 서울경찰청을 비롯해 충남경찰청, 아산경찰서, 지역 파출소까지 줄줄이 비상이 걸렸다.

최고 권력자의 불호령이 떨어졌으니 당시 상황이 어땠을지 충분히 상상이 가는 대목이다. 경찰은 급히 수사팀을 꾸려 『난중일기』를 훔쳐간 범인 검거에 나섰다. 현장에서 증거를 모으고 단서를 샅샅이 수집했다. 아무래도 세밑 어수선한 분위기를 이용해 범행이 이뤄진 것으로 보였다.

범인은 한낮에 인근 수풀 속으로 숨어들어 밤이 될 때까지 나오지 않고 버텼다. 인적이 끊어지길 기다렸다가 야음을 틈타 현충사에 침입했다. 유물전시실 철문을 부수고 들어가 금고 다이얼을 풀어 연 뒤 『난중일기』를 꺼냈다. 그 후 범인은 유유히 사라졌다. 사건의 경위와 침입 과정을 살펴보면 범인은 한 사람이 아닌 여럿이며, 숙달된 전문가들의 소행으로 보였다.

1968년 1월 8일, 사건이 일어난 지 일주일이 지나도록 범인들의 행방을 알아내지 못하자 박정희 대통령은 도난 사건과 관련된 대국민 특별 담화를 발표하기에 이른다.

"1월 17일까지 『난중일기』를 찾지 못하면 전 수사기관을 동원하여 범인을 체포해 엄벌하겠으며, 범인 스스로 뉘우쳐 자수하거나 정보를 제공하면 그 죄에 대해서는 일체 불문에 붙이고 『난중일기』의 행방을 알려주는 시민에게는 특별 상금을 주겠다"고 했다.

최고 권력자가 직접 나서 경찰에게 대놓고 열흘 안에 사건을 해결하라는 명령이었고, 전 국민이 범인 색출에 나서달라는 부탁이기도 했다.

⑩ 초조한 경찰 살린 제보 전화

대통령이 공개적으로 『난중일기』 도난 사실에 통탄을 표하고 방송에 나와 범인을 조기 검거하라고 지시했다. 이제 '난중일기 도난 사건'은 최고 권력자가 직접 개입한 이벤트가 되어버렸다.

발등에 불이 떨어진 경찰은 사건을 빠르게 해결해야 한다는 부담감에 수사를 무리하게 벌이기 시작한다. 객관적인 증거도 확보하지 않고 주먹구구식으로 몇몇 용의자를 찍어 강압수사를 벌였다.

도난 사건과는 전혀 관련 없던 몇몇 충무공 후손과 문화재 수집가, 『난중일기』 번역 연구자, 현충사 근처에 살고 있는 도박 빚이 많은 사람 등이 수사기관에 끌려가 괜한 고초를 겪기도 했다. 연신 헛발질을 거듭한 경찰에 대해 '고문 수사' '육감(六感) 수사'밖에 하지 못한다며 국민의 질타가 이어지기도 했다.

그러던 차 부산에서 한 통의 제보 전화가 걸려왔다. 『난중일기』를 훔친 범인들이 국보를 일본으로 빼돌리려 한다는 신고였다. 경찰은 부산으로 긴급 출동해 대마도로 가는 배편에서 『난중일기』를 일본으로 유출하려던 도난범 일당을 검거했다.

주범 유근필을 비롯해 여섯 명을 붙잡고 도망한 나머지 한 명은

'『난중일기』 일본 유출 직전 회수', 〈경향신문〉, 1968년 1월 10일.

공개 수배했다. 『난중일기』는 비닐에 포장되어 고추장 항아리 속에 감춰져 있었다. 후에 공범 중 한 명의 조카로 밝혀진 시민의 제보로 다행스럽게도 열 권 모두 훼손되지 않은 채 회수할 수 있었다.

　미술 교사 출신의 주범 유근필은 고미술품이나 골동품에 대한 감식안이 나름 있었던 것으로 보인다. 그는 교사직을 그만둔 이후 국보급 문화재만 노리는 전문 털이범이 됐다. 방치되어 있던 옛 왕의 무덤을 파헤쳐 도굴하거나 사찰 법당 안에 안치된 불상을 몰래 빼돌리기도 했다.

　그림, 조각, 향로, 서적 등 가리지 않고 훔쳐 재벌이든 외국인이든 돈만 많이 주면 묻지도 따지지 않고 문화재를 넘겼다. 그런 이의 손아귀에 들어갔으니 『난중일기』도 하마터면 일본으로 넘어갈 뻔한 것이다. 일본의 침략에 맞서 싸웠던 충무공 이순신의 일기가 일본으로 흘러들어갈 수도 있었다니 생각만 해도 아찔한 일이다.

유근필은 당시 우리나라가 문화재를 보호하는 제도와 인식이 허술했던 빈틈을 교묘히 파고들었다. 『난중일기』를 훔칠 때도 해머와 드라이버 하나씩을 준비해 현충사 뒤쪽 숲 속에 숨어 있다가 날이 저문 뒤 철문을 부수고 들어가 유물실 문을 열어 몰래 가지고 나온 것이었다. 『난중일기』가 국보급 문화재였음에도 불구하고 시설에는 경보장치 하나 제대로 달려 있지 않았다.

그렇게 쉽게 보물을 훔쳐낼 수 있었다니 기가 막힌 일이었다. 『난중일기』를 훔치는 데 성공한 이들은 일확천금을 기대하고 있었지만 마지막에 뜻을 이루지 못했다. 당시 붙잡히지 않고 도주했던 공배 수배한 한 명도 좁혀오는 수사망에 압박을 느껴 견디지 못하고 산으로 올라가 숨어든 뒤 스스로 목숨을 끊었다. 국보급 문화재를 훔친 범인들 모두가 비극적인 결말을 맞은 셈이다.

⑩ 군사독재정권 시절 난중일기의 의미

범인 검거와 진본 회수 이후 『난중일기』는 50개의 복본을 만들어 전국의 주요 박물관과 기관으로 보내졌다. 때아닌 충무공 이순신과 『난중일기』 열풍도 불었다. 사건 직후 한문으로 쓰인 『난중일기』는 읽기 쉽게 한글로 번역되어 널리 출판 보급됐다. 전국 각지의 도서

도난되었다가 되찾은 『난중일기』.
ⓒ〈신동아〉

관, 교실, 가정의 책장에 여러 번역본의 『난중일기』가 꽂혀 있게 됐다.

『난중일기』는 충무공이 전란 중에 목숨 걸고 나라를 지키며 싸우는 모습이 임장감(臨場感)을 불러일으킬 정도로 잘 드러나 있으며, 사직과 백성을 충정으로 생각하는 장수의 마음이 절절하게 담겨 있는 사료로서 역사적 가치가 매우 높다. 예나 지금이나 이순신 장군은 세종과 더불어 한국인이 가장 선호하고 따르는 역사 인물이기도 하다.

충무공이 박정희 대통령의 '롤 모델'이었음은 공공연한 사실이다. 그는 5.16 군사 쿠데타로 정권을 장악한 독재자였다. 군인 출신 지도자로서 권력의 정통성을 얻고자 칼의 힘과 무인(武人)의 위엄으로 나라를 구한 충무공의 모습을 자신에게 투영하고자 했다.

게다가 도난범들이 『난중일기』를 훔쳤던 시기는 절묘하게도 박정희 정권이 광화문 세종로 한복판에 거대한 이순신 장군 동상을 건립 중이었던 때였다.

공사 마무리 단계에 접어든 충무공 동상은 높이 17미터로 동양 최대 규모였다. 박정희 대통령이 직접 사재를 털어 기금을 헌납해 동상 건립을 시작할 정도로 권력자의 관심이 집중된 사업이었다. 이제 곧 완성이 되어 봄에 예정되어 있는 제막식에 대통령이 직접 참석해 동상 건립을 기념할 터였다.

박정희 대통령에게 충무공 이순신은 한국을 빛낸 여러 인물들 중 하나가 아니라 자신의 정체성을 깊이 투사한 유일무이한 역사적 존재였다. 이순신은 국민에게 끊임없이 영웅으로 환기되어야 할 정치적 표상이었다.

박정희 정권은 광화문 광장 한가운데 거대한 검을 들고 있는 이순신 장군 동상을 세우고 시민들에게 국가 권력이 칼로 상징되는 무력으로부터 기원한다는 사실을 선전했다. 충무공은 별다른 기획 없이도 한국 역사 최고의 무인이자 위인으로 손꼽히겠지만, 박정희 정권 들어 더욱 신격화-영웅화된 맥락도 이해할 필요가 있다.

충무공을 신성시하던 박정희 정권 하에서 문화재 전문 털이범들이 세밑의 혼란을 틈타 『난중일기』를 노렸으니 결말이야 불 보듯 뻔한 일이었다. 『난중일기』 도난이 국가 정체성에 큰 위해를 가하는 심각한 사태인 것처럼 부풀려져, 전 국민에게 숙제를 내주듯 범인 검거의 임무를 부여했는데 잡히지 않을 도리가 없었다.

사실 범인 검거에 결정적인 역할을 한 제보 전화도 시정잡배들의 이익 다툼에 수가 틀어져버린 무리 중 한 명이 홧김에 걸어온 것이었는데, 이 역시 박정희 대통령의 특별 담화와 수사 독려 덕분인 것으로 포장했다. 도난범들로부터 『난중일기』를 가까스로 회수한 뒤 한동안 청와대에 직접 보관하고 지켰던 걸 보면 박정희가 충무공을 얼마나 신성시했는지 미뤄 짐작할 수 있다.

⑩ 한일협정과 고추장 항아리 속 보물

정부는 범인들을 성공적으로 검거한 과정과 『난중일기』가 일본으로 유출되려다 회수된 내력을 드라마틱하게 각색해 국민에게 널리 퍼뜨렸다. 전광석화처럼 진행된 재판을 통해 도난범들에겐 중형을 선고했다. 그들은 『난중일기』를 훔쳤다는 사실보다 일본으로 유출하려 한 정황 때문에 더 과중한 처벌을 받았다. 일종의 괘씸죄였다.

사람들은 『난중일기』가 일본으로 넘어가지 않은 게 하늘의 도움이라며 기뻐했다. 당시 우리나라 국민 대부분은 일본에게 좋은 감정을 갖고 있지 않았다. 한국과 일본은 오랜 역사적 대립 관계였을 뿐만 아니라 우리나라가 식민지에서 독립한 지도 20여 년밖에 지나지 않은 때였기 때문이다.

그런데도 1965년 박정희 정권은 식민지 지배 배상과 공식 사과도 제대로 받지 않고 무리하게 한일협정을 맺어 우리 국민의 마음은 한층 사나워져 있었다.

천만다행으로 되찾은 『난중일기』가 국민의 성난 마음을 한결 누그러뜨렸다는 점에서 '난중일기 도난 사건'은 정권에겐 꽃놀이패에 가까웠다. 도난당했다가 되찾은 『난중일기』가 기이한 작용을 거쳐 국민에게 졸속 한일협정의 분노를 잊게 했으니, 참으로 공교롭고 아이러니한 일이 아닐 수 없다.

이런 상황이었으니 '난중일기 도난 사건'을 마무리하며 몇몇 문화재 전문가들이 이참에 문화재 관리 실태를 총체적으로 점검하고 문화재 보호 의식에 대전환을 일으켜야 한다고 주장했으나 별다르게 주목받지 못한 채 묻혀버렸다. 세밑과 연초를 어수선하게 보내는 이들에겐 고추장 항아리 속에 숨겨져 일본으로 넘어가려다 다시 빛을 본 국보 이야기만 남게 됐다.

"자백은 했으나 범행은 하지 않았다"

박상은 양 피살 사건(1981)

⓪ 부유층 유학생의 치정 살인

1981년 9월 21일, 서울 강남 삼성동에 위치한 인조 석재 야적장에서 젊은 여성의 사체가 발견됐다. 시신의 안면과 두부에는 둔기로 인한 손상 흔적이 남아 있었다.

결정적 사인은 목 졸림으로 드러났다. 폭행을 동반한 큰 다툼이 벌어진 뒤 줄이나 노끈 종류를 이용한 교살에 이른 것으로 보였다. 경찰은 얼굴에 상흔이 집중된 것으로 봐서 면식범에 의한 원한 관계 살인으로 판단했다.

신원 조회 결과, 피해자는 부산 모 대학교에서 미술 공예를 전공하고 있는 3학년 학생 박상은 양으로 밝혀졌다. 부산에 거주하던 박씨는 며칠 전 미전(美展) 입상 수상 차 서울로 와 강남구 삼성동 친오빠 집에 머물던 중이었다.

이틀 전 밤 9시 50분경 경상도 말씨를 쓰는 여성의 전화를 받고 슬리퍼를 신은 가벼운 차림으로 나간 뒤 돌아오지 않고 연락도 끊겨, 집에선 경찰에 실종신고를 해둔 터였다. 경찰은 지난 밤 전화를 걸어 박 씨를 불러낸 여성이 사건의 열쇠를 쥐었을 것으로 보고 행방을 찾는 데 주력했으나 쉽게 나타나지 않았다.

긴급하게 시행한 부검 결과 사체에선 특이한 흔적이 하나 발견됐다. 귓불에 흔히 '애정흔'으로 불리는 치흔, 즉 잇자국이 남아 있었다. 경찰은 연인과의 애정 행각 중에 생긴 자국으로 보고 박상은 주변의 가까운 관계였던 남성들을 용의선상에 올렸다.

수사는 급물살을 탔다. 용의자는 최종적으로 네 명으로 압축됐다. 현 남자친구와 전 남자친구, 박상은을 짝사랑했던 남성 그리고 최근 박씨에게 일방적으로 애정 공세를 퍼붓던 중년 사업가 남성. 이들은 모두 미국 어학연수 유학 시기에 피해자와 인연을 맺은 사이였던 것으로 밝혀졌다.

훤칠한 미모의 여대생이 시신으로 발견되고 유학 시절 애정 관계로 얽혀 있던 네 명의 남자가 용의선상에 올랐으니, 사건은 금방 소문이 나 사람들 사이에 회자됐다.

더구나 피해자를 비롯한 용의자들 모두가 1980년대 초 당시 미국으로 어학연수를 다녀올 정도로 여유가 있었던 부유층 자제들이라는 점도 세간의 관심을 모았다.

그때는 유학은커녕 해외여행도 자유롭지 않았던 시절이었다. 치정 관계로 얽힌 강남 부유층 자제들 사이에 벌어진 살인 사건이었으니 사람들의 이목을 끈 건 당연했다. 언론 역시 흥미로운 먹잇감을 발견한 듯 연일 관련 소식 보도에 열을 올렸다.

⑩ 경찰, 남자친구를 범인으로 몰다

긴급 소환되어 조사를 받은 네 명의 용의자 모두 범행을 부인했다. 그러던 차 수사본부로 한 통의 전화가 걸려온다. 포장마차를 운영하고 있던 한 여성이 자신이 어떤 남자의 부탁을 받고 박상은에게 대신 전화를 걸었다는 제보였다. 포장마차 주인은 남자친구 장경수가 그때 자신에게 부탁한 남자와 인상착의가 비슷하다고 진술했다.

결정적 제보 때문이기도 했지만 경찰은 처음부터 장경수를 가장 강력하게 의심하고 있었다. 장씨는 실종 당일 박상은을 집까지 데려다줬다. 즉 장경수는 실종 당일 피해자를 가장 마지막으로 만난 것으로 확인된 사람이었다.

게다가 국립과학수사연구원에선 시신 귓불에 남아 있던 치흔 역시 장경수의 치아 구조와 일치한다고 알려왔다. 긴급체포 직후 범행을 줄곧 부인하던 장경수도 경찰의 집중 추궁에 드디어 범행 일체를 자백하기 시작했다. 자신이 박상은을 다시 불러내 죽였다는 고백이었다.

박상은 피살 사건은 당시 주요 신문사들이 일간지 두 면을 통으로 할애해 보도할 만큼 사회적 관심이 대단했다.(《동아일보》, 1982년 1월 26일.)

용의자의 자백 진술을 확보한 경찰은 박상은 피살 사건 살인 혐의로 장경수에 대한 구속영장을 신청한다. 하지만 수사를 지휘했던 검찰은 아직 살인에 대한 직접 증거를 확보하지 못한 경찰 탓을 하며 구속영장 청구를 망설인다.

치흔은 살인 행위에 대한 직접 증거로서 연관성이 떨어지는 정황 증거이고, 자백도 간접 증거일 뿐 직접적인 물증을 확보한 건 아니었기에 살인 혐의를 입증하기 어렵다는 게 검찰의 판단이었다.

검찰과 경찰이 실랑이를 벌이는 사이 긴급체포 기한인 48시간이 만료되어 장경수는 풀려난다. 집으로 돌아간 장경수는 결백을 주장하는 유서를 남기고 자살 소동을 벌인다. 경찰의 강압적인 수사 때문에 저지르지도 않은 살인을 했다고 진술한 사실이 괴롭다는 이유였다. 곧 분위기는 반전됐다.

경찰이 무리한 수사로 애먼 사람을 잡는 것 아니냐는 의견이 나오기 시작했다. 장씨가 애인을 죽일 이유가 딱히 없어 보였으며, 경찰이 범행의 개연성과 타당성을 입증하지 못한 채 용의자의 자백에만 의존해 사건을 해결하려고 했기 때문이었다.

사람들은 경찰의 발표를 쉽사리 믿지 않았다. 그도 그럴 것이 5공 정부 때까지만 하더라도 가혹한 수사와 무리한 진술 강요가 빈번해 경찰이 국민의 신뢰를 얻고 있지 못했다.

⑩ 급반전! 전 남자친구를 진범으로 구속

"자백은 범행의 가장 명확한 증거"라며 장경수가 범임이 틀림없다고 주장하던 경찰에게 날벼락 같은 소식이 전해진다. 네 명의 용의자 중 하나였던 정재파의 승용차 시트에서 혈흔이 발견되었고, 국과수 분석 결과 박상은의 혈액형과 동일한 것으로 드러났다.

경찰과 각을 세우던 검찰은 혈흔 증거를 근거로 정재파를 진범으로 몰기 시작했다. 정재파는 박상은이 미국 유학 시절 잠깐 사귀었다가 헤어진 남자친구였는데, 정씨는 헤어진 뒤에도 박씨에게 미련이 남아 가끔씩 연락하거나 찾아가기도 했다.

검찰은 정씨가 저지른 범행임을 확신했다. 정재파의 숙부 집이 마침 박씨가 머물던 삼성동 오빠 집과 같은 아파트였고, 사건 당일 그 집에 다녀온 행적도 밝혀졌기 때문이었다.

정씨는 숙모에게 전화를 부탁해 박씨를 불러냈고, 자신의 승용

차에 태운 뒤 다툼을 벌이다 폭행으로 이어졌으며, 결국 안전벨트로 목을 졸라 사망에 이르게 했다는 것이었다. 정재파 역시 처음에는 범행을 부인했지만, 증거를 통한 검찰의 압박과 거짓말 탐지기를 동원한 조사가 이어지자 순순히 자백하기에 이르렀다.

⑩ 검찰도 망신, 끝내 무죄로 석방된 용의자

우여곡절 끝에 무혐의로 풀려난 장경수는 곧바로 기자회견을 열어 경찰을 비판했다. 언론도 동조해 자백만으로 범인을 만든 경찰의 무리한 수사 방식을 성토했다. 경찰은 크게 한 방 먹은 셈이었다. 그러나 재판이 시작되자 사건은 또다시 미궁으로 빠져든다. 법정에서 정재파가 그동안의 진술을 번복하고 혐의를 부인했기 때문이었다.

자동차 시트에 묻은 혈흔은 병세가 좋지 않아 각혈을 하는 일가친척을 병원에 데려다주고자 차에 태웠을 때 생긴 거라고 주장했다. 거짓말 탐지기 조사 결과 나타난 거짓 반응은 증거로 채택되지 않았다. 숙모 역시 법정에서 전화를 대신 걸어 박상은을 불러낸 사실이 없다고 증언했다. 정씨는 자백 역시 검찰의 강압적인 태도에 기가 눌려 어쩔 수 없이 지어낸 거라고 말했다.

유전자와 DNA 검사 기술이 없었던 당시로선 혈액형 판정만 가능했기 때문에 용의자 차량에서 발견한 혈흔이 피해자의 것과 동일한 혈액형으로 밝혀져도 결정적 증거로 채택되지 않는 경우가 많았다. 네 가지로 구분되는 혈액형 분류법에 따르면 O형에 해당하는

무혐의로 풀려난 뒤 가족들과 함께 기자회견을 하고 있는 장경수.(1982년 1월 26일.)
ⓒ〈뉴스뱅크〉

혈액형 보유자가 전 국민의 30%에 육박했기 때문에 단지 혈액형이 같다고 범인으로 몰아갈 단서가 되긴 어려웠다. 거짓말 탐지기 역시 도입된 지 얼마 되지 않아 신빙성이 떨어져 객관적인 증거로 인정받지 못하는 형편이었다. 경찰에 이어 검찰 역시 법원에서 크게 망신을 당하게 된 셈이었다.

법원은 실체적인 물적 증거를 제시하지 못한 수사기관의 손을 들어주지 않았다. 1심에서 무죄 판결이 나고 검찰이 불복 상고해 거듭 항소심이 이어졌으나, 대법원 최종심까지 결과는 바뀌지 않았다. 정재파 역시 무죄로 풀려나고 사건은 끝내 미제로 남았다. 시신이 되어버린 피해자만 존재하고, 모든 용의자가 무혐의로 풀려나 범인은 사라진 형국이었다.

⑩ 죄형 법정주의와 여성혐오

박상은 피살 사건은 여러 가지 면에서 사회적인 의미를 갖는다. 우선 죄형 법정주의 원칙을 뚜렷하게 드러낸 사건으로 기록되어 있다. 죄형 법정주의란 도덕적으로 지탄받거나 윤리적으로 의심을 살 만한 정황이 있더라도 형사 피해를 법률과 증거로 입증하지 못할 경우 처벌할 수 없다는 대원칙을 말한다.

사법 판단의 기준이 자백 중심주의에서 증거 중심주의로 전환된 사건이기도 했다. 이전까지 수사 단계에서 획득한 자백은 재판정에서 자연스럽게 증거로 채택되었지만, 이 사건 이후 재판정에서의 진술만을 근거로 판결하는 전통이 확립됐다.

경찰과 검찰은 확증편향에 빠져 각각 장경수와 정재파를 범인으로 몰았지만, 재판부는 확실한 직접 증거 없이는 형사 유죄 판결을 내릴 수 없다는 원칙을 적용해 두 용의자에게 모두 무죄를 선고했다.

어떻게 보면 한국 사법제도의 죄형 법정주의와 증거 중심주의는 아이러니하게도 돈 많고 권력 있는 사람들이 자신들의 잘못을 교묘하게 감추거나 스스로를 보호하고자 도입했다고 볼 수도 있다. 한국 사회의 법정은 스스로 구할 수 있는 힘이 있는

'자백수사 시대 끝나', 〈동아일보〉, 1982년 11월 20일.

자들을 수호하는 데 치중했다. 여전히 일반 서민은 사법제도의 적절한 보호와 구제를 받기 난망하고 요원한 게 현실이다.

이 사건은 검찰과 경찰의 갈등이 표면적으로 드러난 사건이기도 했다. 이전에도 수사지휘권을 둘러싼 다툼이 암암리에 존재했지만, 이번 사건은 조직의 명운을 걸고 검찰과 경찰 양 기관이 자신들이 지목한 용의자를 살인범으로 만들기 위해 노력했다.

하지만 결국 검찰과 경찰 모두 망신만 사는 결과를 초래한 부끄러운 사건이 되어버렸다. 강압적이고 무리한 수사를 진행했다는 폭로가 나오고 불법 도청으로 증거를 수집한 정황도 드러나자 경찰과 검찰은 더욱 궁지에 몰렸다. 5공화국 치안 권력의 실체를 드러내고 있다는 지적이 나올 수밖에 없었다.

무죄를 선고받고 풀려난 두 청년은 모두 강남 부유층 출신으로 전관 변호사 여러 명을 변호인으로 고용하는 등 당시 서민들은 상상하기 어려운 사법적 대응을 했던 것으로 알려져 세간의 입방아에 오르기도 했다. 변호인의 조력을 통한 법적 다툼은 민주 사회의 구성원이라면 누구나 누려야 할 권리이기도 하지만, 초호화 변호군단을 꾸리는 건 아무나 할 수 없는 일이기도 했다.

둘 중 하나는 반드시 진범일 것으로 생각했던 많은 이가 돈만 있으면 어떤 죄를 지어도 무혐의로 빠져나올 수 있다는 생각에 허탈해한 사건이기도 했다. 더구나 장경수와 정재파는 마치 서로 짠 듯 무혐의로 풀려나자마자 조부모와 부모의 품에 어린아이처럼 안겨

집으로 돌아갔다. 더해 부모의 엄호 아래 기자회견을 하는 모습은 강남 부유층이 자식을 어떻게 과잉보호하고 애지중지 키우는지를 상징적으로 드러내기도 했다.

마지막으로 박상은 피살 사건은 호사가과 언론들이 탐욕스럽게 소비한 관음의 대상이기도 했다. 시신 귓불에 남아 있던 치흔을 성적 행위의 표식으로 단정하고 결정적인 단서인 양 부풀린 수사기관과 언론은 불필요한 호기심을 과도하게 부추겼다.

젊고 매력적인 외모의 여대생과 복잡한 애정 관계로 얽혀 있는 다수의 남성들이라는 구도를 만들어 강남 부유층 유학생들의 타락한 남녀 관계가 살인에까지 이르렀다는 생각을 자연스럽게 하게 만들기도 했다.

더구나 피해자 박상은의 행실을 문제 삼는 여성혐오적인 비난도 심심찮게 흘러나왔다. 유학 다녀온 여성은 남자관계가 복잡하고 문란하다는 주홍글씨를 새겨넣는 사람들이 생겨난 것도 이때부터다. 실제로 이 사건 직후 대학교에서 여학생의 국외 연수를 금지하기도 했고 각 가정에서 딸을 유학 보내기 저어하는 분위기가 한동안 자리 잡기도 했다.

아무 잘못도 없이 고통 속에 죽어간 피해자 여성을 두 번 죽이는 어처구니없는 처사가 아닐 수 없다. 이처럼 1980년대 초반은 여성을 향한 편파적인 시선과 잘못된 인식이 스스럼없이 통용되는 야만의 시대였다.

박상은 피살 사건에서 확립된 죄형 법정주의와 직접 증거주의가 정치범이나 시국 사범에게 확대 적용되기까진 십수 년이 더 필요했고, 여성에 대한 혐오의 시선을 바로잡는 데는 무려 40년이 더 걸리고 있다. 그런 의미에서 박상은 피살 사건은 중층적인 의미의 영구 미제 사건이다.

사이비 종교의 번성과
교주의 악행

오대양 집단자살 사건(1987)

⓪ 1987년 민주항쟁 직후 과도기의 한국

1987년 6월 민주항쟁은 한국 민주주의 역사의 가장 중요한 분기점
이었다. 박종철 고문 치사 사건과 이한열 최루탄 피격 사망 사건 등
으로 분노한 시민들의 봉기와 투쟁은 오랜 군사독재정권을 종식시
키고 직선제 개헌이라는 절차적 민주화의 초석을 마련했다. 체육관
에서 선출한 군인 출신 대통령이 물러나고 국민이 직접투표로 대통
령을 뽑을 수 있게 된 것이다.

　6월 민주항쟁은 사회 전 분야에 걸쳐 일어난 변혁의 도화선이었
다. 1987년 7월에서 9월까지 펼쳐진 노동자 대투쟁은 그간 압축적
인 성장으로 이뤄낸 결실을 공평하게 분배해야 한다는 인식을 널리

확산시킨 한국 노동 운동 역사에 길이 남을 이정표가 됐다. 이밖에도 정치와 경제의 영역뿐만 아니라 교육, 문화, 생활 방면 곳곳에서 변화의 물결이 감지됐다.

세계 냉전체제 역시 해빙 무드의 도래로 대립 구도가 점차 완화되면서 자유화의 분위기가 무르익어갔다. 우리나라도 이제 곧 자연스레 통일을 이뤄낼 수도 있겠구나 하는 생각이 들 정도였다. 게다가 이듬해에는 개발도상국 최초로 유치에 성공한 올림픽 개최마저 앞두고 있었으니, 국민의 자부심과 미래에의 희망찬 기대는 점차 커져만 갔다.

하지만 세상은 하루아침에 변하지 않았다. 구체제의 기득권은 여전히 자신의 세력을 지키기 위해 안간힘을 썼다. 자본과 제도를 이미 장악하고 재생산 시스템을 갖춰놓았으니, 그들의 견고한 성채가 쉽게 무너질 리 없었다. 힘이 약한 자들과 가난한 자들이 겪는 고통 역시 지난 시절과 크게 달라지지 않았다.

'못살겠다, 바꿔보자'는 변화에의 열망이 거셌으나 그에 맞서는 반동과 수구의 저항 역시 만만치 않았다. 민주화 투쟁으로 힘들게 얻어낸 직선제의 첫 결과는 전두환 대통령이 그의 군인 친구 노태우 대통령으로 바뀌는 것으로 끝을 맺었다. '세상이 바뀐 게 아니라 사람만 바뀌었다'는 볼멘소리가 나올 법했다.

⑩ 은미네 가족의 야반도주

1987년 은미네 가족은 야반도주하듯 이전에 살던 곳을 떠나 경기도 용인으로 이사왔다. 서울에서 대학생들이 "이한열을 살려내라"고 목청 높여 소리치고 시민들이 거리에 나와 "호헌철폐 독재타도" 구호를 외치는 모습을 텔레비전 뉴스로 봤지만, 여덟 살 은미는 그게 무슨 뜻인지 잘 알지 못했다.

새로운 터전과 일자리가 있다는 용인으로 이사를 왔건만, 엄마와 아빠는 생기를 찾지 못했고 점점 더 초췌해져 갔다. 이제 우리나라도 잘살게 되었다고, 선진국 진입의 문턱이 얼마 남지 않았다고 떠들어 댔지만 은미네와 같은 서민 가정에는 딴 세상 이야기일 뿐이었다.

은미는 그저 이전처럼 할머니, 할아버지, 엄마, 아빠, 오빠와 한집에서 지내는 게 소원이었다. 교회에서 운영하는 학숙에 살게 된 은미의 부모는 새벽 예배를 드린 뒤 하루 종일 공장에 나가 일했다. 가끔 근무가 없는 주말이면 엄마, 아빠는 서울이나 평택에 사는 친척을 찾아가 뭉칫돈을 빌려오기도 했다. 할아버지와 할머니는 공장 옆에 있는 노인 보호 시설에 거주했는데 오가다가 아빠, 엄마와 마주쳐도 알은체하지 않았다.

열 살 난 오빠와 은미 역시 엄마, 아빠가 버젓이 옆에 있는데도 불구하고 고아로 소개됐다. 고아원을 운영하는 '박순자'만을 엄마라 부를 수 있었고 진짜 엄마는 멀리서만 가끔 볼 수 있었다.

이곳에 처음 왔을 때는 엄마 아빠가 바로 저기 있는데 내가 왜 고아냐고 울면서 떼를 썼지만, 사감에게 몇 차례 세게 얻어맞고 난 뒤에는 그런 소리를 입 밖에 낼 생각조차 하지 못했다. 어쩐 일이었는지 할아버지 역시 형편이 어려운 독거노인 역할에 충실했고, 할머니는 치매 증세가 날로 심해져 자식들에게 버림받은 노인으로 알려져 있었다.

ⓘ 구원파 출신 교주 박순자의 세뇌법

은미의 엄마와 아빠는 박순자라는 사람을 안 뒤 가족 전체를 이끌고 용인으로 왔다. 처음에 박순자는 교회에 다니던 엄마 아빠에게 성경 공부를 좀 더 열심히 해보고 싶지 않느냐며 교회 밖에서 만나길 종용했다. 그렇게 사람들을 꾀어낸 박순자는 점차 자신을 따르는 신도들을 늘려 나갔다.

박순자는 당시 개신교 교단에서 이단으로 취급하는 구원파 중간 간부였다. 구원파에서 비밀리에 활동하며 배우고 익힌 사이비 교주들의 행동양식을 모방해, 선량하고 마음 여린 사람들을 꾀어 한 무리의 세력을 만들고 스스로 교주가 됐다.

박순자는 자신을 믿고 따라야만 구원에 이를 수 있다며 사람들을 단단히 세뇌시켰다. 후에는 직장을 그만두고 집을 팔아 자신에게 전 재산을 바칠 걸 강요하기도 했다.

사이비 교주들이 사람들을 꾀어 충성스러운 신도로 만드는 방법

'여사장 등 32명 집단 시체로-대전 오대양사 용인 공장서, 3남매도 함께 28명이 여자',
〈조선일보〉, 1987년 8월 30일.

은 의외로 간단하다. 개인이 기존에 맺고 있던 사회적 관계를 차단
하고 철저하게 고립시킨 뒤, 자신이 새로 만들어낸 폐쇄적인 단체
로 끌어들여 새로운 질서와 규율에 복종하게 한다.

이때 신도로 하여금 전 재산을 바치게 하는 이유는 교주 스스로
배를 불리려는 의도도 있지만, 신도 개인의 경제적 기반을 완전히
무너뜨려 더 이상 기댈 곳이 없게 하려는 이유가 크다. 한 인간의
사회적 경제적 네트워크를 철저하게 파괴해 교주에게만 완전히 의
존하게 만들기 위함이다.

지시하는 내용들을 따르다 보면 신도는 어느새 교주에게 완전

히 종속되어 옴짝달싹 못하게 된다. 부모 자식 혈연관계보다 새롭게 맺은 교주와 신도의 관계가 더 중요해진다. 위계관계가 확립된 뒤에 신도는 교주의 돈벌이를 위한 수단이나 부속품으로 전락한다. 노예처럼 부림당하는 일이 예사다.

가혹한 노동에 동원되고 무참하게 착취당하는 나날이 연속된다. 자신이 가진 걸 모두 빼앗기고 더해 여기저기서 돈을 빌리게 만들어 감당할 수 없는 채무를 지게 하는 경우도 다반사다. 신도는 결국 몸과 마음과 정신을 모두 교주에게 볼모 잡힌 신세에 빠진다.

⑩ 사이비 종교에서 헤어나올 수 없는 이유

사이비 종교 단체에선 교주가 정해놓은 공동체의 질서와 규범에 균열이 생기는 걸 가장 큰 위기로 인식한다. 교주의 권위에 도전하는 이가 있다면 가혹한 응징을 피할 수 없다. 폭행을 일삼고 때로는 생명을 앗아가기도 한다.

회복할 수 없는 피해가 예상되거나 견디기 어려운 물리적 정신적 고통을 직간접적으로 경험한 신도는 교주의 명령에 불복하거나 단체에서 도망할 수 없게 된다. 멀쩡하던 사람이 별안간 사이비 종교에 빠져들고 또 헤어 나올 수 없게 되는 까닭은 이러한 연쇄작용 때문이다.

언뜻 봐도 사이비 종교는 비합리적인 것으로 보이고, 정상적인 사고력을 갖춘 사람이 왜 저런 데 빠져들까 싶을 때가 있다. 그러나

한 번 헛디딘 발걸음이 주체할 수 없는 비틀거림을 만든다. 또한 누구에게나 약한 고리가 존재하기 마련이고, 그걸 용케 알아채 강하게 틀어쥔 사이비 종교의 교주는 절대로 고삐를 놓아주지 않는다.

약육강식의 야만성이 넘실대던 1980년대 격변기 한국 사회에서 누군가를 깊이 의지하는 건 사회적 약자들이 정서적인 안정을 확보하는 가장 손쉬운 방법이었다.

세상은 크게 달라지고 있다는데, 되는 일은 없고 빚만 늘어나고 있던 은미네 가족 같은 서민들에게 '오대양'과 같은 사이비 종교단체 교주 박순자의 손길은 구원의 빛처럼 여겨졌을지도 모른다. 그러니 사이비 종교의 피해자들을 무턱대고 나무랄 수만도 없는 노릇이다.

⑩ 한국판 존스타운 사건, 오대양 집단자살

인간이 느끼는 죽음에 대한 근원적 공포와 삶의 고통과 불안은 동서고금을 막론하고 사이비 종교와 관계된 혼란과 소동이 반복되는 이유다.

일찍이 우리나라에선 일제강점기였던 1920년대 종말론을 주장하며 혹세무민과 신도살해를 일삼았던 '백백교(白白教)'가 있었다. 그런가 하면 1992년 '다미선교회'가 일으킨 휴거 소동은 세기말 분위기에 편승해 전 국민을 불안에 떨게 한 사건이었다. 2014년 세월호 참사와 깊이 관련된 것으로 알려진 '구원파'의 비밀과 흑막 역시 사람들을 놀라게 했다. 이 밖에도 '영생교 사건', '만민중앙교회 이재록 목사 사건', 코로나 시국 초기 '신천지 사태' 등 크고 작은 사이비 종교 관련 소동은 늘 있었다.

1978년 미국에선 900여 명이 동시에 사망한 '인민사원 집단자살(존스타운 집단자살) 사건'이 일어나기도 했다. 조사에 따르면 사이비 교주 '짐 존스'는 더 이상 폐쇄적인 공동체를 운영하기 어렵게 되자, 교주의 마지막 명령으로 자신을 따르는 신도 전체에게 즉시 자살을 지시했다. 수백 명의 신도가 한날한시에 죽어버린 처참하고 끔찍한 사건은 그렇게 일어났다.

이성과 합리가 존중되고 자유와 평등을 지향하는 세계 최고 선진국에서 이런 사건이 벌어졌다는 점에서 미국은 물론 전 세계 사람들이 경악해마지 않았다.

1995년 일본에서 발생한 '옴진리교 지하철 사린가스 테러 사건'

1978년 900여 명이 동시에 사망한 미국 인민사원 집단자살 사건.

도 마찬가지로 사이비 종교의 폐해를 보여주는 극단적인 사례다.

1970~80년대 격동기에 전 세계적으로 번성한 사이비 종교들이 마지막 발악 끝에 스스로 종말을 고한 충격적 사건들이다.

미국에서 존스타운 집단자살 사건이 일어난 지 10년이 지난 뒤, 한국에서도 유사한 사건이 발생했다. 1987년 8월 29일 경기도 용인 오대양 공장 창고 지붕에서 서른두 구의 시신이 한꺼번에 발견된 것이다.

놀라운 건 발견된 시신 전부에서 저항의 흔적도 찾을 수 없었다는 점이었다. 한여름 혹서의 날씨에 공장 식당 지붕 칸 어두운 곳에 올라 식음을 전폐한 한 무리의 사람들이 당연한 듯이 죽음을 예비하고 서로가 서로의 목을 졸라 죽인 이 비극적인 사건을 '오대양 집단자살 사건'이라고 부른다.

⑩ 빚으로 세운 오대양의 허장성세

박순자는 1984년 대전에서 '오대양'이라는 종교 단체를 조직한다. '오대양(五大洋)'이라는 이름은 '전 세계 전체를 내가 다스린다'는 뜻에서 지은 것이다.

그녀는 1970년대 중반부터 대전에서 사회사업가로 이름을 널리 알렸다. 어디에서나 돈을 풍풍히 잘 쓰고 어렵다는 곳에 기부도 제법 많이 했다. 그러다 보니 국회의원과 시장에게 상을 받고 전두환 대통령에게 표창까지 받았다.

성공한 여류 사업가로 유명세를 타자 사람들의 마음을 얻는 일도 수월해졌다. 이후 사람들에게 돈을 꾸는 게 어렵지 않았다. 지역 은행에서도 박순자라는 인물의 명망을 익히 들어 알고 있어, 큰돈을 내주는 데 망설임이 없었다.

박순자는 돈을 빌린 뒤 처음 몇 달 동안 이자를 잘 갚아 사람들에게 믿음을 샀다. 연리 30%에 해당하는 이자를 다달이 꼬박꼬박 챙겨주니 서로 박순자에게 돈을 맡기려 다툴 정도였다.

대전에서 사업을 하던 '이상배'라는 사람 역시 박순자에게 선뜻 5억 원을 빌려줬다. 이상배 외에도 돈을 빌려준 사람은 수십 명이 넘었다.

박순자는 빌린 돈으로 경기도 용인에 공예품 생산 회사를 설립했다. 교회와 학숙, 노인요양시설과 고아원도 함께 세웠다. 회사 이름은 자신이 만든 종교 단체 이름과 동일하게 '오대양'으로 지었다. 공장을 지은 뒤에는 자신을 철석같이 믿고 따르는 신도들을 모두 모아 용인으로 오게 했다.

오대양은 말이 공예품 생산 공장이었지 매출이나 실적은 보잘 것 없었다. 전문 생산기술이 있었던 것도 아니고 판로를 갖추고 있지도 않아 기껏 만들어 놓은 제품도 창고에 쌓여 갔다.

사정이 이런데도 오대양은 '1988 서울 올림픽' 공식 파트너 기업으로 선정되어 올림픽 관련 기념품 생산을 맡았다. 대기업도 따내기 힘든 올림픽 파트너 자격을 지역의 조그만 회사가 이뤄냈으니

한국 현대사를 뒤흔든 40가지 사건

대단한 일이었다. 오대양의 내실은 형편없었지만, 여기저기서 빌린 돈으로 허장성세한 박순자의 솜씨가 빛을 발한 덕분이었다.

그 무렵 가끔씩 오대양 사무실로 이자를 못 받았다는 채권자의 전화가 걸려왔지만 박순자는 여전히 기세등등했다. 그 사이 박순자가 빌린 돈은 170억 원을 넘어서고 있었다.

⑩ 폰지 사기와 폭행 살인

연체가 늘어나고 뭔가 잘못되어가는 건 아닌가 하는 생각이 든 채권자들이 하나둘 공장을 찾아오기 시작했다. 이상배는 그중에서도 5억 원이나 되는 돈을 뭉텅이로 빌려줬던 터라 걱정이 컸다. 이상배가 돈 이야기를 하러 찾아올 때마다 박순자는 곧 돈이 융통될 거라는 말로 안심시켰다. 이후로도 몇 개월이 지나도록 이자가 들어오지 않자, 이상배는 담판을 지으려는 심사로 오대양 공장을 다시 찾아간다.

사실 박순자의 사채 돌려막기도 그즈음 더 이상 불가능한 지경에 이르렀다. 나중에 빌린 돈으로 먼저 빌린 돈의 이자를 치르고 나면 남는 게 없었다. 여기서 빌려 저기에 갚고 신도들의 재산마저 전부 빼앗아 돌려 막아도 터지는 구멍이 생겼다.

박순자가 돈을 꾸고 갚는 건 전형적인 '폰지(Ponzi) 사기' 수법에 의존한 것이었다. 아랫돌 빼서 윗돌 괴는 방식으로 돈을 빌리고 갚았으니 실체가 탄로 나는 건 시간문제였다.

더 이상 돈을 갚을 방법이 없어진 박순자는 신도들에게 이상배를 감금하고 폭행하라고 지시한다. 이전에도 박순자는 돈을 더 이상 빌려오지 못하거나 오대양에서 도망하려 했던 사람들을 붙잡아 가혹하게 폭행하거나 살해하기도 했다. 돈을 받으러 갔다가 꼼짝없이 맞아죽을 위기를 겪은 이상배는 구사일생으로 빠져나와 검찰에 박순자를 고소한다. 교주 박순자와 사이비 종교 집단 오대양의 실체가 세상에 드러나는 순간이었다.

⑩ 교주 박순자의 마지막 명령

고소장이 정식으로 접수된 이후 오대양은 막다른 위기에 몰린다. 하루가 멀다 하고 빚쟁이들이 들이닥치고 경찰과 검찰에서 조사를 나왔다. 더는 버틸 수 없게 된 박순자는 1987년 8월 말 폭염이 이어지던 어느 날 신도 80여 명을 공장 식당에 모두 모이게 한다. 이미 어려워진 회사 사정을 잘 알고 있던 박순자의 두 아들과 공장장을 비롯한 측근들도 뭔가 결심한 눈치였다.

오대양의 간부들은 박순자가 주는 달콤한 보상에 현혹되어 직전까지만 해도 말을 듣지 않는 신도들을 무자비하게 폭행하거나 심지어 때려 죽여 암매장하는 짓까지 서슴지 않은 족속들이었다. 박순자가 무너지면 자신들의 설자리도 없다는 걸 본능적으로 알고 있었다. 박순자와 오대양 간부들은 잔혹한 범죄의 공범이자 일종의 운명공동체였다.

한국 현대사를 뒤흔든 40가지 사건

박순자의 지시에 따라 신도들을 살해해 암매장했다며 살인 과정을 재현하는 범인들.
ⓒ〈한겨레〉

　그렇게 모인 신도들은 반쯤 넋이 나가 있었다. 어수선한 회사 사정 때문이기도 했지만, 박순자의 강요로 신도들 각자가 이미 수억 원의 빚을 져 더 이상 감당하기 어려워진 상황에 놓였기 때문이었다. 박순자는 직전까지도 신도들에게 끊임없이 혹독하게 돈을 요구했다.

　신도들은 이미 은행과 일가친척 등에게 큰 빚을 지고 있었고, 차라리 죽는 게 나을 정도로 채무에 시달려 속수무책인 상황이었다. 더 이상 돌아갈 곳이 없는 신도들의 얼굴은 흙빛으로 어두워져 있었다.

　박순자는 신도들에게 "때가 되었다, 이제 모두 같이 하늘로 오르

리라"라고 말했다. 박순자의 마지막 명령은 모두에게 죽음을 결행하라는 선언이었다. 박순자는 종말이 다가오고 있으니, 자신에게 복종하고 충성하는 자만이 구원을 얻을 수 있다며 신도들을 세뇌시켜 왔던 터였다.

육신의 고통과 죽음이야말로 영원한 삶과 구원에 이르는 길이라는 말도 빼놓지 않았다. 정상적인 인간관계가 모두 끊기고 사회적인 보호를 받지 못하게 된 신도들은 마지막까지 박순자의 손아귀에서 놀아날 수밖에 없었다.

박순자는 자신과 그녀의 가족, 그리고 공장 간부를 비롯해 빚이 가장 많은 서른두 명을 골라 오대양 공장 식당 천장에 오르게 했다. 그러고 나서 먼저 자신의 목을 조르라고 명령했다. 자신이 먼저 죽어야 신도들도 저항 없이 따라올 거라고 생각했기 때문이었다. 한여름 폭염 속 슬레이트 지붕 아래 모인 서른두 명은 물도 마시지 않고 음식도 먹지 않고 죽음을 기다렸다.

3~4일이 지나자 몸의 기력이 모두 빠져나가 가사(假死) 상태가 됐다. 공장장은 쇠진한 사람들을 골라내 차례대로 목을 졸라 마지막 숨을 끊었다. 이미 삶을 포기한 사람들이었기에 저항은 없었다. 그렇게 모든 사람이 죽고 난 뒤, 공장장은 서까래 기둥에 줄을 묶어 스스로 목을 맸다.

⑩ 참혹한 죽음과 무성한 소문

경찰이 발견한 오대양 집단자살 현장은 참혹 그 자체였다. 빨래가 쌓여 있는 것처럼 천장 기둥에 속옷 차림의 시신들이 널려 있었다. 처음에 경찰은 잔혹한 범죄를 의심했다. 하지만 수사를 진행하자 타살로 보기에 석연치 않은 구석이 너무나 많았다. 도무지 이해할 수 없었던 건 시신들에서 저항의 흔적이나 삶의 의지가 전혀 발견되지 않았다는 점이다.

폭염과 기갈로 인해 버티지 못하고 먼저 죽은 이들을 제외하고 대부분의 사망 원인이 액사(縊死)로 밝혀졌지만, 어느 시신에서도 목이 졸릴 때 반항한 흔적이 남아 있지 않았다. 스스로 선택한 죽음인 동시에 공동으로 집행된 죽음으로 볼 수밖에 없는 상황이었다.

본격적인 조사가 이어진 결과 오대양이라는 사이비 종교 집단의 실체가 만천하에 드러났다. 검찰은 오대양 집단자살 사건은 교주 박순자의 지시에 따라 신도들이 죽음을 선택한 단체 행동으로 벌어진 일이라고 발표했다.

교주 박순자의 악행과 부도덕은 물론 그를 따랐던 신도들의 비참한 처지도 공개됐다. 박순자는 막다른 길에 내몰리자 공동체 전체의 몰살을 선택한 잔악무도한 사이비 교주일 뿐이었다.

이 사건은 집단자살이란 외표를 띠고 있지만 사이비 교주가 저지른 명백한 대량 살인이었다. 소식을 접한 시민들은 20세기 말 한국 사회에서 어떻게 이런 일이 일어날 수 있느냐며 분개했다. 사이

오대양 변사자들의 시신이 가족에
게 인계되고 있다. 일가친척이 인수
를 원치 않은 사례도 있었다.
(《조선일보》, 1987년 9월 1일.)

비 종교 단체가 독버섯처럼 자라날 동안 누구하나 막지 못했다는 점을 안타까워했다.

곧 사건을 둘러싼 흉흉한 소문들이 퍼져나갔다. 오대양 뒤에 더 크고 무서운 사이비 종교 단체가 자리하고 있다는 둥, 정권의 권력 실세가 박순자의 뒤를 봐줬기 때문에 서울의 아파트 한 채 가격이 2천만 원 정도였던 당시로선 천문학적인 액수인 170억 원에 달하는 대출이 가능했다는 둥, 어느 산에 가면 서른두 명보다 훨씬 더 많은 시신이 파묻혀 있다는 둥. 기이하고 의심스러운 소문은 무성하게 커져 번져나갔다.

1987년 6월 민주항쟁이 일어난 지 두 달밖에 안 된 시점에 일어난 오대양 집단자살은 당대 한국 사회의 혼란을 보여주는 상징적인 사건이었다. 이듬해 등장한 노태우 정권은 시민들 사이에 퍼져나간 거짓 소문들의 확산과 사이비 종교의 번성을 부러 막지 않았다. 민주화의 분위기와 노동자 대투쟁의 열기를 하루바삐 잠재우고자 했던 정권의 의도로 보인다.

군사독재의 연장이라는 결과로 나타난 민주항쟁 이후 '절반의 실패'에 대한 시민들의 좌절감과 정권을 향한 비판적 시선을 조금이라도 누그러뜨릴 심사이기도 했다. 사회적인 불안을 내포한 자극적인 가십이 널리 퍼질수록 정치 문제에 촉각을 곤두세웠던 시민들의 관심을 자연스럽게 분산시킬 수 있었기 때문이다.

오대양 집단자살은 사이비 교주의 악행에 의해 발생한 사건이었지만, 끔찍한 죽음마저 정권 유지의 수단과 국정 운영의 이벤트로 소모된 비극적인 사건이기도 했다.

전국으로 생중계된
사상 초유의 인질극

지강헌 탈주 사건(1988)

⑩ 올림픽 직후 벌어진 희대의 인질극

서울 올림픽 개최의 열기가 채 사그라들기 전인 1988년 10월 15일 새벽 4시 서울시 서대문구 북암파출소(현 북가좌파출소)로 한 중년 남성이 헐레벌떡 뛰어들었다.

며칠 전 호송 버스에서 탈주해 세상을 떠들썩하게 만든 죄수들이 지금 집에 들어와 있다는 것이었다. 자신은 범인들이 깜빡 잠든 틈을 타 탈출했다고 했다.

깜짝 놀란 파출소 당직 순경은 곧바로 상부에 보고했다. 곧 천 명이 넘는 경찰이 출동해 인질극이 벌어지고 있는 가정집 주택을 이중 삼중으로 포위했다.

날이 밝은 뒤에는 연세대학교가 있는 인근 연희동까지 경찰 병력이 배치됐다. 기자들이 몰려들고 방송국 카메라가 집 주위로 진을 쳤다. 인질극이 생중계되는 희대의 사건이 발생한 것이다.

인질극 당시 방송국 카메라와 신문사 기자, 경찰, 구경 나온 주민들로 북새통을 이뤘던 북가좌동 고씨 집 주변의 골목길.
ⓒ〈문화일보〉

통제가 되지 않는 사건 현장은 아수라장이었다. 경찰과 기자와 주민들이 한데 뒤섞여 난리 북새통을 이뤘다. 당시 경찰에는 인질 사건에 대처하는 매뉴얼이 전혀 마련되어 있지 않았고, 이 같은 사건이 발생했을 때 침착하게 대응할 수 있는 전문 인력 또한 없었다.

경찰은 인질 곁에서 권총을 겨누고 있는 탈주범 지강헌에게 "부모를 생각하라"거나 "먹고 싶은 것 없냐"는 등의 일차원적인 회유만 했을 뿐이다. 나이와 경험이 많은 베테랑 형사가 먼저 설득해보고 안 되면 또 다른 형사가 나가 상대하는 식이었다.

컨트롤 타워가 부재했으니 주먹구구식으로 대응할 수밖에 없었다. 그러니 어중이떠중이 모두가 범인들을 설득하겠다고 나서기도 했다. 인질범들의 가족이 소환되어 급히 불려왔지만 끝내 총을 내려놓게 하지 못했다. 교도소 내에서 범인들의 교화를 담당했던 스님까지 출동해 설득에 나섰지만 무소용이었다.

경찰의 미숙한 대응은 인질범들을 더욱 흥분시켰다. 지강헌 일당이 호송차에서 탈주해 인질극을 벌이기까지의 사연과 이유를 제대로 알지 못했기 때문이었다.

지강헌은 보통의 인질범들처럼 돈을 요구하거나 인질들에게 직접적인 폭력을 행사하지 않았다. 그는 기자들과 대통령을 불러달라며 자기들의 속사정을 이야기할 기회를 마련해달라고 일관되게 요청했다. 지강헌은 세상을 향해 뭔가를 호소하고 싶어 했다.

⑩ 무사안일이 빚은 탈주 소동

1988년 10월 8일 아침 서울 영등포교도소를 출발한 호송버스는 대전 및 충남 공주교도소로 이감될 스물다섯 명의 죄수를 태우고 있었다.

중부고속도로 일죽 IC(경기도 안성시)를 지날 무렵, 재소자들이 폭동을 일으켜 버스를 탈취했다. 그들은 호송버스가 서울을 벗어나자마자 몰래 숨겨 몸에 지니고 있던 뾰족한 쇠꼬챙이 따위를 이용해 수갑을 풀고 난동을 준비하고 있었다.

순식간에 버스를 장악한 범죄자들은 교도관을 흉기로 찌르며 폭행해 제압하고 실탄이 든 권총마저 강탈했다. 탈주를 미리 계획한 몇몇은 재빠르게 행동했으나, 얼떨결에 소동에 가담한 재소자들은 쭈뼛거릴 수밖에 없었다.

지강헌은 원래 후자 쪽이었으나, 일이 벌어진 뒤 어느 순간부터

한국 현대사를 뒤흔든 40가지 사건

무기수 등 12명 권총뺏아 탈주

어제 안성서 이감중 차량 탈취 서울 잠입
실탄 5발 휴대…대부분 전과 2~8범

'무기수 등 12명 권총 뺏아 탈주', 〈한겨레〉, 1988년 10월 9일.

는 누구보다 기민하게 움직였다. 열세 명은 멀리 도망하지 못하고 인근에서 체포되었으나 열두 명은 서울 방향으로 도주에 성공했다.

그들은 주변 민가에서 옷가지 따위를 훔쳐 갈아입은 뒤여서 검문을 피해 무사히 서울까지 잠입할 수 있었다. 지강헌, 안광술, 강영일, 한의철 네 사람이 한 패가 되어 움직였다. 넷 중 나이가 가장 많았던 지강헌이 자연스럽게 리더가 되었고 빼앗은 권총 한 자루 역시 그의 몫이 됐다.

탈주 사건은 교도관들의 무사안일이 빚어낸 참사였다. 이송이 예정되었던 재소자들은 사전에 작업장의 철제의자 등을 분해하고 가공해 꼬챙이와 흉기를 만들어 준비하고 있었다.

이송하기 전 거쳐야 했던 몸수색이 없었고 호송차에 오를 때 금속 탐지기도 통과하지 않았다.

밤샘 근무를 마치고 곧바로 이어진 호송 업무에 피로가 누적된 교도관들이 경계가 느슨해진 것도 사건이 발생한 빌미를 제공했다. 눈꺼풀이 무거워진 교도관들의 감시가 소홀한 틈을 타 고속도로 위에서 순식간에 탈주극이 벌어졌다.

범죄자 호송 간에 보여준 교도관들의 무책임한 행동과 서울 시내에서 시민을 상대로 벌어진 사상 초유의 인질극에서 보여준 경찰의 미숙한 대응이 동시에 입방아에 올랐다.

⑩ 유전무죄 무전유죄, 사회보호법의 모순

지강헌은 단순 절도범이었으나 17년이라는 초장기형을 선고받고 복역 중이었다. 그는 전과 3범에 이르는 누범자였기에 당시 적용된 사회보호법에 의해 가중처벌을 받았다.

사회보호법이란 재범 가능성이 높고 특수한 교육 개선 및 치료가 필요하다고 인정되는 자에 한해 교화 기관이 추가적으로 구금 등 보호 처분을 할 수 있는 보호감호제도였다. 재판에서 징역형을 선고할 때 법원의 판단에 따라 본 형량보다 더 긴 보호 처분 형량을 부과할 수 있었다.

때마침 지강헌 탈주 사건이 일어난 즈음 전두환 전 대통령의 친동생이자 관변단체인 새마을운동본부 이사장이었던 전경환이 78억 원에 달하는 공금횡령을 비롯 총 600억 원이 넘는 이권 및 비리 사건에 관여되어 구속되는 일이 있었다. 전경환은 7년형을 선고 받았고 수감 생활 3년이 채 되기 전에 형 집행정지로 풀려났다.

반면 지강헌은 570만 원가량을 수차례에 걸쳐 훔친 단순 절도범이었음에도 불구하고 7년형에 보호감호 10년이 더해져 총 17년형을 선고받은 처지였다. 법 적용의 형평성을 두고 말이 나오지 않을 도리가 없는 상황이었다. 권력자와 최상류층에겐 더없이 관대한 법이 약자들에겐 가혹하기 이를 데 없었다.

잘못의 경중을 따지기보다 범죄자의 배경이나 지위 등에 따라 다르게 매겨지는 고무줄 형량 때문에 사법부는 빈축을 사고 있었다. 지강헌은 사회에 큰 해악을 끼친 정말 나쁜 거물들은 풀어주고 작은 잘못을 한 서민들만 옭아매는 한국의 부조리한 사법 질서와 비상식적인 행형 제도를 정면으로 치받았다.

당시 전경환과 같은 악질 정치사범에게 솜방망이 처벌밖에 내리지 못한 사법 당국에 불만이 고조되던 상황인지라 지강헌의 말과 생각에 심정적으로 동의하는 사람들이 많았다. 지강헌이 인질극을 벌이며 창문 밖의 기자들을 향해 외친 "유전무죄 무전유죄"라는 말이 생중계를 지켜보던 사람들의 마음에 불을 질렀다.

⑩ 고도성장 사회의 사회적 재난

지강헌은 경찰의 요구대로 감금하고 있던 인질 중 어린 아들과 엄마를 먼저 풀어주기도 했다. 함께 인질극을 벌이던 일당 중 막내였

권총으로 인질을 위협한 뒤 창밖의
세상을 향해 끊임없이 뭔가를 호소
하는 지강헌.
ⓒ〈한국일보〉

던 강영일에게 도주할 차량이 준비되어 있는지 확인하라고 밖으로
내보낸 뒤, 그가 다시 담을 넘어 들어오려던 때 너만은 살리고 싶다
며 자수를 종용하기도 했다.

지강헌 스스로 인질극의 끝이 자신들의 죽음으로 마무리될 거라
는 걸 예감한 처사였다.

강영일이 지강헌의 말을 듣지 않고 다시 집으로 들어가려는 혼
란한 상황에 총이 한 발 발사되었고, 어수선한 틈을 타 안광술과 한
의철이 지강헌에게서 총을 빼앗아 자살한다. 더 이상 버티기 어렵
다고 판단한 이들이 선택한 비극적 최후였다.

직후 지강헌은 비지스의 〈홀리데이(Holiday)〉를 듣고 싶다며 경
찰에게 카세트 테이프를 요청하고, 노래를 들으며 깨진 유리창 조
각으로 목을 찔러 자살을 시도한다. 때맞춰 급박하게 집안으로 진
입한 경찰에게 총을 맞은 지강헌은 병원으로 실려 갔지만 끝내 죽
는다.

　　　　　　　　　　　　　　한국 현대사를 뒤흔든 40가지 사건

유일한 생존자 강영일은 다시 구속 수감된다. 인질로 잡혔던 가족이 훗날 그를 위해 보낸 구명 탄원서에는 당시 소동을 겪었던 피해자의 복잡한 마음이 드러나 있다.

인질극을 벌인 지강헌 일당은 자신을 정말 헤치려는 뜻이 있었던 게 아니라, 이렇게까지 하지 않으면 아무도 이야기를 들어주지 않기 때문에 총을 겨눈 것뿐이라고 했다. 겉으로는 위협하는 것처럼 했지만 귀엣말로 계속 미안하다고 절대 다치게 하지 않겠다며 안심시켰다고도 했다.

실제 지강헌 탈주 사건의 인질들은 가해자들의 상황과 처지에 공감해 현장에서 범인들을 제압하려는 경찰을 배척하는 모습을 보이기도 했다. 이 사례는 숨 가쁜 위기 상황에서 인질이 범인에게 동조화되는 '스톡홀름 증후군'의 전형적인 모습으로 알려지기도 했다.

지강헌 탈주 사건은 한국 사회에 겹겹이 누적된 차별과 약자들에 대한 부당한 처우를 적나라하게 드러낸 소동이었다. 이 사건으로 가난하고 못 배운 자들이 느끼는 사회적 박탈감과 절망감이 수면 위로 드러났으며 큰 사회문제로 부각됐다. 지강헌이 벌인 탈주 및 인질 사건은 반성과 성찰 없이 고도성장 시대의 정점을 질주하고 있던 한국이 경험해야 했던 사회적 재난이었다.

범죄를 저지른 잡범들조차 공공연하게 불만을 드러낼 수밖에 없었던 옹색한 사법행정은 한국 사회에 만연한 차별과 불평등을 보여주는 뼈아픈 실상이었다.

흥분한 인질범이 세상을 향해 외친 "무전유죄 유전무죄"는 우리 사회의 부조리와 모순을 폭로하는 가장 적나라한 표현이 됐다. 이후로도 이 말이 오랫동안 회자되는 까닭은 그때나 지금이나 비슷한 일들이 반복되고 있기 때문일 것이다. 국회의원의 아들이 퇴직금으로 50억 원을 받아도 무죄인 엉터리 세상에서 이런 사건이 반복되지 않으리란 보장이 없다.

탈옥해 인질극을 벌이고 스스로 죽은 범죄자를 미화할 필요는 없다. 하지만 그들이 정의롭지 못한 사법체계에 대항해 자력구제를 감행한 구조적 요인에 대해 다시 한 번 생각해볼 일이다.

한편 그동안 말 많고 탈 많았던 사회보호법은 2005년이 되어서야 완전하게 폐지됐다.

먹는 걸로 장난치지 말라는 경고를 날리다

우지 라면 파동(1989)

◎ 영욕의 대한면국(大韓麵國)

우리나라는 1인당 인스턴트 라면 소비량 세계 1위 국가다. 온갖 면 요리 중에서도 라면이 가장 사랑받는 이유는 간단하다. 값싸고 맛있기 때문이다. 배가 고플 때, 밥 말고 다른 걸 간단하게 먹고 싶을 때, 마땅히 먹을 게 떠오르지 않을 때, 라면은 정답이 되어줬다.

1963년 첫 등장 이후 라면은 서민들의 대표적인 먹거리로 자리 잡았으며, 전 국민이 애호하는 식사 대용품이 됐다. 세계적으로 명성이 높은 K-먹방 콘텐츠 중에서도 '라최몇'(라면 최고 몇 개까지 먹나)이 가장 인기가 높을 정도로 한국인과 라면은 떼려야 뗄 수 없는 관계다.

그렇기에 라면만큼 가격을 인상하기 어려운 품목도 드물다. 라면값이야말로 서민들이 피부로 체감하는 물가 지표의 바로미터이기 때문에 가격 인상에 대한 저항이 상대적으로 크다. 지금도 라면값은 다른 먹거리에 비해 여전히 저렴한 편이다.

'라면만 먹던 시절'이 어렵던 때를 회고하는 상투적인 표현이 된 것도 이 때문이다. 어느 누군가에게 라면이야말로 애증이 교차하는 음식이라는 이야기를 들을 때, 그의 과거 사정과 처지를 어림잡아 이해할 수 있는 공감대가 형성되기도 한다.

몇 해 전 박근혜 정부 국정농단 사태의 핵심 인물인 김기춘 대통령 비서실장의 수첩에는 메모가 한 줄 적혀 있었다. '가정의 초토화, 주말의 평일화, 라면의 상식화.' 권위주의 군사독재정권 공안검사 출신인 노회한 정치인이 자신의 지배와 통치의 철학을 표현하는 데 라면을 동원했다는 사실은 꽤나 의미심장하다.

이 기이한 경구를 라면으로 식사를 대신할 정도로 스스로 열심히 국민을 위해 일하겠다는 뜻으로 이해하는 이들도 몇몇 있었지만, 대부분의 사람은 국민에겐 부당함과 곤란함도 기꺼이 감수하게 하며 국가에 충성하게 만들겠다는 권력자의 의지로 읽혔다.

특히 그가 공업용 우지 라면 파동 직후 검찰총장에서 한국 최대의 라면 회사 '농심'의 고문으로 자리를 옮겨 법률 자문을 맡았던 이력을 상기해보면 이 글귀는 더욱 예사롭지 않아 보인다.

한국 현대사를 뒤흔든 40가지 사건

⑩ '아는 맛'의 기원과 파국

1989년은 라면공화국 대한민국에 큰 변고가 일어났던 해다. 11월 어느 날 검찰청으로 투서 한 통이 날아들었다. 삼양식품이 '공업용 우지(牛脂)'로 라면을 만들고 있다는 고발이었다. 곧바로 수사가 시작되었고 삼양식품을 비롯해 우지를 사용해 마가린, 쇼트닝 등을 만들던 여러 식품 생산 업체 임원들이 줄줄이 소환됐다.

조사 결과 투서의 내용은 사실로 드러났다. 당시 우리나라 대부분의 라면 생산 회사들은 미국에서 우지를 수입해 면을 튀겨 라면을 만들었다. 수십 년간 우리가 '아는 맛'이었던 라면의 면발은 그렇게 만들어지고 있었다.

'5개 업체 대표 등 10명 구속-공업용 우지로 라면, 마가린 제조',
〈조선일보〉, 1989년 11월 4일.

한 해에 수 억 개의 라면이 소비되던 한국 사회는 발칵 뒤집혔다. 이름하여 '공업용 우지 라면 파동'.

'공업용'이라는 말의 어감이 주는 파괴적인 뉘앙스가 우리나라와 서양 식문화의 차이를 이성적으로 따져보기 어렵게 만들었다. 사람이 먹어선 안 되는 걸 지금까지 먹어왔다는 생각에 국민은 분노가 치밀었다.

그때까지만 해도 미국인들은 우지나 내장 따위를 따로 먹지 않고 버리거나 식품 외의 다른 용도로 사용했다. 미국인들이 소고기는 많이 먹지만 부산품인 우지는 남아돌기 때문에 버리느니 우지가 필요한 한국으로 싼값에 수출한 것이다. 소기름으로 튀긴 라면은 맛도 좋고 영양학적으로 유익해 한국의 라면 회사들은 우지를 흔하게 써왔다.

미국에서 사람들이 먹지 않고 버린다는 우지를 사용해 우리가 즐겨 먹는 라면을 만들었다는 소식에 한국의 소비자들은 크게 분개했다. 오래전 한국전쟁 직후 가난했던 시절 미군부대에서 버려지는 음식물 쓰레기를 주워 끓여 먹었던 '꿀꿀이죽'이 떠올라 자존심이 상한다는 사람도 있었다.

올림픽도 성공적으로 개최한 나라의 국민이 언제까지 미국이 버리는 식재료를 가져다 먹어야 하는지 부아가 치밀어 오른다는 이도 있었다.

한국 현대사를 뒤흔든 40가지 사건

⑩ 우지 사용을 둘러싼 사회적 논쟁

당장 라면 매출이 곤두박질쳤다. 우지 파동의 당사자로 지목된 '라면의 원조' 삼양라면은 판매율이 수직으로 떨어졌다. 덩달아 다른 라면 회사들에도 불똥이 튀었다. 당시 우지 파동으로 식품업계 전체가 휘청거렸으며 라면 업계 전체는 고사 직전의 위기에 처했다. 라면 회사들은 자정 작용의 일환으로 사건이 일어난 직후 시중에 유통되던 라면 120만 박스 전량을 회수해 폐기 조치했다.

회사 대표가 기자회견을 열어 깊숙이 고개를 숙이고 공식적으로 사과했다. 그런데도 국민의 반감은 쉽사리 잦아들지 않았다. 오랫동안 즐겨 먹은 라면에 대한 배신감이 식품 전체의 불신으로 확산될 조짐까지 보였다. 등장 이후 줄곧 성장을 거듭해 폭발적으로 소비되던 라면의 기세가 한 풀 꺾이는 순간이었다.

국민이 분노하자 검찰도 가만히 있을 수 없었다. 검찰은 미국산 비식품용 우지 및 등급 이하의 유지를 수입해 사용하는 식품업체들을 찾아 식품위생법 위반 혐의로 기소했다. 텔레비전 뉴스와 신문에선 연일 우지 파동 소식을 전했다.

식품학계에서도 때아닌 우지 사용 논쟁이 불타올랐다. 일각에선 라면 생산에 우지를 사용하는 게 영양이나 위생에 전혀 문제가 없다는 주장이 나왔다. 얼마 뒤에는 보건사회부에서도 우지 사용이 인체에 무해하다고 발표했다.

그렇지만 이런 주장과 발표는 국민의 화를 더욱 돋울 뿐이었다.

성이 날대로 난 국민의 마음을 쉽게 다독이기 어려웠다. 외려 재료의 직접적인 위해성 여부보다 사람이 먹는 음식에 대한 윤리적인 태도가 부족했다는 당위론적 반론이 우세했다.

사실 미국에서 수입한 우지는 미국인들이 먹지 않는 재료이고 식품으로 가공하지 않은 상태의 원료였기에 미국에서 수출할 때 식품군으로 분류하지 않았던 것뿐이다. 거기에 '공업용 우지'라는 자극적 표현을 덧붙이니 마치 기계를 작동시킬 때나 사용하는 기름을 떠올리고 반감이 더욱 심해졌던 것이다. 미국에서 수입한 비식용으로 분류되었던 우지도 일정한 가공을 거치면 누구나 먹을 수 있는 식용 소기름과 다를 바 없었다.

그러나 이런 합리적인(?) 주장이 당시 국민의 귀에 들어오지 않았다. 우지 라면 파동이 일어난 근본적인 이유는 소비 수준의 향상에 따라 먹거리의 품질과 위생에 대한 국민의 사회적 인식과 요구

공업용 우지로 라면을 만들었다는 소식에 화가 난 국민이 분노하고 있다는 내용의 신문 기사.('국민만 우롱당하고 있다-공업용 우지 유해 여부 함구', 〈동아일보〉, 1989년 11월 7일.)

한국 현대사를 뒤흔든 40가지 사건

수준이 점차 높아지고 있는데 반해, 정부 당국과 기업이 눈높이를 따라가지 못했기 때문이었다.

사전에 먹거리에 대한 충분한 정보가 제공되고 식품의 생산과 유통 과정이 투명하게 공개되어 신뢰할 수 있는 사회적 여건이 조성되었다면 파동으로까지 비화될 일이 없었을지도 모른다.

⑩ 건강하고 질 좋은 음식을 먹을 권리

10년 가까이 끌어온 우지 파동 소송은 1997년 대법원에서 식품업계에 대한 최종 무죄를 선고하는 것으로 막을 내렸다. 사람이 못 먹는 재료를 가져다 사용했다는 오명을 뒤집어 쓴 식품업계로선 천만다행인 결과였으나 상처뿐인 영광이었다.

법원 결심 판단의 근거는 식품의 최종 단계 안전성과 품질이 확보된다면 원료 단계에서부터 세세하게 규제할 수 없다는 논리였다. 판결은 그렇게 났으나 이미 식품업계는 우지 파동 직후 튀김용 기름을 우지에서 팜유로 교체한 뒤였다. 그리고 우지 파동 이후 원료 단계에서부터 식용에 적합한 재료만을 사용할 것과 관리에 충실할 것을 법적으로 규율하는 내용의 식품안전법이 마련되기도 했다.

우지 파동 이후 한국의 라면은 우지가 아닌 팜유를 사용해 만들기 시작했다. 우리가 '아는 맛'은 또 그렇게 바뀌어 갔다. 아이러니한 점은 동물성 기름인 우지보다 식물성 기름인 팜유의 가격이 더 저렴하다는 것이었다.

또 지금은 팜유보다 우지로 튀긴 라면이 더 맛있다는 의견도 많다. 옛날 그 시절의 라면이 그리워 발생하는 기억의 왜곡이 아니라면 소기름을 사용했을 때 얻을 수 있는 풍미나 영양적 균형이 식물성 유지의 그것보다 더 뛰어나기 때문이었을 것이다. 심지어 우지가 팜유보다 트랜스지방이 적어 건강에 덜 해롭다는 주장도 있다.

우지 파동은 실상 단순한 소동에 불과했을 수도 있으나, 우리 사회 전반에 "먹는 것 가지고 장난치지 말라"는 경고를 날린 중요한 사건이었다. 한편 이 사건은 좀 더 건강하고 질 좋은 음식을 먹을 권리를 주장하는 시민들의 요구가 시작된 기점이기도 했다. 우지 파동 이후에도 잊을 만하면 먹거리 관련 사건과 파동이 터졌다.

먹는 것과 관련된 문제가 발생하면 유별나게 사람들의 공분을 사는 경우가 많았다. 2004년의 쓰레기 만두 사태와 2008년의 광우병 쇠고기 사태 등. 사실 여하를 막론하고 먹는 것과 관련된 안전 문제가 불거지면 대중의 심리는 예민하게 반응했다.

더구나 이런 사건들은 모두 당대 사회적 혼란의 정점을 찍는 상징적 사태였다는 점이 눈에 띈다. 역사적으로 봐도 먹는 것과 정치적 문제들은 언제나 직결되어 있었다.

먹는 게 부족하고 잘못되었을 때 시민들의 저항과 불복종이 시작됐다. 먹는 일의 위대함과 중요성을 다시 상기해볼 일이다.

먹는 물을 사 먹기 시작하게 된 사건

낙동강 페놀 유출 사건(1991)

ⓞ "수돗물 냄새가 이상해요"

이상한 일이었다. 1991년 봄 수돗물에서 역한 냄새가 난다고 말하는 대구와 경북 지역 사람들이 생겨나기 시작했다. 겉으로 보기에는 멀쩡해 보이는 물에서 악취가 난다고 하니, 처음에는 그렇게 말하는 사람들이 너무 예민한 것 아니냐는 타박을 듣기도 했다. 당시에는 수돗물에서 냄새가 좀 나도 그러려니 했던 시절이었다.

그러던 것이 3월 17일 일요일 아침부터 대구시 상수도사업본부 전화통에 불이 났다. 수돗물이 뭔가 잘못되었다는 사실을 많은 사람이 알아챈 것이다.

그날 점심 무렵부터 '페놀'이라는 생소한 단어가 뉴스 보도에 오

르내리기 시작했다. 시민들의 수많은 항의 민원 전화를 받은 뒤에
야 대구 경북 지역 수돗물 성분 조사를 시작했다. 긴급 조사 결과
수돗물에서 음용수에 절대 포함되어선 안 되는 페놀이 검출됐다.

당시에는 페놀이 무엇에 쓰는 화학약품인지, 사람 몸에 얼마나
안 좋은지 모르는 사람들이 대부분이었다. 페놀이라는 말을 들어본
게 처음인 이들이 더 많았다. 하지만 뭔가 치명적인 화학약품이 수
돗물에 섞여 있다는 소식은 본능적인 공포감을 불러일으켰다.

⑩ 염소만 쏟아붓다가 사고 키워

얼마 지나지 않아 텔레비전 뉴스와 신문에 페놀이 무엇인지, 우리
몸에 얼마나 해롭고 위험한지에 대한 보도가 이어졌다. 대구와 경
북 지역에 수돗물을 공급하는 역할을 하는 낙동강 상류 취수원이
공장에서 유출된 페놀로 심각하게 오염되었다는 사실이 밝혀졌다.
수돗물에서 나는 악취와 이상한 맛을 보고 막연한 불안감을 가졌던
게 살고 죽는 현실의 문제가 됐다.

늘 마시고 씻고 사용하는 물에 위험한 화학물질이 들어 있다는
사실이 사람들을 두렵게 만들었다. 더구나 그때만 해도 우리나라에
'먹는 샘물', 즉 소위 말해 '생수'가 유통되지 않았다. 지금 생각하면
이해하기 어렵지만 30년 전만 해도 우리나라에서 돈 주고 물을 사
먹는다는 개념 자체가 없었다.

수돗물 외에 마땅한 대안이 따로 없었기 때문에 대구 경북 지역

주민들은 삽시간에 공황 상태에 빠졌다.

낙동강 페놀 유출 사건이 일어났을
때, 대구시 수도 관리 당국의 최초 대응
은 엉망이었다. 수돗물에서 악취가 난다
는 민원이 다수 발생하자 원인을 제대로
찾지도 않고 무조건 취수원에 소독용 염
소만 다량 투입했다. 나쁜 냄새가 난다

'발암물질 페놀 325톤 두산전
자서 무단 방류', 〈중앙일보〉,
1991년 3월 21일.

니 급한 대로 냄새를 제거하려는 목적이었다.

그런데 소독을 위해 쏟아부은 염소 성분이 취수원으로 유입된
페놀과 결합해 '클로로페놀'로 변하면서 더욱 심한 악취를 풍기게
만들었다. 대구시의 초동 대처는 사태를 수습하기보다 더욱 악화시
킨 셈이었다.

⑩ 두산전자 페놀 유출, 불매운동으로 번져

대구, 경북, 부산, 경남 지역 1,300만 명이 먹는 식수원이 페놀에 오
염되었다는 소식이 전해지자 영남 지역 전체가 발칵 뒤집혔다. 곧
어디에서 흘러나온 페놀이 낙동강 전체를 오염시켰는지에 대한 수
사가 시작됐다. 얼마 지나지 않아 경상북도 구미시에 위치한 두산
전자 공장에서 페놀이 유출된 것으로 밝혀졌다.

그런데 페놀 유출의 진원지를 알아낸 건 경찰이 아니라 언론이
었다. 대구 지역의 한 민완 기자(KBS 대구방송총국 류희림 기자)가 발

낙동강 페놀 유출 사건을 고발한 텔레비전 시사 프로그램 방송 화면.
©MBC

벗고 탐사 취재에 나서 구미시에 자리한 두산전자의 원료 공급 탱크 파이프에서 페놀이 흘러나왔다는 사실을 밝혀냈다. 그 전까지 경찰은 막연히 낙동강 상류 지역 어딘가에서 페놀을 원료로 사용하는 기업이 오염수를 무단으로 방류해 벌어진 일로만 생각하고 있었다.

1992년 3월 14일 약 8시간 동안 30톤에 가까운 페놀 원액이 낙동강 지류인 옥계천으로 흘러들었다. 전자회로 기판을 만드는 데 사용하는 페놀은 인체에 매우 유해해 독극물이나 다름없어 철저한 관리가 필요한 화학약품이었다. 두산전자의 페놀 유출이 고의는 아니었지만 관리 부실로 인한 사고였기에 인재라는 비판을 받을 수밖에 없었다.

더욱이 수사 결과 두산전자가 이전에도 325톤에 달하는 페놀 폐수를 제대로 여과하지 않고 낙동강으로 몰래 흘려보낸 사실도 드러났다. 게다가 사고가 난 지 한 달 만인 4월 22일 또다시 페놀 1.3톤을 유출시키는 사고를 일으키기도 했다.

사람들은 두산전자가 페놀 유출 사건의 주범이라는 소식을 듣고 크게 분개했다. 항의 차원으로 두산그룹에서 생산 유통하는 상품 전체에 대한 불매운동이 전국적으로 거세게 일어나기도 했다. 두산의 대표 상품인 OB맥주와 코카콜라를 흙바닥에 쏟아 버리며 분노를 표출했다.

이 사건으로 두산그룹은 크게 휘청한다. 재계 순위도 급전직하했다. 조업 정지 조치를 당했고 핵심 사업부들도 줄줄이 도산한다. 잘못을 저질러 처벌을 받고 신뢰를 잃었으니 소비자들의 외면을 받는 건 당연했다.

한국에서 역사가 가장 오래된 대기업이라는 두산그룹의 명성에 금이 갔다. 두산그룹이 더 세게 욕을 먹었던 건 화학 성분 관리 부실이 이번 한 번만이 아니었기 때문이다. 두산그룹의 기원이 된 1916년 출시작이자 최고의 히트작 화장품인 '박가분'도 피부에 납 중독 증상을 일으켜 논란이 일었던 역사가 있다. 얼굴 표면에 잘 흡착되라고 인체에 해로운 납 성분을 화장품 제조에 사용했으니 큰 비난을 받는 게 당연했다. 맥주나 음료수처럼 먹고 마시는 제품을 주로 생산 유통하는 회사에 유해 기업이라는 꼬리표가 달라붙었으니 보통 악재가 아니었다.

⑩ 환경문제 트라우마, 시민 환경운동의 출발

페놀 유출 사건이 사람들에게 큰 충격을 준 건 페놀이 얼마나 해로운지 실험하는 내용이 텔레비전 뉴스에 고스란히 중계되었기 때문

두산전자 공장 앞에서 열린 항의 집회.
ⓒ〈경향신문〉

이다. 활발하게 유영하던 금붕어가 있는 수조에 페놀 몇 방울을 떨어뜨리자 몇 분 지나지 않아 금붕어들의 움직임이 둔해졌고 3시간 40분만에 모두 죽어버렸다. 심지어 어항에 집어넣은 페놀은 당시 환경처가 정한 허용 기준치인 5PPM에 해당하는 양이었다. 이 실험으로 페놀이 얼마나 위험한 화학물질인지 전 국민에게 각인됐다.

아이러니하게도 낙동강 페놀 유출 사건은 우리 사회에 환경오염 문제의 심각성을 환기하는 출발점이 됐다. 환경 문제는 공동체의 대응과 감시가 필요한 사회화된 과제라는 사실을 인지하게 됐다.

1990년대 이전까지만 해도 경제성장과 산업발전을 위해서라면 환경오염은 어느 정도 감수해야 할 부분이라는 인식이 우리 사회에 팽배해 있었다.

정부도 환경문제까지 섬세하게 돌볼 여유가 없다고 생각했고 기업도 환경문제까지 신경 쓰면 이윤을 남기기 어렵다고 생각했다. 페놀 사건으로 있으나 마나 한 부서로 취급받던 환경처 장관과 차관이 동시에 경질되고, 두산전자 관계자와 환경 공무원 열세 명이 구속되거나 징계를 받았다.

페놀 사건 이후 환경문제는 인간이 살고 죽는 문제로 인식이 뒤바뀌었다. 페놀 유출 사건 직후 1992년에는 우리나라에서 가장 큰 환경운동 시민단체인 '환경운동연합'이 결성되기도 했으니 말이다. 한편 환경처는 환경부로 격상됐다.

또한 낙동강 페놀 유출 사건은 시민들의 적극적인 고발과 언론의 탐사 보도가 돋보인 사건이기도 했다. 이후 한국 사회에서 언론과 시민들은 환경문제에 관해 더욱 매서운 감시의 시선을 거두지 않고 있다. 한편 이때부터 우리나라에서도 먹는 물을 사 먹는 사람들이 생겨났다. 공기처럼 물도 무한정 공짜라는 생각에 변화가 일어난 셈이다.

낙동강은 영남 지역 전체에 수돗물을 공급하는 젖줄 역할을 하는 중요한 취수원이다. 페놀 유출 사건을 경험한 이 지역 사람들은 이후 수돗물에서 조금만 냄새가 나도 화들짝 놀라곤 한다. 자라 보고 놀란 가슴 솥뚜껑 보고 놀랄 수밖에 없는 법이다.

4대강 사업 이후 녹조가 특히 많이 발생해 '녹차라떼'라는 비아냥을 듣는 낙동강을 볼 때마다 사람들이 트라우마에 휩싸이는 것도 충분히 이해 가는 대목이다.

세기말 타락한 세상에서
구원을 기다린 사람들

휴거 소동, 다미선교회 종말론 사건(1992)

⑩ 마을에서 사라진 사람들

1992년 늦봄 어느 날, 경상북도 봉화군의 한 시골 마을에서 네 가구 10여 명의 주민들이 온데간데없이 한꺼번에 사라졌다. 몇 달 전에는 이들 중 몇몇이 오랫동안 농사짓던 논과 밭을 팔겠다고 나서 동리에 이상한 소문이 돌던 참이었다.

이들은 어느 날부턴가 자식을 학교에 보내지 않기도 했고 밭일도 하는 둥 마는 둥 하며 아침저녁으로 골방에 모여 기도에만 매진했다. 퀭한 얼굴에 야릇한 눈빛으로 바뀐 그들에게 지나가던 마을 주민들이 걱정의 말을 전하면, 그들은 도리어 이제 곧 예수님이 이 땅에 내려오신다며 그날을 기다리고 함께 구원받자고 이상한 소리를 해댔다.

농촌 마을에서 한날한시에 종적을 감춘 이들은 모두 함께 서울 마포구의 어느 교회로 들어갔다고 한다. 그 교회의 이름은 '다미선교회'였다. 다미선교회는 1987년 교주 '이장림'이 '다가올 미래를 대비하라'는 뜻으로 지은 이름이었다.

그들이 교회에 도착하자 이미 그곳은 전국에서 가정과 직장을 버리고 몰려든 신도들로 가득 차 있었다. 땅과 집을 팔고 마련한 돈과 직장을 그만두고 받은 퇴직금 전부를 헌금으로 바치면 교주가 개별면담 시간을 내줬다. 교주 이장림은 요설과 허장성세에 능했는데 여기에 세뇌된 자들은 제자가 되어 수족처럼 부려졌다.

다미선교회는 열혈 신자와 그들에게 거머리처럼 빨아들인 돈을 동원해 교세를 빠르게 확장하고 있었다. 다미선교회는 종말론을 주장하는 자칭 기독교 종교 단체였다. 인간 세상에 곧 종말이 찾아오니 하나님의 구원을 받기 위해선 어서 빨리 회개해야 한다는 것이었다.

회개란 다름 아닌 교주의 명령에 절대 복종하며 자신이 가진 재물을 아낌없이 바치는 일이었다. 그들은 교주의 지시에 따라 사람들이 많이 모이는 곳이면 어디라도 침투해 다가올 종말에 대비하라며 교리를 전파했다.

다행인지 불행인지 그간 한국 사회와 종교는 현세구복(現世求福)적 성격이 강해 종말론이 자리 잡을 틈이 별로 없었다. 다미선교회

종말론을 맹신하는 다미선교회 신도
들의 예배 장면.
ⓒ〈중앙일보〉

등장 이전에도 종말론을 주장하는 종교 집단이 왕왕 있었으나, 찻
잔 속의 태풍처럼 소리 소문 없이 사라지기 일쑤였다. 하지만 웬일
인지 1992년 다미선교회가 퍼뜨린 종말론의 영향력은 걷잡을 수
없는 수준으로 커졌다.

ⓞ 뒤숭숭한 세기말 분위기

다미선교회는 구체적인 교리를 내세워 일자까지 특정하며 세상의
종말을 예고했다.

"1992년 10월 28일 밤 11시, 예수가 재림해 이 땅에 내려와 선
택받은 자만을 하늘로 거둬들이고 구원받지 못한 나머지는 모두 멸
한다"는 게 주된 내용이었다. 성경의 특정 구절(주로 요한계시록에서
발췌)을 편의대로 짜깁기해 종말론의 근거가 문헌상에 존재한다고
주장하기도 했다.

하나님께 선택되어 하늘로 부름받는 은혜로운 행위를 '휴거(携
擧)'라 칭했는데, 곧 닥쳐올 끔찍한 환란에 관한 묘사와 대비되어 사

람들의 머릿속에 깊이 각인됐다. 곧 '휴거'라는 말이 퍼지고 유행어처럼 사용하기 시작했다. 생전 처음 듣는 조어가 이렇게까지 널리 확산된 계기는 세기말의 뒤숭숭한 사회 분위기와 자본주의 모순의 축적, 사회적 병폐의 만연 등과 관련되어 있었다.

1970~80년대 허리띠를 졸라매고 열심히 성장과 발전에만 매진하던 산업화 세대들이 1988년 서울 올림픽 개최를 기점으로 소비와 유흥에 급속히 빠져들기 시작했다. 도덕과 윤리는 뒤로 제쳐두고 돈이면 다 된다는 풍조가 생겨나기 시작했다. 이때 만들어진 향락 문화가 사회 전반으로 물밀듯이 퍼져나갔다.

빈부격차와 계급 갈등이 사회문제로 불거지는 부작용이 나타났고 사회적 박탈감에서 비롯된 강력범죄도 심심치 않게 발생했다. 샴페인을 너무 빨리 터뜨렸다는 자성의 목소리가 나올 만했다.

게다가 때는 한 세기의 말미와 밀레니엄 시대의 교체 주기가 겹친 형국이었으니 극대화된 불안과 공포 심리가 사람들을 자극하고 있었다.

이렇듯 세기말의 어수선한 분위기 속에서 한국 사회의 타락과 도덕적 해이를 경험한 사람들은 종말이 진정 머지않았음을 되새길 법했다. '비루한 것들의 카니발'이 어서 빨리 끝나버리고 모든 게 '제로그라운드'가 되길 은연중에 바라던 이들도 있었다.

⑩ 혹세무민, 허무하게 끝난 소동

다미선교회가 예고한 날짜가 다가오자 설마 하면서도 긴장하는 이들이 많았다. 교주 이장림을 맹신하던 교인들은 더욱 열성적으로 '종말'과 '휴거'를 부르짖고 다녔다. 전국 각지에서 종말론에 빠져 학교와 직장을 그만두고 경건한 마음으로 휴거를 기다리겠다는 이들이 속출했다. 구원열차의 마지막 자리에라도 올라타 보려는 심리도 작용했을 터였다.

그러나 1992년 10월 28일 밤 11시가 되도록 아무 일도 일어나지 않았다. 하늘에서 누구도 내려오지 않았고 어느 한 사람 하늘로 솟구치지 않았다.

당시 다미선교회의 현장 상황은 전국으로 생중계됐다. 늦은 밤까지 방송으로 상황을 지켜보던 사람들은 아무 일도 벌어지지 않은 걸 다행으로 생각하면서도 한편으로는 시시하게 끝난 연속극을 보는 심정이었다.

직전까지만 하더라도 하얀 승천복을 입고 자신들만 선택받았다며 의기양양하던 다미선교회 신자들은 대부분 쥐구멍이라도 찾듯 고개를 숙이고 순식간에 뿔뿔이 흩어졌다. 일부 신자들은 몹시 화가 나 직전까지 추앙해 마지않던 교주를 제 손으로 때려죽이겠다며 난동을 피우기도 했다. 어처구니없는 휴거 소동은 이렇게 허무하게 마무리됐다.

종말론을 설파하고 구원의 날을 기다려야 한다는 주장을 펼친

휴거가 불발되자 난동을 피우는
다미선교회 신자들.
ⓒ〈경향신문〉

사이비 교주 이장림은 휴거가 불발된 이후 아무런 책임도 지지 않았다. 약속한 그날이 오기도 전에 이미 사기 및 횡령 등의 혐의로 구속 수감된 상태였다. 그는 사이비 교주답게 자신이 법적 처벌된 상황마저도 선지자의 고난과 역경으로 둔갑시켜 신도들을 끝까지 기만했다. 혹세무민의 전형이었다.

경찰 조사 결과 어처구니없는 일도 드러났다. 이장림은 스스로 종말과 휴거가 일어날 것으로 특정한 날짜가 한참 지난 뒤에 수령하는 금융상품에 가입하기도 했다. 그는 겉으로 종말과 휴거를 떠들었지만, 실상은 아랑곳없이 누구보다 착실하게 돈을 모아왔던 셈이다. 어찌 보면 그는 사기로 끌어모은 돈을 축적해 다가올 미래를 예비하는 영민한(?) 사람이었다. 다른 사람들에겐 세상이 곧 멸망한다고 말해놓고 정작 스스로는 부정 축재한 돈을 활용해 장밋빛 내일을 구상하기에 여념이 없었다.

⑩ 사회적 질병으로서 종말론

다미선교회가 포교 활동을 하며 유포한 시한부 종말론에서 비롯된 휴거 소동은 사회적 후유증이 만만치 않았다. 세상에 종말이 닥칠 것으로 철석같이 믿었던 사람들은 학교와 직장을 그만두고 전 재산을 헌금으로 탕진한 상황이었다.

부모와 아이들을 모두 함께 데리고 먼 곳으로 떠나 선교에 나섰던 가족도 많았다. 사이비 교주가 선동한 종말론만 믿고 모든 걸 내던진 채 하늘로 오르길 기다렸던 이들은 휴거가 불발된 뒤 회복할 수 없는 피해를 어쩌지 못했다.

사건 초기 정부는 물론 개신교 단체들은 당시 종말론의 유행과 휴거 소동을 일부 사이비 종교 단체에서 일방적으로 주장하는 한낱 헛소리로 취급하고 별다른 대응을 하지 않았다.

종말론자들은 사회 모순과 부조리가 만연한 세상에서 기성 종교가 채워주지 못한 빈틈을 교묘하게 파고든 셈이다. 구원과 안식을 빙자한 휴거론이 외롭고 고단한 사람들의 마음을 흔든 건 어쩌면 당연한 일이었다.

휴거 소동은 세기말의 불안과 공포 분위기가 공동체의 잠재의식 속에 상당히 큰 비중으로 자리 잡고 있다는 사실을 드러냈다. 종말론은 현실을 부정하려는 도피 심리에서 비롯되며 암담한 미래에 대한 걱정이 커질수록 기승을 부린다.

하루하루 살아가기도 팍팍한 서민들이나 경쟁에 지쳐 마음이 상한 이들이 종말론에 솔깃할 수밖에 없는 이유다.

종말론에 빠진 이들은 이성적인 사고가 가로막혀 환상에 의지하거나 인간의 불안한 심리를 이용하려는 미신이나 사이비 종교에 더욱 의탁한다.

1992년 유행한 종말론과 휴거 소동은 신자유주의와 무한 경쟁 체제로 진입한 20세기 후반과 21세기 한국 사회에 불어닥칠 사회적 질병의 전조 증상이었다.

평온한 서울 하늘 아래
울려 퍼진 총성

무장탈영병 도심 총기난동 사건(1993)

◎ 무장탈영병, 철원에서 서울까지 무사통과

1993년 4월 19일 새벽 3시 45분, 강원도 철원 15사단 전차중대에서 임채성 일병이 중화기로 무장한 채 탈영했다. 임채성은 군 생활에 염증을 느끼고 있었고 부대원들과도 갈등이 많았던 문제 사병이었다.

그는 현역병으로 군 생활을 시작하기 전 단기하사관으로 입대해 복무했었는데, 그 시절 이미 한 차례 탈영했던 전과가 있다. 그는 하사관학교에서 쫓겨난 뒤 다시 병으로 입대하는 조건으로 징역을 면한 바 있었다. 이런 이력 때문에 그는 이미 관심병사로 등록되어 평판이 좋지 못했다.

'탈영병 서울 도심 총기난동', 〈한겨레〉, 1993년 4월 20일.

임채성은 탈영 직후 인근 마을로 잠입했다. 한 농가로 들어가 옷을 훔쳐 갈아입고 집주인 남씨를 인질로 잡았다. 이후 총으로 위협해 남씨로 하여금 승합차를 운전하게 해 서울까지 이동했다. 남씨를 인질 겸 운전사로 삼은 셈이었다. 철원에서 포천, 의정부를 거쳐 서울까지 오는 길에 수많은 검문소가 있었지만 사복을 입고 있던 임채성은 별다른 검문을 받지 않고 무사통과했다.

소속 부대에서 탈영 사실을 알아차린 후 즉각적으로 무장탈영 사실을 보고하지 않았고 경찰에 상황 전파도 하지 않았기 때문이었다. 어떻게든 사건을 축소하고 스스로 수습하려다가 무장탈영병이 몇 시간도 안 되어 서울로 진입하는 걸 막지 못했다.

경찰이 상황을 파악한 건 인질로 붙잡힌 남씨의 가족이 경찰에 무장탈영병에 의한 납치 사실을 신고하면서부터였다. 전국 경찰에

검색 강화와 수배 명령이 떨어졌으나 이미 늦은 후였다. 서울 진입을 얼마 남겨두지 않고 지나려던 광릉 검문소에서 임채성의 행적을 수상하게 여긴 근무자들에게 잠시 제지되었으나, 상부에 보고하는 사이 강제로 차를 몰아 도망쳤다. 임채성은 마지막 관문인 퇴계원 검문소마저 통과한 뒤 서울 동대문에 다다랐다.

⑩ 도심 총격전 발생, 끝까지 저항하다 체포

무장탈영병의 서울 진입이 상부에 보고되자 난리가 났다. 탈영한 부대가 있던 철원을 비롯해 서울 전역에 비상 상황을 알리는 '진돗개 하나'가 발령됐다. 긴급 출동한 수도방위사령부 병력이 수색해 동대문 이스턴 호텔 근처에서 문제의 승합차를 발견했으나 머뭇거리다가 놓치고 마는 일도 있었다. 검문소를 비롯해 수색대 모두 허둥지둥 대다가 번번이 탈영병을 도주하게 만들었다.

도망한 임채성을 전 병력이 뒤쫓았다. 도심 차량 추격전이 시작됐다. 임채성은 동대문에서 혜화동 방면으로 도주했다. 혜화동 올림픽기념 국민생활관 인근에 이르러 승합차를 멈춘 임채성과 군경 간에 총격전이 벌어졌다.

궁지에 몰린 임채성은 혜화파출소 소속 경찰들을 향해 총을 쐈다. 군경도 일제히 대응 사격을 했다. 와중에 길을 지나던 시민 세 명이 총에 맞아 중상을 입었다. 흥분한 임채성이 난사에 가깝게 총을 쐈기 때문이었다.

한국 현대사를 뒤흔든 40가지 사건

한국에서 좀처럼 보기 드문 도심 총격전이 발생한 것이다. 끈질기게 저항하며 계속 도망하던 임채성은 그때까지 타고 있던 승합차를 버리고 행인 여성 한 명을 인질로 붙잡았다. 그 사이 철원에서부터 인질로 붙잡혀 있던 남씨는 다행히 탈출했다.

그런데 급박한 상황에 통제가 제대로 되지 않은 총격전 현장을 지나던 고씨가 임채성이 쏜 총탄에 머리를 맞아 현장에서 사망했다. 궁지에 몰린 임채성이 오토바이를 타고 지나가는 고씨를 향해 조준사격을 했기 때문이었다.

임채성은 목욕탕에서 나오던 여성 한 명과 어린이 두 명을 다시 인질로 잡고 계속 도주하다가 명륜동 언덕 골목의 한 가정집에 수류탄을 던져 터뜨리기도 했다. 그 사이 총에 맞거나 수류탄 파편에 피해를 입은 중상자들은 계속 늘어났다.

그는 다 같이 죽자는 생각으로 화력을 총동원해 저항했다. 혜화동에서 명륜동으로 이동하는 동안 계속 총을 쏘며 군경에 맞선 임채성은 결국 명륜시장 입구 언덕 골목에서 수방사 특별경호대원들이 쏜 총에 맞고 쓰러진다. 복부와 후두부에 각각 한 발 씩, 총 두 발을 맞았다.

현장에서 총에 맞아 중상을 입은 무고한 시민 일곱 명은 가까운 서울대학교병원으로 이송되어 수술을 받았다. 총상을 입은 채 체포된 임채성은 국군병원으로 긴급 후송되어 간신히 목숨을 건졌다.

⑩ 총체적 부실 대응, 애꿎은 피해 늘려

서울 도심에서 영화에서나 볼 수 있던 총격전이 실제로 벌어졌기에 사람들은 이 사건을 두고 당시 개봉해 인기를 끈 영화 〈터미네이터 2〉를 본떠 '터미네이터 사건'이라 부르기도 했다. 임채성이 K1 기관단총과 실탄 130발, 수류탄 22발을 소지하고 중화기로 무장하고 있었기 때문이다. 시민들을 향해 마구잡이로 총을 쏘는 그는 흡사 영화 속에서 기관총을 난사하는 기계 인간처럼 보였다.

총기난사 사건이 벌어진 혜화동과 명륜동 인근에는 성균관대학교, 서울대학교 의대, 서울과학고등학교, 경신고등학교, 혜화초등학교 등이 있었다. 당시 무장한 탈영병이 학교 근처에서 난동을 벌인다는 소식에 학생들이 긴장한 채 비상 상태를 유지하기도 했다.

임채성이 최후에 제압된 곳은 명륜시장 입구에 있는 조그만 언덕의 주택가 골목이었다. 대학을 다니는 하숙생과 자취생들이 특히 많이 살던 지역이라 학생들이 공포에 떨기도 했다.

최후까지 저항하던 임채성을 제압한 직후, 그가 쓰러진 명륜동 골목을 봉쇄한 모습.
ⓒ〈한겨레〉

임채성 무장탈영과 도심 총격전에 대한 당국의 대응은 총체적으로 부실했다. 예상치 못한 상황에서 급박하게 전개된 총격전이었으나, 경황이 없던 경찰과 군 병력은 거리 통제도 제대로 하지 않았다. 그래서 민간인 피해자가 더 많이 발생했다.

사람들은 무슨 일이 일어난 줄도 모르고 평소 지나던 길을 걷거나 오토바이를 타고 가다가 봉변을 당했다. 행인들을 통제하고 침착하게 대처했더라면 애꿎은 피해를 줄일 수 있었을 터다. 안타까운 일이었다.

⑩ 한국의 아이러니한 총기 사용 실태

우리나라에서 발생한 총기 사고의 특징은 군인 및 경찰과 같은 합법적으로 총기 접근이 허가된 공권력 내부에서 이탈한 이들에 의해 일어난 사고가 많다는 점이다.

경상남도 의령의 한 시골 마을에서 하룻밤 새 예순두 명이나 살해해 한국 최초의 대량 살인으로 불리는 '우범곤 순경 총기난사 사건'(1982)이나 열다섯 명의 사망자를 낸 '강원도 고성 조준희 일병 총기난사 및 월북 사건'(1984), 따돌림을 당하던 관심 병사가 일으킨 'GOP 임병장 총기난사 사건'(2014) 등이 그렇다.

물론 '박흥숙 철거반원 살해 사건'(1977)이나 '오패산 터널 총격 사건'(2017)처럼 사제총을 사용하거나 사냥용 공기총, 엽총, 산탄총 등이 범죄에 동원된 경우도 종종 있다. 그러나 사제총은 M16, 카빈

소총, K1 기관단총, K2 소총 같은 진짜 총과는 위력이나 피해 정도에서 비교 대상이 되지 못한다.

우리나라는 총기 사용 자체가 불법이어서 민간에서 총기를 유통하거나 소유할 수 없다. 사냥용으로 허가된 총포조차도 관리가 엄격해 총기 소지 허가를 받은 사람만 구하거나 사용할 수 있고, 수렵이 허용된 시기가 아니면 지역 관할 경찰지구대(파출소)에 총기를 거치하고 보관해야 하는 실정이다. 그러니 일상생활에서 총기를 구경하거나 경험할 수 있는 기회조차 전혀 없다. 뜻밖에 총기 사고가 발생하면 우왕좌왕하게 되고 요령껏 대처하지 못하는 건 바로 이 때문이다.

아이러니한 건 전 세계에서 대한민국만큼 성인 남성이 총기를 능숙하게 다루는 나라도 드물다는 점이다. 우리나라는 병역 의무 제도를 유지하는 국가이기 때문에 군에 입대하는 누구나 총기 관리를 배우고 소총 사격을 훈련받는다. 군 경험이 있는 성인 남성이라면 누구나 총기를 다룰 수 있기에 어느 때고 총기만 주어진다면 손에 익은 기억을 되살려 큰 어려움 없이 총을 쏠 수 있다.

화를 잘 참지 못하는 동시에 억압된 분노를 해소할 방법이 마땅히 없는 한국의 부조리한 사회 조건에서 총기 허용은 끔찍한 결과를 초래할 가능성이 높다. 우스갯소리로 만약 한국에서 총기 사용이 자유화되었더라면 무자비한 대량 살상이 상시적으로 일어났을 거라는 말이 나올 정도다.

⑩ 안으로 돌려진 총구, 국가 폭력 사고

총기난사 사건의 원인은 개인적인 측면과 사회구조적인 측면으로 나눠 살펴봐야 한다. 조직 내에서 부적응자로 취급되는 사람들은 쉽게 외톨이가 되어 상실감을 느낀다. 자신에게 적대적인 집단에서 적응하지 못한 사람은 이내 소외되고 막다른 길로 내몰린다.

어려운 일을 겪을 때 주변의 도움이나 이해를 구하기 어려운 상황이 되면 감정의 침체가 오고 될 대로 되라는 식으로 행동하기 마련이다. 감정의 변폭이 커진 개인이 극단적인 행동을 서슴없이 감행하는 이유다.

응어리진 마음을 해소할 길 없는 자신을 더욱 가혹하게 학대해 스스로 삶을 정지하는 안타까운 경우도 있고, 자신을 무시하거나 괴롭힌 사람들을 향한 복수와 응징을 결행하기도 한다.

탈영한 군인이나 근무지를 이탈한 경찰이 자살로 생을 마감하기도 하지만, 임채성처럼 무장한 채 탈영을 감행해 불특정 다수를 공격하기도 한다. 당사자에게 아무런 피해를 준 적 없는 무고한 사람들이 희생당하는 건 이 때문이다.

한국의 국방과 안보 제도는 불안과 위험 성향이 높은 개인에게도 어지간하면 의무를 공평하게 부과하는 방식으로 평등의 가치를 실현하려고 한다.

폭력을 독점한 국가가 안전망을 제대로 갖추지 않고 배분한 폭력 수단(총기, 창검, 단봉 등)이 제대로 사용되지 않을 때, 적을 겨냥해

밖을 향해야 하는 총구가 내부로 돌려지는 일이 발생하기도 한다. 국가에 의해 정규적으로 훈련된 기술과 완력을 갖춘 자들이 잘못된 폭력을 행사할 때 입는 사회적 피해는 막대하다.

군인이나 경찰처럼 국가에 의해 합법적으로 무력을 위임받아 공적 임무를 수행하는 자들은 줄곧 폭력을 효율적으로 사용하는 방법을 익힌다. 그러나 그 폭력을 억제하는 방법을 학습하는 일은 거의 없다.

드물게 일어나는 총기 사고지만 한 번 일어나면 탈영한 군인, 근무지를 이탈한 경찰 등에 의해 대량의 인명 피해가 발생하는 건 이 때문이다. 살상 기술을 전문적으로 훈련받은 무장한 이들을 평범한 시민들이 상대하기 어려운 건 당연하다.

⑩ 어찌할 수 없는 죽음을 막기 위하여

어찌할 수 없는 죽음을 맞닥뜨리는 순간 우리는 운명론자가 된다. 총이라는 무기는 인간의 생명을 손쓸 틈 없이 삽시간에 꺼뜨리고 만다. 우리나라에서 어느 날 대낮에 조용한 동네의 골목길에서 총에 맞아 죽을 거라고 생각하는 사람이 어디에 있겠는가. 삼라만상이 나와 무관하고 무연한 듯싶지만 그렇지 않다.

최전방 군부대에서 탈영한 군인이 쏜 총알이 전혀 알지 못하는 한 사내의 머리를 관통해 죽음에 이르게 하는 걸 보면, 나와 세계는 필연과 우연의 겹침 속에서 어떤 사건이 펼쳐질지 모르는 긴장 관계 속에 놓여 있다는 걸 알 수 있다.

그렇게 얼떨결에 죽은 이는 서울에서 채소를 팔며 1남 4녀 자식들을 아등바등 힘겹게 키우던 한 가장이었다. 우리 모두는 서로 이윽고 닿는 손끝의 거리에서 살고 있다. 세계의 모순과 부조리를 나와 상관없는 저 세상의 일로만 치부할 수 없는 이유가 여기에 있다.

임채성 무장탈영병 도심 총기난동은 당시 민간에서 총기류의 위험에 대한 경각심이 전혀 없던 상황에서 갑작스럽게 발생한 테러 행위와도 같았다.

분노를 잘 조절하지 못하고 폭력성을 다분하게 드러내는 자를 관심병사로 분류해 소외시키는 소극적 방법만이 해결책의 전부였던 1990년대 당시 대한민국 육군의 허술한 병력 관리와 부실한 대응이 화를 키웠다. 군부대의 폐쇄적인 일처리 방식과 밖으로 새나가는 걸 어떻게든 막으려는 군의 관행이 병사 한 명의 무장탈영을 엄청난 사회적 재난으로 비화하게 만들었다.

사건 직후 임채성이 복무하던 부대의 당직사관, 소대장, 중대장이 무장탈영을 막지 못하고 보고를 늦게 한 죄로 구속된다. 이외에도 대대장, 연대장, 사단장까지 줄줄이 보직 해임한 건 물론 조기 검속과 체포에 실패한 5군단 헌병대장도 자리를 보전하지 못했다. 임채성의 도주로를 따라 줄지어 늘어서 있던 검문소를 관리하던 부대들에까지 불똥이 튀었다.

한편 긴급 수술을 받고 살아난 임채성은 이후 군사재판에서 무기징역을 선고받고 감옥에서 복역 중이다.

임채성 무장탈영병 도심 총기난동 사건 이후에도 잊을 만하면 탈영병, 근무 중 무단이탈 경찰 등에 의한 총기 사건이 터졌다. 그런 면에서 보자면 우리나라도 결코 총기 사고에서 자유로운 나라라고 자신할 수 없다. 갑자기 어디선가 총알이 날아올지도 모른다는 공포와 불안은 서로를 불신하게 만들고 극단적으로 대립하게 한다.

사회적 위험과 돌연한 사고를 피할 수 있는 방법을 행운에만 의존하는 사회는 후진적이다. 총으로 문제를 해결할 수 있다고 믿는 사회는 더욱 야만적이다. 우리는 오늘도 평온과 안정을 누릴 수 있는 세상을 간절히 꿈꾼다.

한국 현대사를 뒤흔든 40가지 사건

부모 자식 간 도리가
지켜지기 어려운 사회

박한상 존속 살해 사건(1994)

◎ 동정 없는 세상

어떤 범죄자라도 그들의 세세한 사연과 처지를 깊이 아는 순간 동정이 가게 마련이다. 어찌할 도리가 없는 상황에서 불가피하게 저지른 범죄는 사람들의 마음을 안타깝게 만든다. 그 범죄가 막다른 길에 내몰린 존재들이 지푸라기라도 잡는 심정으로 범한 순간적인 실수일 수도 있기 때문이다.

법적 처벌은 면하게 해주지 못할지라도 복잡한 사정이 있을지 모른다는 생각에 누구나 안쓰럽게 여기며 연민의 감정을 품는다. 죄는 미워하되 사람은 미워하지 말라는 말이 나온 배경이다.

1994년 5월 19일 벌어진 존속 살해 사건의 범인 박한상은 당시 누구에게도 용서나 동정을 얻지 못했다. 자식이 부모를 죽였다는 듣도 보도 못한 소식을 접한 사람들은 천인공노할 일이라며 몹시 분개했다.

박한상 살인은 '패륜(悖倫)'이라는 다소 생소한 어휘를 사회적으로 통용되게 한 사건이기도 했다. '패륜'은 자식이 부모를 살해한다는 상상 못할 범죄를 설명하기 어려웠던 당시 언론들이 찾아 꺼내든 단어였다. 아무리 시대가 달라졌다 해도 천륜과 인륜이 이리 무너질 수 있느냐면서 개탄하는 사람들이 많았다.

박한상 존속 살인은 당시로선 엄청난 수준인 100억 원대 재산을 지닌 강남 부유층 가정에서 일어난 친족 살인 사건이었던지라 큰 화제를 뿌렸다.

신문과 텔레비전 뉴스 가리지 않고 연일 머리기사와 톱뉴스로 다뤘으며, 범인 박한상의 얼굴과 이름은 일약 전 국민에게 알려졌다. 범죄 행위가 모두 드러나 구속된 뒤에도 반성하지 않는 그를 보며 사람들은 혀를 끌끌 차기도 했다.

물론 부모의 과도한 기대와 가족 간 불화가 박한상을 비뚤어지게 만들었다는 일부 의견도 있었으나, 조사와 재판 등 요식 행위를 모두 그만두고 인면수심(人面獸心)의 범죄자 박한상을 사형시키자는 주장이 힘을 받을 정도였다.

⑩ 공공의 적

1994년 늦은 봄, 때이르게 찾아온 더위가 기승을 부리던 어느 날 한밤중에 서울시 강남구 삼성동에 있는 한 고급주택에서 화재가 발생했다. 천만다행으로 마침 오줌이 마려워 깨어났던 스물세 살 둘째 아들만 간신히 불길을 뚫고 빠져나와 119에 신고했다. 가정집에서 일어난 불치고는 보기 드물게 큰 화재였다.

새카맣게 전소된 집 안에는 중년 부부와 열두 살 초등학생 하나가 불에 타 숨져 있었다. 둘째 아들은 함께 살던 사촌 동생과 부모님이 깊이 잠들어 불이 난 집에서 빠져나오지 못한 것 같다고 말했다. 경찰 조사 내내 둘째 아들은 펑펑 울며 부모의 죽음을 슬퍼했고 장례식장에선 부모를 잃은 고통을 못 이겨 실신하기까지 했다.

감식 결과 불에 탄 부부의 시신에서 각각 40군데가 넘는 칼자국이 발견됐다. 경찰은 즉시 화재 사건을 살인 사건으로 전환했다. 화재 원인도 휘발유를 이용해 고의로 불을 낸 방화로 드러났다.

혼자만 살아남은 둘째 아들 박한상이 유력한 용의자로 떠올랐다. 화재 직후 박한상의 불에 덴 상처를 치료했던 간호사와 일가친척의 증언이 결정적이었다. 박한상은 머리를 다치지 않았는데 머리카락에 피가 잔뜩 묻어 있었고, 종아리에는 사람의 이에 물린 자국이 있다는 내용이었다.

경찰이 여러 증거를 들이대며 압박하자 결국 박한상은 자신이 부모를 살해하고 집에 불을 질렀다고 자백했다. 재산을 상속받을

박한상 사건의 실체가 드러나자 언론은 '패륜'이라는 단어를 꺼내기 시작했다.
('사람의 아들 포기한 패륜아', 〈동아일보〉, 1994년 12월 12일.)

목적으로 부모를 살해했다는 것이었다. 부모가 잠자리에 들기를 기다린 뒤, 속옷까지 모두 벗고 안방으로 들어가 기습해 아버지와 어머니를 칼로 난자했다. 종아리의 잇자국은 마지막까지 저항하던 아버지가 남긴 것이었다.

어머니는 자신을 칼로 찌르는 사람이 아들임을 알고 아무런 반항도 하지 않았다고 한다. 나체 상태로 범행을 한 이유는 곧바로 샤워를 해 증거를 인멸할 생각 때문이었다. 다만 머리를 감지 않고 급히 불을 지르는 바람에 머리카락에 혈흔이 남아 있었다. 참고인 조사 과정과 장례식장에서 보여준 행동은 모두 연기에 불과했다.

한국 현대사를 뒤흔든 40가지 사건

이후 박한상의 잔혹한 범행은 영화 〈공공의 적〉(강우석 감독, 2002)과 정유정 작가의 소설 『종의 기원』(은행나무, 2016)의 모티브가 되기도 했다.

⑩ 오렌지와 카지노

박한상은 물질적 결핍을 모르고 자랐다. 서울 제기동 경동시장에서 한약재상을 크게 하는 부모님 밑에서 성장하며 원하는 모든 걸 취하고 살았다. 부모님이 운영하던 한약재상은 나날이 성장해 국내 제일의 한약 유통 기업으로 컸다. 박한상의 부모는 세 아들이 모두 한의학을 전공해 사업을 물려받길 바랐다.

그런데 둘째 아들 박한상은 천성이 게으르고 공부에도 취미가 없었다. 자식이 기대에 미치지 못하니 부모의 실망이 컸고 돈만 쓰고 다닌다며 마찰이 잦았다. 급기야 박한상은 비행 청소년이 되어 술 담배를 하는 건 물론 학교 폭력을 일삼았다.

박한상은 고교 졸업 후 겨우겨우 지방의 한 대학교에 입학한다. 부모는 어떻게든 박한상이 한의학을 전공하게 하려는 뜻으로, 한의학 전공이 유명한 학교의 다른 학과에 들여보냈다. 그렇게 어렵게 대학교에 들어갔건만 박한상은 공부는 제쳐두고 놀기만 했다.

성인이 된 뒤에도 자주 사고를 치고 다녀 부모가 뒤치다꺼리를 해야 하는 경우가 많았다. 군 제대 후에는 아예 복학을 포기하고 서울 강남에서 고급차로 여자들을 꾀며 노는 게 일상이었다. 자식을 저렇게 놔두어선 안되겠다 생각한 부모는 박한상을 미국으로 유학 보내기로 결정한다.

미국 LA로 유학을 가서도 박한상은 학교 수업은 잘 가지 않고 집에서 홀로 지내는 경우가 많았다. 하루 종일 폭력이 난무하는 영화를 즐겨 보거나 컴퓨터 게임을 하며 시간을 보냈다. 영어를 할 줄 모르니 밖에 나가거나 사람들과 어울리기 쉽지 않았다. 비슷한 환경과 처지에 있던 성향이 맞는 유학생 몇몇과 친해진 후에는 그들하고만 어울렸다.

그러다 곧 유학생 친구들과 함께 방문했던 카지노에 맛을 들려 도박에 깊이 빠져든다. 하루에 5천 달러씩 날리는 일이 잦았다. 부모에게 용돈을 채근하고 방학 중에 귀국해 외제차를 사야 한다며 큰돈을 달라고 보채기도 했다. 물론 수업료를 비롯해 차를 사라고 준 돈 전부를 금세 도박으로 탕진했다.

존속 살해 혐의로 경찰 조사를 받고 있는 박한상.
ⓒ〈문화일보〉

　　　　　　　한국 현대사를 뒤흔든 40가지 사건

아버지는 미국으로 보낸 뒤에도 정신을 차리지 못한 박한상을 한국으로 불러들였다. 집으로 돌아온 박한상은 유학 시절 사귄 친구들과 어울리며 강남 압구정동 등지에서 오렌지족 행세를 하고 다녔다. 그러니 돈을 아무리 쥐어줘도 밑 빠진 독에 물 붓기였다.

결국 부모도 박한상을 포기하기에 이른다. 게다가 첫째와 셋째 아들은 부모가 원하는 한의대에 다니고 있어 박한상과 크게 비교되던 차였다. 아버지는 "호적에서 파내겠다" "더 이상 아무것도 줄 게 없다"는 말로 박한상을 궁지로 몰았다. 도박 빚이 점점 늘어 채무에 시달리고 있던 박한상은 돈줄이 막히자 부모를 살해해 유산을 상속받을 계획을 세웠다.

⑩ 비정한 세계

박한상은 존속 살해 및 현주 건조물 방화로 사형을 선고받았다. 당시 우리나라 사람들은 이런 수준의 범죄를 받아들일 수 있는 마음의 준비가 되어 있지 않았다. 사건의 실체가 드러나 진실을 마주한 사람들은 누구나 할 것 없이 박한상을 비난했다.

경찰 조사와 호송 과정에서 취재 경쟁에 나선 기자들을 향해 박한상이 막말과 욕설을 하는 장면이 신문과 텔레비전 뉴스에 그대로 나가자 사람들은 혀를 내두르기도 했다. 반성의 기미도 갱생의 여지도 없던 범죄자 박한상은 모든 사람에게 '악의 화신'이자 '패륜의 대명사'로 불렸다.

박한상 살인은 부모와 자식 간의 도의와 상례가 더 이상 무조건적으로 지켜지기 어려운 사회가 도래했음을 고하는 사건이었다. 자식은 부모를 공경하고 부모는 자식을 자애롭게 대한다는 신화는 처절하게 붕괴했다.

하지만 안타깝게도 박한상 사건은 아무런 전조 없이 일어난 공교로운 사태가 아니었다. 부모와 자식은 서로를 사랑하고 아껴야 한다는 정언명령은 실상 인간의 역사와 맞먹는 두께를 지닌 도리인 것으로 여겨졌지만, 사회가 각박해지고 탐욕이 보편화되면서 존속 간 범죄는 언제고 돌연 발생할 수 있는 일이 됐다.

실제로 이 사건 이전에 부모가 자식을 죽이고 자식이 부모를 죽이는 비정한 사례가 전혀 없었던 것도 아니었다. 가난을 견디기 어려워 자식을 죽이거나 권력과 돈을 탐해 부모를 죽이는 자식의 사례는 동서고금에 넘치도록 많았다.

그럼에도 불구하고 이따금 발생했던 존속 살해 사건은 언제나 전례 없던 끔찍한 범죄로 받아들여진다. 그만큼 우리는 세상이 달라지더라도 부모 자식 간의 관계만큼은 절대로 변하지 않아야 한다는 두터운 믿음을 지니고 있다.

다만 우리는 참혹한 세계의 도래를 애써 외면하거나 가능하면 들춰내고 싶지 않았을 뿐이었다. 그런 의미에서 박한상 존속 살인은 최초로 벌어진 패륜 사건이라기보다 우리가 끝내 지키고 싶었던 윤리가 붕괴하는 걸 막을 수 없게 되었다는 사실을 인정해야 하는 출발점에 해당하는 사건이라고 보는 편이 타당하다.

박한상 사건을 통해 가장 기본적으로 지켜야 한다고 믿어왔던 윤리 규범이 이제 더 이상 사회의 도덕률로 엄격히 작동하지 않는다는 사실이 드러난 셈이다.

부모는 자식을 완전히 소유할 수 없고 자식은 부모의 마음을 온전하게 이해할 수 없다. 박한상 사건은 부모와 자식 간의 도리를 더 이상 상식으로서 기대할 수 없는 사회가 시작되었음을 예고했다.

즉 '효(孝)'와 '예(禮)'를 법제화하고 부모와 자식 간의 몫과 역할을 공적으로 규정해야 하는 시대가 본격화되었음을 알리는 신호탄이었다. 이 사건 이후 "나는 물려줄 유산이 없어 자식에게 살해당할 위험도 적다"는 농담이 씁쓸한 진실처럼 받아들여진 것도 괜한 일이 아니었다.

4부

한국
현대사 속
만들어진
괴물

분노와
슬픔의
시간들

춤추는 여자들이
위험하다고 말하는 남자들

자유부인 논란(1954)

⑩ 중공군 50만 명보다 더 무서운 소설

"S데리아 밑에서는 육십여 명의 남녀들이 아름다운 고기 떼처럼 춤을 추며 돌아가고 있었다. 인생의 향락과 정열의 발산. 관능적인 체취에 정신이 현혹해 오도록 대담무쌍한 애욕의 분방."(정비석의 소설 『자유부인』 중에서)

　한국전쟁 직후 한국 사회는 정치, 경제, 사회를 막론하고 매우 혼란스럽고 어지러웠다. 미국의 영향력에 의존한 이승만 정권은 전후의 난맥을 수습하기는커녕 온갖 부정부패를 주도적으로 일삼으며 국민을 기만하고 있었다.

1954년 1월 1일부터 8월 6일까지 215회에 걸쳐 〈서울신문〉에 연재된
정비석의 소설 『자유부인』.
ⓒ〈서울신문〉

개인들 역시 재건의 건강한 희망을 갖기보다 불법과 비리에 기
대 한몫을 보려는 기회주의에 편승하려는 경우가 많았다.

극심한 사회적 혼란의 양상 와중 1954년 〈서울신문〉에 연재된
정비석의 소설『자유부인』은 당시의 부도덕한 세태를 대학교수 부
인의 일탈을 중심으로 묘사해 사회적으로 큰 파장을 일으켰다.『자
유부인』연재 당시 서울대학교 법대 교수 황산덕은 "귀하의 작품을
읽어본 적이 없다"면서도 "대학교수의 부인들은 봉건적 가정주부의
모습을 가장 많이 유지"하고 있으니 "대학교수를 사회적으로 모욕
하는 무의미한 소설만은 쓰지 말아"('자유부인 작가에게 드리는 말', 〈대
학신문〉, 1954년 3월 1일.)달라고 비난한다.

이에 작가 정비석은 "읽어보지도 않고 노발대발하면서 『자유부
인』을 중단하라는 호령을 내리셨으니 이 무슨 탈선적 발언"이냐며
화를 낸다. "가슴에 손을 대고 양심껏 반성해보라는 귀하의 말씀은
고스란히 그대로 귀하에게 반환"한다며 ('탈선적 시비를 박함-자유부인
비난문을 읽고 황산덕 교수에게 드리는 말', 〈서울신문〉, 1954년 3월 11일.)

한국 현대사를 뒤흔든 40가지 사건

비난을 돌려보낸다.

화가 난 황산덕 교수는 다시 또 "정비석의 『자유부인』이 중공군 50만 명 보다 더 무서운 해독을 끼치는 소설"이라고 맹렬히 성토했다. 이때가 한국전쟁 직후였으니 만큼 '중공군' 비유는 어떤 욕설보다 강한 비난의 표현이었다.

황산덕 교수의 신경증 같은 반응은 아무래도 소설이 서울대학교 국문과 교수의 부인이 춤바람 나는 내용이라 진짜 서울대학교 교수의 입장에서 심히 거북했기 때문에 나온 말이 아니었을까 싶다. 소설 『자유부인』을 읽지도 않았다면서 저렇게 계속 퍼부어댈 수 있는 것도 재주라면 재주겠다.

이뿐만이 아니었다. 이 소설은 "북괴의 사주로 남한의 부패상을 샅샅이 파헤치는 이적 소설"이라는 평가를 듣기도 했다. 당대 최고의 문학평론가 백철도 나서 "신문소설이 후진적인 대중 취미에 신경을 쓰느라 저속해지는 경우가 많다"며  거들었다. '패륜의 사회상'을 닮은 작품이라 배격해야 한다는 목소리도 나왔다. 『자유부인』이 한국 문단의 수준을 격하시켰다는 날선 비판 역시 터져 나왔다.

소설이 인기를 얻자 불안을 느낀 기득권 남성 지식인들이 한목소리로 비난에 나선 것이다. 문학작품 한 편 때문에

단행본으로 출간한
『자유부인』 초판본 표지.

마치 우리 사회의 윤리와 도덕 관념이 무너져 내린 듯 호들갑을 떨었다. 역설적으로『자유부인』이 그만큼 한국 사회의 불법과 부정부패, 상류층의 타락과 위선의 양상을 적나라하게 폭로하고 있었다는 이야기이기도 하다.

⑩ 여성 욕망 과감하게 드러내며 흥행한 영화

'자유부인 논란'은 여성의 욕망과 자유를 일절 허락하지 않는 한국 사회의 엄격한 남성 (무)의식을 고스란히 드러내는 사건이었다. 당대 남성 지식인들에 의해 위험하고 해괴망측한 소설로 평가받았던『자유부인』은 대중에게 폭발적인 관심과 인기를 얻었다.

신문 연재 마지막 날 전례 없이 동시 발행한 초판본『자유부인』은 3천 부가 순식간에 팔려나갔다.『자유부인』은 대중의 큰 호응에 힘입어 1956년 한형모 감독에 의해 영화로도 제작됐다. 영화 역시 파격적인 원작 소설의 문법에 걸맞게 감각적으로 만들어 관객의 시선을 사로잡았다.

영화는 보수적인 윤리관을 소유한 한글학자 '장교수'의 부인 '오선영'의 일탈에 초점이 맞춰져 있다. 물론 장교수와 미군 타이피스트 '은미'와의 은밀한 애정 전선도 부분적으로 부각되지만, 원작 소설과 마찬가지로 내러티브의 핵심에는 남편과 자식을 내버려두고 일탈을 감행하는 아내이자 어머니인 오선영이 위치하고 있다.

극 초반부 오선영은 부인들의 사교 모임에 참석해 상류층 여인들의 호화로운 생활에 자극을 받는다. 모임에 참석한 부인들은 남편의 지위와 명성을 과장되게 드러내며 자신을 높이려 하는 속물들이었다.

그녀들의 남편은 대부분 고위 공무원과 국회의원, 그도 아니면 사업가였다. 이들은 실상 누구보다 기민하게 손을 써 식민지 이후 적산 불하된 물자와 땅을 꿰찬 부유층이었다. 또한 해방 직후 미군정을 경유한

한형모 감독의
영화 〈자유부인〉(1956) 포스터.

밀수밀매로 부당한 이익을 취한 사람들이기도 했다. 겉으로는 교양 있는 사람처럼 보이지만 실제로는 속되고 교활한 존재들이었다.

오선영은 경제력에선 그들 부인네보다 한참 뒤쳐졌지만, 남편이 대학교수였기 때문에 그 모임에 참석할 기회를 얻었다. 가정에서 살림만 해오던 오선영에게 그녀들이 보여주는 자유로운 행동 양식과 취미를 마음껏 즐기는 모습은 신세계나 다름없었다. 모임에서 술을 마시며 춤을 추고 노래를 불러본 첫 경험이 오선영의 마음에 불을 질렀다.

오선영은 사교 모임의 다른 부인들처럼 밖으로 나가 일을 하고

취미로 댄스를 즐기고 싶었다. 처음으로 사회화된 자아를 갖고자 하는 욕망을 품은 것이다. 오선영은 사교 모임 참석으로 얻은 자극을 계기로 국회의원인 친오빠의 후원자 '한태석'에게 도움을 받아 고급 양품점 관리 일을 시작한다.

안타깝게도 당시 가정부인들의 사회 참여는 여성의 자아를 실현하는 적극적 실천으로 평가받지 못했다. 완고한 가부장제 하에서 여성에게 할당된 사회적 역할의 범위는 매우 제한적이었다. 남성이 여성에게 허락한 사회 무대는 매우 협소했고 극히 한정적이었다.

여성들은 비정치적인 역할만을 부여받았고 사회적 도전이 될 만한 임무는 맡을 수 없었다. 여성들이 '바깥일'을 하면 사람들은 색안경을 끼고 바라봤다. 당대 여성들은 결혼 후 대부분 가정 안에만 머물렀고 사회 진출이라고 해봤자 양품점 직원이나 술집 마담 역할 정도까지가 암묵적으로 허용된 한계였다.

⑩ 여성에게 유일하게 허락된 일탈

당시 부인들의 사교 모임 풍경이나 여성들의 사회 진출 장면은 1950년대 한국 사회가 지나치게 가부장적이며 공적 위계질서가 사적 영역으로 그대로 투사되는 구조로 이뤄져 있음을 드러낸다.

사교 모임에 참석한 여성들의 계급은 남편의 사회적 위상에 따라 정해졌다. 여성들의 사회 진출 욕망은 진정한 자아실현이거나 건강한 사회화의 과정이 아니라 굴절되고 왜곡된 형태로 실현된다.

1950년대 한국 사회에서 여성들의 욕망은 압착되고 비뚤어질 수밖에 없었다. 억눌린 여성들의 욕망이 분출된 양상이 바로 '댄스' 였다. 당시 댄스는 폭발적인 인기를 누렸고 상류층 부인들의 필수 교양으로 취급될 정도였다. '오선영' 역시 옆집의 자유분방한 대학생 '춘호'의 유혹으로 댄스를 배우고 홀에 나가 춤도 추며 '한태석' 과의 사랑을 키워나간다.

『자유부인』에서 댄스는 여러 가지 은유와 상징을 담고 있다. 춤이란 몸의 욕망을 가장 정직하게 표출하는 방식이다. 더욱이 여성의 욕망이 거세된 억눌린 가부장제 구조 하에서 여성이 자신의 몸짓으로 욕망을 표출하는 건 짜릿함 그 자체였다. 음악에 맞춰 자신의 신체를 자유롭게 움직일 수 있다는 사실은 여성들을 매혹시키기에 충분했다. 댄스는 1950년대 한국 사회의 여성들에게 거의 유일무이한 욕망의 분출구였다.

⑩ 가정과 사회라는 이중굴레

당시 '가정'과 '사회'의 이중굴레에 속박된 여성들에게 자유란 기실 허황된 가치였다. 일탈을 감행한 여성에겐 가혹한 응징이 기다리고 있었다. 부인의 춤바람 때문에 가정이 파탄난다는 레퍼토리는 1950~60년대 여성 일탈 서사의 근간을 구성할 만큼 익숙한 것이기도 했다.

남편은 아내의 외도에 몹시 절망하고 괴로워하며 집안에 혼자

1950년대 당시 댄스홀
에 출입하며 춤바람 난
여성들을 풍자한 신문의
만평 그림.
ⓒ한국기록원

남아 엄마를 기다리는 아들은 안쓰럽게 그려진다. 바람난 엄마 때
문에 무너진 가정 묘사는 당시 영화와 드라마에서 가장 흔히 사용
된 클리셰였다.

　이렇게 반복된 레퍼토리와 클리셰는 오선영의 자유가 당시로선
얼마나 많은 대가를 치러야 하는지 보여주는 적나라한 반증이다.
남편의 고뇌와 자녀가 겪는 피폐함은 여성의 희생을 통해서만 회복
될 수 있다. 남편과 자식을 비롯한 가족구성원들이 안정적인 생활
을 누리기 위해선 어머니이자 아내인 여성의 금욕과 헌신이 필요하
다는 지독한 역설이었다.

　오선영의 자유는 남성 중심 사회에 균열을 일으키긴커녕 개인적
인 일탈 축에도 들지 못하는 수준이었다. 옆집 대학생 춘호와 돌발
적으로 입맞춤하려던 것도 아들의 틈입 때문에 불발로 그친다. 한
태석과의 로맨스도 결정적인 순간에 한태석의 본처에 의해 제지당

한다. '자유부인 오선영'은 실제로 자유를 전혀 누리지 못하고 억눌린 여성에 불과한 인물이다.

오선영은 자유를 온전히 누리지 못했는데도 온갖 지탄을 받으며 사회적으로 매장될 위기에 처한다. 은미를 향한 남편 장교수의 은밀한 애정 표현은 이해와 용납이 가능한 행동으로 연출한 반면 부인 오선영이 감행한 일탈은 절대 허용될 수 없는 몹쓸 패악으로 그려놓았다. 고작 이 정도의 작품을 가지고 한국 사회의 남성 지식인 전체가 나서 "남성의 체면이 떨어진다"느니 "외설 문화가 판을 친다"느니 성토에 나선 것이다.

⑩ 어차피 결론은 여성 억압

당대의 지식인과 언론들은 마치 『자유부인』이 한국 사회의 윤리와 규범을 파괴하고 질서를 어지럽히는 원흉인 것처럼 비난하고 있다. 『자유부인』의 유행에 반감을 느낀 남성 지식인들이 얼마나 똘똘 뭉쳤는지, 작가 정비석과 『자유부인』은 당대 '공공의 적'처럼 취급받았다.

그렇게 전방위적인 공격을 받아 작가와 작품의 명성만 높아졌다. 그렇다고 정비석이 앞서간 여성주의자거나 여성해방론자로 평가받는 것도 아니다. 이후 『자유부인』은 여섯 번이나 영화로 만들어졌는데 거듭될수록 조잡한 싸구려 에로 영화가 됐다.

『자유부인』은 아쉽게도(?) 보수적 윤리 규범이나 엄격한 젠더 질서를 깨뜨리는 기능을 전혀 수행하지 못했다. 오선영은 결국 자신이 선택한 자유의 대가로 직장과 가정으로부터 쫓겨나 파멸한다. 성공하지 못한 일탈치곤 가혹한 처벌이었다.

이처럼 『자유부인』은 실상 전혀 자유롭지 않은 여성의 '일탈 미수 사건'을 다루고 있는 작품이었을 뿐이다. 그럼에도 불구하고 당시 한국 사회는 이런 정도의 여성 욕망마저 철저하게 단죄하거나 응징하려 했다. 근엄한 남성들은 여성의 욕망 표출을 '사회적 위험'과 '젠더적 도발'로 받아들였다.

『자유부인』은 역설적으로 여성이 자유를 얻기 위한 도전이 얼마나 험난한지 보여주는 '여성 억압의 서사'에 가깝다. 정비석의 소설 『자유부인』과 한형모의 영화 〈자유부인〉은 오히려 가정의 평화와 사회의 안정을 유지하고자 여성이 희생해야만 한다는 사실을 명확하게 다시 확인하는 문화적 퍼포먼스에 불과했다.

요란법석처럼 보이지만 1950년대 벌어진 '자유부인 논란'은 실상 남성 지식인들의 자유에 대한 이해의 협소함과 젠더 강박증이 발현된 사태였다. 여성의 해방이나 사회 진출 문제에 대한 진지한 고민이나 논쟁은 없었다. 어머니이자 아내인 여성이 집을 나가 춤을 췄다는 사실 하나만으로 사회 전체가 분열증에 걸린 것처럼 난리를 피운 것이다.

그 후로 오랫동안 한국 사회에서 '자유부인'이라는 말은 감각적 욕망과 해방된 자아를 실현하는 여성을 지칭하는 고유명사처럼 사용됐다. 자유와 해방을 갈망하다가 끝내 좌절된 여성이 겪어야 했던 수난은 지워내고 아주 잠깐 꿈꾸듯 나풀대던 찰나의 순간만 기억하는 고의적인 윤색에 가깝다.

자유부인 등장 이후 수십 년이 지난 지금까지도 여성의 사회적 도전을 바라보는 남성들의 시선은 일관되게 삐딱하고 여성의 행실을 재단하는 한국 사회 전반의 규율은 견고하다.

"법은 순결한 여성의 정조만 보호한다"

박인수 사건(1955)

⑩ "어떻게 생긴 놈인지 한 번 보자"

1955년 7월 22일. 서울중앙지방법원 대법정은 매우 소란스러웠다. '공무원자격사칭'과 '공문서부정행사', '혼인빙자간음' 혐의로 재판을 받은 피고 박인수에게 1심형이 선고되는 날이었기 때문이다.

평소 정숙하고 엄격하기만 했던 법원은 그날따라 도떼기시장 같았다. 이전 심리에도 만 명 이상의 '그악스러운 방청객들'이 몰려들어 재판 기일이 연기되었는데도, 서울과 지방 가리지 않고 이른 아침부터 재판을 보려고 온 구경꾼들로 법원은 만원이었다.

갓 쓴 노인부터 학생과 주부, 기자와 소설가들까지 먼발치에서나마 박인수의 얼굴을 직접 보고 싶어 했다. 수많은 사람이 한데 엉켜 법정은 금세 아수라장이 됐다. 소란을 막고자 법원 앞으로 기마 경찰까지 출동했지만 역부족이었다.

1954년에 크게 화제가 되었던 '자유부인 논란'이 채 가라앉기도 전인 1955년, 수십 명의 여성과 혼인빙자간음을 벌이고도 제대로 처벌받지 않고 피해자 여성들만 지탄을 받게 한 '박인수 사건'이 일어났다. 흔히 '한국판 카사노바 사건'으로 불리는 '박인수 사건'은 당시 큰 화제를 불러일으켰다.

18세기 이탈리아의 카사노바는 평생 120여 명의 여성들과 관계를 맺은 것으로 알려져 전 세계적으로 유명세를 얻었는데, 박인수는 불과 1년 만에 70여 명의 여성들을 희롱해 잠자리를 가졌다. 어찌 보면 박인수가 카사노바보다 한 수 위(?)였던 셈이다.

도대체 박인수가 얼마나 번듯하고 잘났으면 고위공직자의 아내와 재벌가의 딸, 명문 여대생을 가리지 않고 꾀어냈는지 사람들은 몹시 궁금해했다.

이렇듯 사람들은 박인수의 파렴치한 범죄 행위에 대한 단죄 여부나 피해를 입은 여성들의 명예 회복에는 관심이 없고, 그저 박인수라는 '엽색가(獵色家)'에 대한 말초적인 호기심을 드러내는 데 급급했다.

⑩ "처녀는 한 명밖에 없었다"

박인수는 1년 동안 수십 명의 여성을 속여 가며 만났다. 본래 대학생이던 박인수는 한국전쟁 당시 학교를 중퇴하고 해군 장교로 입대한다. 그러나 휴전 직후 개인 일탈 행위로 불명예 제대를 한다. 군대에서 쫓겨나다시피 한 박인수는 여전히 장교인 척하며 서울 시내의 유명 댄스홀과 클럽에 출몰해 여성들을 만났다.

박인수는 타고난 미남이었고 번듯한 체형에 말끔한 옷차림까지 외모로는 나무랄 데가 없는 매력적인 사람이었다. 더구나 장교 시절 배워둔 댄스 실력과 사교적인 화술, 나긋한 매너까지 지니고 있어 여성들을 유혹하기에 부족함이 없었다.

댄스홀에서 만난 여성들에게 여전히 자신을 현역 장교 혹은 공무원으로 소개하며 환심과 기대를 샀다. 사귄 뒤에는 곧 결혼을 할 것처럼 속여 잠자리로 이끌었다. 그런데 실상 박인수는 동거하고 있던 사실혼 관계의 아내는 물론 심지어 자식까지 딸려 있는 유부남이었다. 이 같은 사실이 탄로 나자 그의 복잡한 여성 편력이 수면 위로 떠올랐고, 충격을 받은 피해자들이 검찰에 고발장을 접수해 기소된 것이었다.

수려한 외모와 감각적인 스타일로 사람들을 놀라게 한 사기꾼 박인수. 빼어난 화술에 친절한 매너도 갖춰 여성들에게 환심을 샀다. (《경향신문》, 1955년 6월 18일.)

한국 현대사를 뒤흔든 40가지 사건

박인수는 재판정에서 자신은 누구에게도 혼인을 약속한 적이 없으며 여성들이 먼저 관계를 맺자고 덤벼들었다고 항변한다. 강제성이 없는 철저히 합의된 관계였다는 주장이었다. 더구나 "내가 만난 여성 중 처녀는 미용사 한 명밖에 없었다"는 희대의 발언으로 사람들의 이목을 순식간에 집중시켰다.

박인수가 희롱한 여성들은 공소장에 기재된 사례만 30여 건이었는데 알려진 바로 실제 피해자는 족히 70명을 넘었다. 때문에 당시 "요즘 시대 남자가 처녀를 만날 확률은 70분의 1"이라는 우스갯소리가 유행하기도 했다.

이 발언 이후 박인수 사건은 성범죄자의 사기와 엽색 행위에 대한 단죄가 아닌 도리어 피해자 여성을 비난하고 성토하는 분위기로 변질되기 시작한다.

⑩ "순결하지 않은 여성의 정조는 보호하지 않는다"

대중의 기호에 철저하게 영합한 언론들도 여성들의 비뚤어진 윤리의식과 희미해진 정조 관념을 질타하는 데만 지면을 할애했다. 이렇듯 박인수는 순식간에 그저 자유로운 연애를 시도한 앞선 감각을 지닌 남성 판타지 속의 영웅으로 뒤바뀌고, 박인수에게 씻을 수 없는 피해를 입은 여성들만 또다시 돌팔매를 맞는 형국이 되었다.

이후 피해자 여성들은 더욱 몸을 사리고, 자신이 이 사건의 피해자라는 사실이 알려지까 봐 고발 자체를 취하하는 등 법정 증언을

貞操觀念에 見解差

無罪로 釋放된 問題의 朴仁秀事件

檢事는 卽刻控訴

法은 貞淑한 女性만을 保護

박인수 1심 무죄 판결에 검사가 즉시 항고했다는 소식을 전하는 신문 기사.('법원 검찰 정조 관념 견해차-무죄로 석방된 문제의 박인수 사건', 〈경향신문〉, 1955년 7월 23일.)

거부하는 일까지 빈번하게 생겨났다. 여성이 법정에 나타나 피해를 증언하는 순간, 사건의 피해자임이 공표되어 사회적으로 매장될 게 뻔했기 때문이었다.

박인수는 결국 공무원 사칭과 공문서 위조 혐의에 대해서만 벌금형을 선고받고, 혼인빙자간음 혐의에 대해선 무죄 취지의 결정을 받는다.

게다가 박인수 사건의 1심을 주관한 권순영 판사는 최종 판결을 내리면서, "국가의 법은 건전하지 않고 순결하지 않은 여성의 정조를 보호할 의무가 없다"라는 놀라운 발언으로 여성 피해자들을 나무라기까지 했다.

이 사건은 여대생과 아가씨, 가정주부들이 춤바람 나서 순결을 지키지 않았기에 벌어진 일이라는 것이다. 박인수에게 사건의 책임을 묻기보다 여성 스스로가 일탈 행위의 원인을 제공했다는 해석이었다. 물건을 훔친 도둑을 잡아 벌주는 게 아니라 왜 탐나는 물건을 함부로 보이게 다녔냐고 피해자를 나무라는 격이었다. 도무지 이해되지 않는, 말도 안 되는 일이 벌어졌다.

안타깝게도 법원의 이러한 결정은 이례적인 게 아니었다. 국가의 법은 오랫동안 남성들의 성적 주도권만을 옹호해왔다. 법원은 심지어 1990년대까지도 결혼으로 성폭행을 갈음하도록 하는 퇴행적 판결을 내린 바 있다. 빠르게 변화하는 시대의 감각에 적응하며 살고 있는 보통의 시민들이 보기에 도무지 이해할 수 없는 대목이 아닐 수 없지만 이런 일들은 비일비재했다. 그러니 이러한 사례들은 우리나라의 법이 젠더 문제와 성적 이슈를 어떻게 다루고 인식하는지 보여주는 흔한 예들이다.

> "비단 오입장이 남자들의 박수갈채를 받았을 뿐만 아니라 여성으로서의 프라이드와 정조관이 확고하지 못한 요즈음 젊은 여자들에게 일대 경종을 울려주었다는 데에, 우리 재판 사상 기억될 만하다."('횡설수설', <동아일보>, 1955년 10월 11일.)
>
> "만약 처녀에게 여대생에게 처녀로서의 양심이 살아있다면 그 많은 여성들 중 한 사람쯤은 '자살자'가 발생할 것이란 기대(?)를 가졌었던 것이다. 우리 여성의 세계적인 자랑이 우선 정조관을 들 수가 있다면 이 정조관을 이 사건에서 누구나 한 사람일지라도 행동으로서 증명하여 줄 것을 요구한 것이다. (이를) 지나친 요구라고 책할 것인가?"('<기자수첩> 박인수 사건의 이면', <경향신문>, 1955년 12월 23일.)

◎ "왜 자살하지 않았느냐?"

1심 무죄 판결 이후 언론은 피해 여성들을 비난하는 데 더욱 매진했다. 심지어 고발할 정도로 순결과 정조를 중히 여기던 여성들이 그런 피해를 입고도 "왜 자살하지 않았느냐?"고 힐난할 정도였다. 목숨보다 중요한 여성의 정조를 지키지 못했는데 죽음으로 순결의 의지를 보여준 이가 없었다는 점이 의아하고 애석하다는 말도 보탰다. 참으로 납득할 수 없는 판결이자 기가 막힌 주장이 아닐 수 없다. 그야말로 기사 제목대로 '횡설수설'이다.

당시 한국 사회에서 여성의 정조란 죽음과도 맞바꿀 정도로 귀한 보호의 대상이었으나, 수호의 책임은 오롯이 여성 스스로에게만 전가됐다. 남성은 약탈하듯 여성의 정조를 유린하고 순결을 범해도 전혀 문제가 되지 않았다.

정조와 순결을 잃은 여성은 목숨을 끊을 걸 권유받았다. 국가와 법이 순결한 여성의 정조만 보호하겠다는 해괴한 논리는 남성 중심적 성 관념과 야만적인 정서적 토대에서 탄생했다.

박인수 사건은 1950년대 한국 사회의 비뚤어진 여성 정조 관념과 강요된 여성 순결 의식을 보여주는 상징적인 사건이었다. 무죄 취지의 1심 판결을 받아들이지 않은 검찰은 원심 이후 즉시 항고했다. 고등법원으로 올라간 2심에선 박인수의 혼인빙자간음이 유죄로 인정되어 징역 1년 6개월 형이 선고되고, 대법원에서 최종심이 확정되어 박인수는 실형을 산다.

고등법원과 대법원에서 유죄 판결을 내린 논리 역시 자세히 들여다보면 기가 막히다. 2심 판결의 요지를 살펴보면 "순결한 여성의 정조와 순결하지 않은 여성의 정조가 따로 있지 않으며, 법은 모든

여성의 정조를 보호할 의무가 있다"는 것이다.

여기까지만 보면 1심 판결의 전제를 뒤집는 듯보이지만, 결정적으로 "무릇 여성의 모든 정조는 생명과도 같다"며 여성의 정조를 유린한 책임을 박인수에게 묻겠다는 판결을 내린 것이다. 결국 1심에서 3심까지 모든 법정에서 여성의 정조란 무조건 지켜져야 한다는 보수적인 남성 중심적 성관념이 일관되게 적용된 셈이다.

◎ '여성 정조'라는 공공재와 자살 권하는 사회

'자유부인 논란'과 '박인수 사건'은 여성이 입은 피해와 억울함을 해소하는 데 초점이 맞춰진 게 아니라 여성의 정조 문제를 사회적으로 어떻게 다룰 것인가의 문제로 논리를 비약시킨 사태였다.

1950년대 여성의 정조란 권력을 쥐고 있는 남성들에게 일종의 공공재이자 관리 대상이었다. 여성의 성적 자기 결정권을 침해하는 요소들을 없애는 데 노력하기보다 도리어 여성들이 성적 자유를 누릴 권리 자체를 파괴하는 데 전념했다.

박인수의 처벌이 가능했던 까닭은 역설적으로 그저 공공재로서의 여성 정조가 한 남성에게만 독점되는 것에 위협을 느낀 당시 기득권 남성들 전반의 공통된 불안 의식이 반영되었기 때문으로 보는 편이 더 적당한지도 모른다. 그 기득권 남성들이란 '자유부인'의 등장에 공포심을 느꼈던 대학교수, 국회의원, 판검사, 부유층 사업가

"익산군 황동면 송옥빈 양은 이재우 군과 결혼을 약속하고 정조를 바쳤을 뿐만 아니라 어려운 살림에 돈 사만환까지 주었다. 송양은 이군에게 결혼을 거절당하자 비관 끝에 자살하였다 한다. 송양은 "이 분함을 참지 못하여 죽습니다"라는 유서를 남기고 자살하였다."('처녀가 자살', <조선일보>, 1956년 4월 19일.)

"현직여자고등학교의 교사가 자기가 가르치던 제자와 불의의 관계를 맺고 마침내 학생을 헌신짝처럼 박차버리게 되어 그 여자는 안타까운 심정을 안고 자살한 사건이 있다. 비극의 주인공은 정연숙 양으로 정양을 가르치던 교사 한인수와 정교를 맺기 시작하여 오랫동안 정부와 같은 관계를 지속하여왔다고 한다."('은사에 짓밟힌 처녀 정조 버림받고 비관 자살', <경향신문>, 1957년 7월 31일.)

"서울 호텔에서 투숙중인 간호원 김화자 양은 간단한 유서 한 통을 남겨두고 자살하였다. 김화자 양은 병원장 이모 씨와 정교를 맺고 임신까지 하게 된 것을 비관하고 자살한 것이라고 한다."('간호원 자살 의사에 정조 뺏기고', <경향신문>, 1957년 12월 28일.)

남성들의 무리와 정확하게 일치한다.

1950년대까지도 정조를 빼앗긴 처녀가 스스로 목숨을 끊거나, 순결하지 못하다는 뜬소문에 여학생이 수치심을 느끼고 자살하거나, 애인에게 정조를 잃고 버림받은 딸에게 자살을 권해 죽음에 이르게 한 소식들이 하루가 멀다 하고 신문지상을 장식했다. 1920년대부터 이어져 내려온 뿌리 깊은 전통이었다.

신문 독자들은 젊은 여성들의 자살 소식을 탐욕스럽게 소비했다. 정조를 잃은 여성들은 쥐약을 먹고 죽고, 우물에 빠져 죽고, 기차에 뛰어들어 죽고, 나무에 목을 매 죽었다.

게다가 이 기사들은 대부분 여성의 죽음을 애처로워한다기보다 정조를 잃은 여성의 자살을 방조하거나 심지어 권장하는 것처럼 느껴지기까지 한다.

1955년에 일어난 '박인수 사건'은 신분을 속이고 겉치레만 신경 쓴 한 젊은 남성이 혼인을 빙자해 수많은 여성을 희롱하고 간음했는데 오히려 피해자 여성들의 행실만 지탄하는 결과를 낳은 희대의 황당무계한 사건이었다.

'자유부인 논란'과 '박인수 사건'은 아무리 70년 전에 벌어진 일이라곤 하지만 참으로 부끄럽고 놀라운 일이 아닐 수 없다.

만화가 사람을 죽였다는
편협한 시선

정병섭 군 자살 사건(1972)

⓪ 죽었다가 다시 살아나고 싶었던 소년

서울 성동구 왕십리에 사는 초등학교 6학년 정병섭 군은 만화광이었다. 평소 만화를 좋아해 만화 주인공을 흉내 내며 놀곤 했다. 만화만 있으면 다른 무엇도 필요 없을 정도로 만화를 애정하는 평범한 소년이었다. 1970년대 초반 놀거리와 할거리가 부족했던 시절, 학생들에게 만화는 그야말로 가장 매력적인 취미 독물이었다.

1972년 1월 31일, 정병섭 군은 〈철인 삼국지〉라는 만화에 푹 빠져 있었다. 이 만화는 삼국지의 등장인물을 로봇으로 바꾼 일종의 과학 역사 만화였다. 몇 번을 반복해 보고 또 봤는지, 인물들의 대사까지 줄줄 욀 정도였다. 그 중에서도 그가 가장 좋아하는 삼국지의 등장인물은 '장비'였다.

이 만화에는 마침 로봇으로 설정된 장비가 죽었다가 다시 깨어나는 장면이 나오는데, 정병섭 군은 자신도 죽었다가 살아날 수 있을지 실험해보고 싶었다. 그는 친누나에게 내가 죽었다가 다시 깨어날 수 있는지 지켜봐 달라고 말했다. 다시 살아나면 어떤 기분일까 궁금하다는 말도 덧붙였다. 그러고 나서 그는 스스로 선반 위에 줄을 엮어 목을 졸라맸다.

정병섭 군이 탐독한 것으로 알려진 만화 『철인 삼국지』는 당시 모두 불에 타 없어져버렸고, 1980년대 『로봇 삼국지』로 재탄생했다.

어린이는 특정 대상에 애착을 느낄 때, 대상의 말과 행동을 모방하는 경우가 잦다. 아이는 보통 어른의 행위를 모방하며 성장한다. 모방은 닮고 싶은 대상을 향한 욕망의 투사이자 생의 다음 단계로 도약하기 위한 필수적인 성장 과정이기도 하다.

하지만 죽음에 대한 개념이 완전하게 정립되지 않은 미성숙한 존재는 죽음을 모방한다는 게 어떤 의미인지 자세히 이해하지 못한다. 더구나 '로봇'과 '인간'을 구분하지 못하는 어린아이의 경우라면 서툰 흉내가 돌이킬 수 없는 선택으로 치달을 수도 있다.

⑩ "만화가 사람을 죽였다", 현대판 분서갱유

스스로 목을 조른 정병섭 군은 끝내 목숨을 잃었다. 사건이 발생하자 사람들은 불량만화가 사람을 죽였다고 난리를 쳤다. 당장 신문마다 학생들이 불량만화에 빠져 학업을 소홀히 한다느니, 나쁜 생각에 물든다느니, 하등 도움이 되지 않는 불량만화를 모두 없애야 한다느니 만화에 적대적인 기사와 의견을 쏟아냈다.

신문으로 사고 소식을 전해들은 사람들도 만화를 즐겨보던 어린 아이가 만화에 나온 내용을 흉내 내다 사고당해 죽었다고 하니 만화야말로 정말 나쁜 거라는 생각을 자연스럽게 하기 시작했다.

사회 전방위적으로 불량만화 추방 캠페인이 벌어졌다. 때문에 각 지역마다 자리 잡고 있던 만화대본소는 날벼락을 맞는다. 대본소는 돈을 받고 만화책을 빌려주는, 지금으로 말하자면 만화방과 같은 곳인데 경찰이 들이닥쳐 불량만화를 압수한다는 빌미로 쑥대밭을 만들어 놓고 갔다.

어떤 만화가 해롭고 어떤 만화가 괜찮은지의 기준이 마련되어 있지 않아, 경찰은 이것저것 보이는 대로 만화책을 걷어 압수해버렸다. 갑작스럽게 만화를 향한 시선이 나빠져 손님도 뜸해졌는데, 만화책마저 전부 빼앗겼으니 동네마다 망한 대본소들은 이내 문을 닫았다.

교육 당국과 경찰은 그렇게 모은 수만 권의 만화책을 보란듯이 여의도 광장과 광화문 광장에 산처럼 쌓아 모두 불태워버렸다. 현대판 분서갱유가 따로 없었다.

지금 생각해보면 만화가 정병섭 군의 사망에 어떤 영향을 줬는지 인과관계가 명확하게 밝혀지지도 않은 상태에서 내린 성급한 조치라고 생각되지만, 당시 사람들은 정부의 만화 압수 및 소각 조치를 대체로 수긍하며 받아들이는 분위기였다.

불량만화를 수거해 불에 태워 없애버리는, 일종의 만화 화형식 장면.
ⓒ〈동아일보〉

그날 이후 1970~80년대에는 어린이날만 되면 불량만화를 그러모아 불태우는 퍼포먼스가 정기적으로 실시됐다. 만화책 불태우기는 일종의 보여주기식 교육 정책의 대표적인 사례였던 셈이다.

ⓓ "만화는 사회악", 만화 천대의 출발점

정병섭 군 자살은 굉장히 예외적으로 벌어진 황당무계한 사건이었다. 그렇지만 당시에는 어린 학생이 만화에 등장하는 인물을 모방하다 사고가 났으니, 만화 자체가 잘못된 거라고 판단하는 시각이 의심 없이 받아들여졌다. 만화라는 뚜렷한 적대적 목표물이 설정되었으니 사회 전방위적인 공격과 힐난이 무자비하게 이어졌다.

청소년들 사이에 널리 퍼진 만화 보는 문화를 뿌리 뽑아야 한다

만화를 사회적 공해로 취급하고 사회
악으로 묘사하는 신문 기사.
(《경향신문》, 1972년 2월 2일.)

는 생각을 뛰어넘어, 만화 자체를 박멸해버려야 한다는 극단적인 사고방식이 확산됐다.

돌이켜보면 너무나 단순한 일차원적 대응이었고 비합리적인 문제 해결 방식이 아닐 수 없다.

정병섭 군 자살 사건은 만화에 대한 잘못된 편견과 오해가 사회 전반에 뿌리 깊게 박히는 출발점이나 다름없었다.

만화는 저급하고 불량한 취미이자 사회적으로나 교육적으로 해로운 영향을 끼치는 몹쓸 문화로 평가받았다. 소위 말하는 저질의 하위문화로 취급해 만화를 창작하거나 즐기는 것 모두 건전하지 못한 행위로 간주했다.

만화가 불러일으킬 수 있는 상상력이나 창의력과 같은 긍정적인 측면은 철저하게 무시했고, 만화가 품고 있는 재미와 오락의 요소마저 무차별적으로 배척했다. 이후 사람들은 만화가 매개할 수 있는 숱한 문화적 가능성과 창조적 에너지를 소진시키는 데 주저함이 없게 됐다.

만화를 천시하는 사회적 분위기는 문화 콘텐츠의 장르 간 위계를 설정하는 고질적인 병폐로 자리 잡아 오랫동안 관습처럼 남아 있었다. 건강한 취미와 고상하고 우아한 독서 활동은 따로 있으며, 질 낮고 불건전한 만화 읽기 취미는 억제되어야 한다고 자연스럽게 생각한다. 그러다 보니 만화와 더불어 게임이나 오락 같은 취미와 여가 활동 역시 덩달아 박한 평가를 받게 됐다.

그러나 오늘날 만화 혹은 게임은 엄청난 부가가치를 창출해내고 K-문화 콘텐츠의 핵심이자 첨병으로 대접받는다. 이렇게 되기까지 지난한 수모의 과정을 겪어야 했다.

◎ "아무도 모른다"

그런데 정병섭 군이 죽게 된 이유는 오직 만화 때문이었을까? 불량 만화를 비난하는 사람들은 정병섭 군이 처했던 열악한 가정환경이나 말 못할 고민에 대해선 깊이 알려고 들지 않았다. 당시 그의 아버지는 실직 상태였고 집안 형편이 넉넉지 않아 정병섭 군은 종종 배고픔을 겪기도 했다.

어린아이라고 깊은 상념이 없을 리 없다. 마음이 여려 유독 상처와 아픔이 많았던 초등학교 6학년 사춘기 아이가 자신의 처지를 비관해 만화를 모방한 자살을 택한 것일 수도 있다. 사람들은 이 모든 정황과 사실들을 간단히 외면했다.

스스로 죽음을 선택한 존재의 내밀한 사정은 누구도 그 이유와 원인의 전부를 알 수 없다. 단순히 만화를 모방해 죽었다는 즉흥적인 판단은 한 인간이 내린 최후의 선택에 대한 완전한 오해이자 모독일 수도 있다. 그때나 지금이나 인간의 마음과 정신은 복잡하고 어지러운 알 수 없는 것이기 때문이다.

1970년대 당시 우리 사회가 청소년의 자살을 바라보는 관점은 그만큼 편협하고 일차원적이었다. 오히려 이러한 죽음에 대한 고의적인 오독은 특정 사회문제를 일거에 해소하려는 전체주의적 세계관과 연결되어 있는지도 모른다.

정병섭 군 자살과 불량만화 압수 및 추방 운동은 하나의 해결책이 제시되면 일사불란하게 따라야 한다는 사회적 압력이 과도했던 시대의 어처구니없는 소동이었다.

야만의 시대,
국가의 이름으로 자행된 성폭력

부천경찰서 성고문 사건(1986)

◎ 인천의 열악한 노동 여건과 위장 취업

1980년대 전국의 산업현장이 대개 비슷했지만, 인천의 공장들에는 대학생 위장 취업자들이 특히 많았다. 인천은 큰 항구가 있어 한국의 수출주도형 산업정책 하에서 원료 조달과 화물 출항에 유리했고, 지방에서 수도권으로 몰려든 하층계급 노동자들이 일찌감치 정착한 도시였기에 노동집약적 산업이 급속도로 발달했다.

인천의 지리적 조건과 인구 구조는 생산과 수출에는 적합할 수 있었겠으나 저임금 노동자들이 제대로 대우받지 못하는 척박한 노동 환경이 만들어진 이유이기도 했다. 당시 인천의 노동 여건은 열악하기로 소문이 자자했다. 그 때문에 역설적으로 인천은 한국에서 가장 강도 높은 노동운동이 빈번하게 일어나는 지역이기도 했다.

정부와 사업주의 탄압, 감시 같은 온갖 어려움을 이겨내고 인천의 수많은 크고 작은 제조업 공장들마다 노조가 생겨났다. 사업주들은 노동자들이 가까스로 설립한 노조를 와해시키고자 혈안이었다. 노조가 단체협약에 나서 임금 인상을 요구하거나 노동자의 권리 운운하면 해고로 위협하거나 공장을 아예 멈추고 휴업에 들어가기도 했다.

나아가 노조를 이적단체로 취급하고 불순한 세력이 자신의 사업체를 망하게 하고자 공작을 펼치는 거라고 생각하기도 했다. 이렇듯 1980년대 인천에서 노동자의 정당한 권리를 주장하는 건 생경하고 어려운 일이었다.

서울의 주요 대학에 다니는 운동권 학생들에겐 인천 지역 노동자들의 처우를 개선해야 한다는 공감대가 형성됐다. 운동권 학생들은 '노학(勞學) 연대'를 완성하고자 인천의 노동 현장으로 서둘러 잠입했다.

또한 당시 학생들 중에는 스스로 노동자가 되어 노동운동에 일평생 헌신하겠다는 각오를 다진 이들도 있었다. 이들을 흔히 '학출(學出)'이라 불렀다.

공장주들이 고학력자 채용을 기피했던 탓에 학출들은 주민등록증을 위조하거나 가명을 쓰기도 했다. 권인숙도 당시 그렇게 인천권역의 공장에 위장 취업했던 수많은 대학생들 중 한 명이었다.

⑩ 혼란과 모순을 넘어 '학출'이 되기까지

서울대학교 의류학과 4학년생이던 권인숙은 1985년 4월 경기도 부천시의 가스배출기 업체(주식회사 성신)에 '허명숙'이라는 가명으로 위장 취업했다. 그녀는 전두환 신군부 정권에서 대학 생활을 시작한 82학번 대학생이었다. 1980년대 대학교는 수업보다 학생회활동이 먼저였다.

5.18 광주민주화운동 이후 군사독재정권에 더욱 거세게 저항하며 민주주의를 외치고 전태일 분신을 계기로 노동자와의 연대를 중요한 과제로 삼았다. 그 시절 캠퍼스에는 늘 매캐한 최루탄 냄새가 남아 있었고, 도서관과 동아리방에는 수배를 당해 경찰에게 쫓기는 선배들이 숨어 살기도 했다.

당시 대학생 전부가 민주화 투쟁과 노동 해방 전선에 뛰어든 건 아니었다. 캠퍼스에 잠입한 사복경찰에게 동료들이 붙잡혀 가는 와중에도 수업이나 시험 준비에 여념이 없었던 이들도 있었다.

한쪽에선 화염병을 만들거나 유인물을 제작하느라 바빴지만, 양지 바른 잔디밭에선 통기타를 치며 노래 부르고 도시락을 먹으며 노는 학생들의 무리도 있었다. 모두가 아무렇지 않은 청춘이었고 젊음이었다. 이들은 누가 잘못한 것도 아닌데 서로를 외면하고 못본 체해야 했다.

권인숙은 1980년대 캠퍼스의 혼란스러운 상황을 지켜보기가 괴로웠다. 그녀가 공장으로 들어간 이유도 학교생활을 하며 경험한 시대의 모순을 스스로 극복해 보기 위해서였다. "누군가는 끌려가고 누군가는 태연하게 있다는 사실이 충격을 주었다. (…) 이제까지의 나의 삶은 진정으로 노동해서 노력해서 얻은 삶인가? (…) 더 이상 이렇게는 살지 않겠다." 당시 그가 느낀 어지러운 마음과 복잡한 심정은 훗날 남긴 자서전 『하나의 벽을 넘어서』(거름, 1989)와 『선택』(웅진지식하우스, 2002)에서 확인할 수 있다.

권인숙은 오랜 고민 끝에 자신의 존재를 내던질 각오로 공장에 들어갔지만 학출 노동자로 현장에서 버티는 게 쉽진 않았다. 고된 노동이 손에 익지 않았거니와 일만 하기 위해 인천으로 들어온 것도 아니었기 때문이다. 동료 노동자들에게 노조의 필요성이나 노동자 연대의 사명을 일깨우는 동시에 노조 설립과 활동을 위한 물밑 작업도 진행해야 했다.

반면 사업주들은 학출이 들어와 공장 물을 흐려놓을까 봐 감시의 눈초리를 거두지 않았다. 천신만고 끝에 위장 취업에 성공한 학출이더라도 기존 노동자들 틈으로 진하게 섞여드는 것부터가 어려운 일이었다. 동료 노동자들도 학출에겐 마음을 활짝 열지 않는 경우가 많았다.

여러 이유로 공장에 들어간 대학생들은 어떻게든 자신이 학출임을 숨기려 했지만, '고운 손'과 '안경 낀 하얀 얼굴'이 그들의 정체를 알 수 있게 했다.

⑩ "너같은 독종은 처음 본다"

권인숙은 학출 노동자의 어려움과 한계 속에서 현장의 노동 문화를 익히고 그들에게 젖어들기 위해 노력했다. 몸과 마음 모두 진짜 노동자가 되어야 한다고 늘 생각하고 행동했다. 깨인 노동자들이 점차 많아지고 학출의 끈질긴 노력이 합해져 인천 지역의 노동조합은 나날이 강해졌다.

이제 인천의 노동자들은 자신의 권리 문제와 임금 인상 요구 등을 뛰어넘어 민주화와 통일 등 거시적인 정치적 요구를 하기에 이른다. 1986년 5월 메이데이를 기점으로 인천 지역에서 일어난 '5.3 인천민주항쟁'은 이런 흐름 속에서 터진 사건이었다.

권인숙도 동료 노동자들과 함께 인천민주항쟁에 적극 참여한다. 경찰에 의해 항쟁의 주요 가담자로 몰린 권인숙은 친지의 이름을 빌려 주민등록증을 위조한 혐의로 1986년 6월 4일 부천경찰서로 연행됐다.

정권에선 인천민주항쟁을 반체제 성향을 가진 운동권 대학생들이 노동자들을 부추겨 일으킨 사건으로 봤다. 노동자들이 자발적으로 일으킨 민주화운동을 공안 사건으로 뒤바꾸려는 꿍꿍이였다. 한편으로는 학출을 모조리 잡아들여 거세지는 인천 지역 노동운동의 불길을 잡으려는 심사이기도 했다.

연행 첫날부터 권인숙에게 사건을 기획한 주동자와 배후를 말하라는 경찰의 취조가 시작됐다. 권인숙은 입을 열지 않았다. 협박과

'부천서 성고문 사건 일지', 〈한겨레〉, 1988년 7월 24일.

회유를 번갈아가며 강온 전략을 펼쳤지만 권인숙은 끝까지 버텨내며 함구했다. 형사들은 아무것도 말하지 않는 권인숙에게 "너같은 독종은 처음 본다"며 더욱 가혹한 취조가 이어질 것임을 암시했다. 다음 날 노동운동과 학생운동을 와해시키는 데 아주 특출난 역량을 가지고 있던 문귀동 경장을 취조실로 들여보낸다.

⑩ 치욕과 질곡

문귀동은 인천 지역의 노조와 학생들 사이에서 이미 악명 높은 공안 경찰이었다. 얼마나 악질이었는지 그에게 걸리면 멀쩡한 몸과 정신으로 나오기 힘들다는 말이 돌았다. 그는 공안 당국이 원하는 거짓 자백을 받아내고자 가학적인 고문도 마다않는 수사관으로 정평이 나 있었다.

그의 고문 실력은 고문 경찰의 대명사였던 '이근안' 뺨친다는 소문이 있을 정도였다. 그는 공안 분야에서 빼어난 수사 및 구속 성과를 남겨 경찰국장 및 경찰서장 표창을 열네 개나 받은 실력자였다.

6월 6일 문귀동은 취조실에서 권인숙을 처음 마주하자마자 그녀의 옷을 강제로 벗겼다. 그러고는 그녀의 신체 중요 부위를 마구 주무르고 헤집으며 취조를 시작했다.

이전까지 수사관이 가한 온갖 폭행과 협박을 모두 견뎌낸 권인숙에게도 몹시 치욕스럽고 고통스러운 경험이었다. 그럼에도 불구하고 권인숙이 원하는 진술을 하지 않자 문귀동은 자신도 옷을 벗기 시작했다. 그러고는 두 시간이 넘도록 권인숙을 성폭행했다. 다음 날에도 또다시 문귀동은 권인숙을 같은 방식으로 성고문했다.

부천경찰서 수사관 문귀동으로부터 성고문을 당한 권인숙은 몸과 마음이 만신창이가 됐다. 온 세상이 절망으로 가득 찬 것만 같았다. 자살 충동이 일었다.

6월 16일 인천소년교도소로 이감된 권인숙이 성고문을 당했다는 소문이 돌자 감옥 안의 양심수들이 연대해 항의를 시작했다. 권인숙도 쓰러질 수 없었다. 정신을 차린 권인숙은 6월 28일부터 밥을 굶었다. 단식투쟁에 나선 것이다.

권인숙 성고문 사건에 항의하는 시위대의 모습.
ⓒ민주화운동기념사업회

이후 접견을 온 국선 변호사에게 성고문당한 사실을 털어놓고 고발하겠다는 뜻을 밝혔다. 권인숙의 결심을 가장 먼저 말린 이들은 가족과 동료들이었다. 여대생이 성고문을 당했다는 사실이 세상에 드러났을 때 감당해야 할 엄청난 고난과 앞으로 헤쳐 나가야 할 삶의 질곡을 예견해서였을까. 권인숙의 부모는 경찰에게 성폭행당한 딸을 앞에 두고 "그냥 같이 죽자"며 눈물을 펑펑 흘리며 고발을 만류하기도 했다.

① 연루와 공모

권인숙은 주저앉지 않았다. 거기서 멈출 수 없었다. 성고문을 자행한 공권력을 그대로 내버려두면 훼손된 자신의 존엄성을 되찾지 못할뿐더러 독재정권이 폭력적으로 지배하는 이 세상도 구할 수 없을 거라 생각했다.

7월 3일 권인숙은 부천경찰서에서 당한 성고문 사실을 세상에 밝히고 검찰에 정식으로 고발했다. 고발장이 접수된 다음 날 세상은 발칵 뒤집혔다.

언론에 대서특필된 국가 성폭력 소식을 믿을 수 없다는 사람이 있을 정도였다. 조영래, 박원순 등 당대의 인권 변호사를 비롯해 166명의 변호인단이 권인숙을 공동 변호하겠다고 나섰다.

수세에 몰린 치안 당국도 가만 있지 않았다. 권인숙의 고발을 예상치 못한 치안 당국은 사건이 접수된 직후 긴급 대책위원회를 소집한다.

비밀리에 모임을 가진 대책위원회에선 권인숙의 고발 내용이 철저하게 조작된 것이며 운동권 배후 세력의 사주로 권인숙이 여자로서의 수치심도 버려가며 고발에 나선 거라 몰아갔다.

억울하고 부당하게 성고문

부천경찰서 성고문 사건의 피해자 권인숙과 그를 변호한 조영래 변호사.
ⓒ경향신문

당한 피해자를 위해서가 아니라 권인숙의 고발 자체를 무력화하고 수사 당국과 성고문 가해 경찰을 보호하고자 대책위원회가 열린 셈이었다.

고발당한 문귀동은 자신의 범죄 사실을 정면으로 부인했다. 모든 게 운동권 대학생들과 이적 혐의가 있는 노동조합이 꾸며낸 일이라고 주장했다. 그는 권인숙을 명예훼손 혐의로 고발하기도 했다. 덩달아 검찰도 문귀동을 기소하지 않았다.

어느 날부터는 언론에서도 권인숙 성고문 사건을 보도하지 않거나 왜곡하기 시작했다. '성고문'이라는 말도 자취를 감췄고 '부천 모 경찰서에서 벌어진 작은 소동'쯤으로 축소하기도 했다. 오히려 이 사건 뒤에 음험한 배후 세력이 존재한다느니, 잘못된 이념에 물든 대학생들이 얼토당토않게 조작한 이야기라는 식의 사설과 보도가 잇따랐다. 전두환 신군부에서 내린 '보도지침' 때문이었다.

권인숙 성고문 사건을 은폐하고 축소하려 했던 정부 당국과 검찰, 경찰, 언론의 담합 행위는 1980년대 국가 폭력과 정치권력이 서로 깊숙히 연루되어 있으며 은밀히 공모하고 있음을 보여준다. 정부 당국과 치안 부서, 검찰, 언론 기관 등 모든 기득권 세력은 사실상 한몸이었다. 야만의 시대, 그들은 서로가 서로를 보호하는 사회적 모순의 숙주인 동시에 기생체였다.

⑩ 파렴치한 가해자, 문귀동

온갖 훼방과 방해 공작이 이어졌으나 권인숙과 변호인단은 포기하지 않고 끝까지 법정 투쟁을 이어간다. 검찰의 불기소처분에 불복한 뒤 이 사건을 반드시 재판에 회부해야 한다며 검찰과 법원에 재차 재정신청을 넣는다.

그러나 검찰은 이후에도 몇 차례나 재정신청을 기각한다. 그러다 마침내 재정신청이 받아들여져 재판이 시작될 수 있었다. 정식 재판이 열리고 나서야 비로소 가해자 문귀동을 구속할 수 있었다. 사건이 일어난 지 2년도 더 지난 후였다. 기가 막히게도 구속되기 직전까지 문귀동은 멀쩡히 경찰 업무를 보고 있었다.

재판이 시작된 뒤에도 문귀동은 끝까지 자신의 죄를 인정하지 않고 뻔뻔하게 부인했다. 치열한 법정 공방이 이어졌으나 권인숙이 문귀동의 신체 중요 부위 특징을 정확하게 묘사하는 등 성고문 피

'문귀동 피고 5년 선고', 〈경향신문〉, 1988년 7월 23일.

해 사실을 일관되게 진술해 결정적 증거로 인정받았다.

공개석상에서 자신이 당한 성폭력 피해와 가해자의 신체를 다시 떠올려 설명하는 일은 여성 피해자에게 너무나 가혹한 일이었으나, 권인숙은 자신에게 주어진 시대적 사명이자 사회적 임무라 생각하고 담담히 수행했다. 결국 3년이 넘는 법정 공방 끝에 대법원은 문귀동에게 징역 5년형을 선고한다.

아쉬운 점은 문귀동이 다른 이들에게 저지른 가해행위는 밝혀지지 않았다는 것이다. 그렇게 끔찍한 범죄를 태연하게 저지른 성고문 경찰관이 지금까지 여성 한 명만 성폭행했다는 건 믿기 어려운 일이었다. 그렇게 능숙하게 성고문을 자행했던 가해자가 상식적으로 동종 범죄를 한 번만 저질렀다고 볼 수 없었다. 여죄의 혐의가 강하게 의심되었지만 다른 죄과는 끝내 밝히지 못했다.

문귀동은 오직 권인숙에게 저지른 범죄 혐의만 인정받았다. 다른 피해자들이 세상 밖으로 나서지 않았기 때문이다. 그도 그럴 것이 당시 여성이 성폭행 피해를 공개적으로 인정하면 주홍글씨가 새겨지기 십상이었다.

노동운동에 투신한 강철 같은 심지를 지닌 여성들조차 성폭행 피해자라는 사회적 낙인을 스스로 감당할 엄두를 내지 못할 정도로 우리 사회는 피해자에게만 가혹한 조건이었다.

⑩ 국가 성폭력 문제의 사회화

부천경찰서 성고문 사건은 전두환 정권의 비윤리성을 폭로했으며, 신군부가 행사하는 국가 폭력의 부당함을 만천하에 드러내는 계기였다. 이후 '권인숙'은 남영동 대공분실에서 고문당하다가 죽은 '박종철' 그리고 시위 도중 경찰이 쏜 최루탄에 희생당한 '이한열'과 함께 1987년 민주항쟁을 촉발시킨 가장 강력한 이름이 됐다.

권인숙은 국가에 의한 여성 성폭력 문제를 사회화하는 데 평생을 바쳤다. 여성 인권 향상을 위한 싸움의 자리에는 항상 그가 있었다. 21대 현역 국회의원으로서 성추행 비위 혐의가 있던 박원순 전 서울시장을 같은 진영 사람임에도 불구하고 공개석상에서 비판한 것도 그가 처음이었다.

35년 전 성폭행 피해를 입은 자신을 대표 변호했던 은인의 잘못을 지적해야 했을 때 인간적인 고뇌가 없었던 건 아니지만 그는 지금도 그렇게 해야 했었다고 말한다. 국가 성폭력 피해자의 상징과도 같았던 자신이 그렇게 하지 않을 도리가 없었다는 말도 덧붙였다. 다른 이들이 애써 고인의 잘못을 감추려 하거나 명예를 보호하려던 모습과는 사뭇 다른 행보였다. 사람들도 이를 두고 권인숙이었기에 그렇게 할 수 있었다고 생각한다.

태평성대의 이면,
"생때같은 자식이 사라졌다"

어린이 유괴 사건(1980~90년대)

◎ #0 태평성대의 역설

통계로만 보면 1980~90년대 우리나라는 살맛 나는 세상이었다. 3저(低) 호황(저유가, 저금리, 저환율)의 효과로 연 10% 이상의 성장률을 기록할 정도로 경제가 좋았다. 국가 경제 순위는 해마다 쑥쑥 올라갔다.

국민은 저마다 중산층 진입을 꿈꾸며 고된 노동을 마다하지 않았다. 저축에 매진해 기업과 나라 살림도 넉넉해져 갔다. 과감한 개발과 성장 정책의 수혜를 입은 벼락부자들이 생겨났다. 누구나 성공과 출세를 꿈꾸는 '코리안 드림'의 시대였다.

그러나 현실은 녹록지 않았다. 급속한 성장에 따른 사회적 부작용이 만만치 않게 드러났다. 누구나 부자가 되길 바랐지만 장기간 지속된 저임금 체제 하에서 하루하루 생계를 유지하기도 벅찬 서민들이 많았다.

자본 소득이 노동 소득을 아득히 뛰어넘어, 출발선이 다른 계층 사이에 차이가 좁혀질 수 없다는 인식이 사회 전반에 자리 잡기 시작한 것도 이때부터다. 지표상 드러나는 3저 효과보다 실제적으로는 장기간 저임금 정책을 유지해 서민들이 희생한 결과, 눈에 띄는 국가 경제 발전이 가능했다는 말이 나올 정도였다.

빈부격차에 따른 사회갈등은 점차 임계점을 넘어서고 있었다. 사회 불평등 문제가 해소되지 않자 정당한 노력만으로 역전이 불가능하다는 인식이 생겨났다. '반칙'과 '불법'을 저질러서라도 목표를 달성해야 한다는 사고가 싹텄다. '인생은 한방'이라는 한탕주의가 널리 확산되기 시작한 셈이다.

저마다 잠재된 속물적인 욕망들이 범죄로 비화되기도 했다. 상대적 박탈감을 근거로 남의 것을 빼앗는 행위를 스스로 정당화하고 약한 상대를 밟고 일어나는 걸 합리화하기도 했다.

경제적으로 태평성대였다는 1980~90년대 우리나라에서 인신매매, 유괴, 조직폭력 사건이 횡행했던 이유다. 허황된 꿈을 꾸는 이들에게 '어린이 유괴'는 가장 손쉽게 큰돈을 벌 수 있는 일로 생각되었던 모양이다.

⑩ #1 도박꾼 바람둥이 체육선생 - 주형영 유괴 사건(1980)

서울시 마포구에 살던 경서중학교 1학년 이윤상 군은 다리가 불편한 신체장애를 가지고 있었다. 하지만 넉넉한 가정 형편 덕분에 구김 없이 자랐고 성격 또한 활달했다. 초등학생 시절 전교회장을 맡았을 정도로 공부를 잘했고 친구들 사이에서 인기도 많았다.

그러던 어느 날(1980년 11월 13일) 방과 후 체육선생과 상담을 하러 나간 뒤에 감쪽같이 실종됐다. 그날 밤 이윤상 군의 집으로 아이를 보호하고 있으니 돈을 준비하라는 한 남자의 전화가 걸려왔다. 경찰에 연락하면 아이의 목숨을 장담할 수 없다는 협박과 함께였다. 금이야 옥이야 자식을 키운 부모에겐 청천벽력과도 같은 소식이었다. 부모는 고심 끝에 다음 날 경찰에 신고한다. 비상이 걸린 경찰은 이윤상 군 집안에 도청 장치를 설치해 유괴범을 추적하기 시작한다.

다음에 협박 전화를 걸어온 이는 여성이었다. 남녀 공범 최소 2인 이상의 유괴 조직이 저지른 범죄라는 판단을 하게 한 근거였다. 경찰의 수사를 눈치 챈 범인들도 머리를 썼다. 전화 외에 편지로도 접촉 수단을 다양화했고, 애타고 조급한 부모의 마음을 이용해 약속 시간과 장소를 옮겨가며 진을 빠지게 했다.

오랜 수사 끝에 사건이 일어난 지 1년이 지난 1981년 11월 주형영과 그가 강압적으로 사주해 범행에 가담한 여고생 두 명이 함께 체포됐다. 하지만 안타깝게도 아이는 끝내 찾을 수 없었다.

이윤상 군을 유괴한 뒤 살해한 체육교사 주형영의 검거 소식을 전하는 신문 기사.
('윤상 군은 체육교사가 유괴 살해', 〈경향신문〉, 1981년 11월 30일.)

경찰은 유괴 당일 뜬금없이 이윤상 군과 면담을 하려 했다는 체육선생의 행적을 수상하게 여겼지만, 서울대학교를 나온 학교 선생님이 아이에게 그런 몹쓸 짓을 했겠냐는 생각으로 주형영은 수사선상에서 일찌감치 배제됐다. 성급한 판단이었다. 범행을 조력한 여고생 둘도 주형영에게 성폭행을 당하는 등 심리적으로 완전하게 장악되어 그에게 수족처럼 조종당하는 처지였음이 밝혀졌다.

주형영은 엘리트 출신 교원이었지만, 여성 편력도 대단했고 자신이 지도하던 여학생들에게 마수를 뻗쳐 강제로 부적절한 관계를 맺는 등 난잡한 인간이었다.

더구나 도박에 깊이 빠져 빚을 많이 지고 있던 신세이기도 했다. 하여 이윤상 군의 가정 형편이 넉넉하다는 점을 알고 유괴해 부모에게 돈을 빼앗을 심사였다.

안타깝게도 이윤상 군은 유괴 직후 며칠 되지 않아 살해당했다. 1년이 지나 경기도 가평의 한 야산에서 백골 상태로 암매장된 채 발견됐다. 체포된 주형영은 사형 판결을 받고 형 집행을 당했다.

⑩ #2 리플리 증후군 - 홍순영 유괴 사건(1990)

1990년 6월 25일 서울시 송파구 올림픽선수촌아파트 단지 내 유치원에 다니던 곽재은 양이 사라졌다. 누군가 유치원에 전화를 걸어 엄마인 척하고 재은 양을 불러내 데려간 것이었다.

곽재은 양의 부모는 곧장 경찰에 신고했고 경찰은 수사에 들어간다. 유괴가 강력하게 의심되는 상황이었다. 다음 날 서울 모처의 공중전화를 통해 정체 모를 한 여성에게서 전화가 걸려왔다. 경찰에게 신고하지 말고 5천만 원을 준비하라는 협박 전화였다.

범인은 계좌번호를 알려주며 돈을 입금하라고 지시했다. 서울 전역의 은행에 경찰이 깔려 범인이 돈을 인출하기만을 기다렸다. 6월 29일 명동 롯데백화점 지점에서 한 왜소한 젊은 여성이 이 계좌에서 돈을 인출한 기록을 발견하고, 급히 추적해 을지로입구역에서 23세 홍순영을 검거한다. 사건이 일어난 지 나흘 만이었다.

홍순영은 체포 직후 서울역에 공범이 기다리고 있다고 경찰을 속인 뒤, 플랫폼에서 열차에 뛰어들어 자살하려 했으나 미수에 그치기도 했다. 범행은 홍순영 단독으로 벌인 일이었다.

경찰이 추궁하자 홍순영은 곽재은 양을 유괴하고 하루 만에 목 졸라 살해했다고 실토했다. 시신은 숙명여자대학교 음대 건물 물탱크 뒤에 숨겨 놓았다.

이 사건은 범인 홍순영이 '리플리 증후군'이 의심될 정도로 병리 증상을 앓고 있는 것으로 알려져 더욱 놀라움을 줬다. 처음에는 범인이 숙명여자대학교

곽재은 양을 유괴해 살해한 범인 홍순영이 체포되어 끌려가고 있다.
ⓒ〈동아일보〉

를 다니는(혹은 졸업한) 젊은 여성이며 KBS 직원으로도 소개되었지만, 알고 보니 모든 게 거짓이자 가짜였음이 드러났다.

홍순영은 유복한 가정에서 자랐으나 대학 입시에 실패한 뒤 명문 여대생 행세를 했던 것으로 밝혀졌다. 당시 학적 관리 전산화가 제대로 이뤄지지 않았던 점을 활용해 벌인 소동이었다.

놀라운 건 홍순영이 4년 동안 멀쩡히 수업도 듣고 입학식, 졸업식까지도 당당히 참여했다는 점이었다. 동아리 활동도 하고 학과 MT까지 함께 가는 등 주변에서도 그녀가 가짜 학생이었다는 사실을 전혀 눈치 채지 못했다고 한다.

홍순영은 당시 남자친구를 사귀고 결혼을 하고 싶어 하던 참이

었다. 그러나 남자친구의 부모가 홍순영 외모가 볼품없다는 이유로 결혼을 반대해 금전으로 환심을 살 작정이었다고 한다. 큰돈을 마련할 뾰족한 수가 없었던 홍순영이 택한 방법이 어린이 유괴였다.

이 사건은 강남의 부유한 아파트촌 내 유치원을 찾아가 범행 대상을 물색한 뒤 대담하게 범행을 저지르고 곧장 아이를 살해했다는 점에서 충격을 줬다. 홍순영은 이후 사형을 선고받고 3개월 만에 형 집행을 당했다.

ⓞ #3 그놈 목소리 - 이형호 군 유괴사건(1991)

1991년 1월 29일 서울시 강남구 압구정 현대아파트에 살던 아홉 살 이형호 군이 아파트 단지 내 놀이터에서 사라졌다. 구정국민학교(현 압구정초등학교) 수업이 끝나고 함께 놀던 동네 친구들은 모두 집에 돌아갔는데 이형호 군만 집으로 돌아가지 못했다. 실종 당일 밤 서울 말씨를 쓰는 한 남성에게 협박 전화가 왔고 경찰 신고가 이뤄져 즉시 수사를 개시했다.

경찰을 의식한 범인은 용의주도했다. 요구한 금액 4천만 원을 받기 위한 장소를 계속 바꿔가며 혼선을 줬다. 경찰도 발신지 추적 및 잠복 등으로 범인을 검거하려 했으나 번번이 놓쳤다.

그러던 차 유괴된 지 44일 만에 이윤상 군은 집에서 500m 떨어진 한강 둔치 배수로에서 시신으로 발견됐다. 부검 결과 위와 장에서 실종 당일 먹은 음식물이 발견되어 유괴 직후 곧장 살해된 것으로 추정할 수 있었다.

초등학교 3학년생 남자 어린이를 유인해 데려갔다는 점에서 면식범으로 추정되었고, 이형호 군 집안 사정에도 밝고 재산 정도를 비교적 소상히 알고 있었다는 점에서 일가친척이 범인으로 의심받기도 했다.

협박 전화를 걸어올 때 '우리'라는 말을 자주 언급했다는 점에서 최소 둘 이상이 함께 벌인 범죄로 예상됐다.

1991년 이형호 군의 형이 동생의 장례식에서 영정을 들고 있는 모습.
ⓒ〈조선일보〉

그러나 경찰은 막대한 인력과 자원을 동원해 검거에 나섰음에도 끝내 범인을 잡지 못했다. 결국 아무 소득도 없이 공소시효가 만료되었고 지금까지도 이 사건은 영구 미제로 남아 있다.

이형호 군 유괴 사건은 강남 부유층 자녀를 표적으로 삼았다는 점과 조직적이고 치밀하게 경찰과 숨바꼭질을 벌였다는 점에서 큰 관심을 샀다. 목소리를 대조하는 성문(聲紋) 수사 기법을 도입해 화제가 되었다. 후에 이 사건은 〈그놈 목소리〉(박진표 감독, 2007)로 영화화되기도 했다. 30년이 더 지난 지금까지도 범인의 행방과 실체는 오리무중이다.

⑩ #4 임신부가 설마 - 전현주 유괴 사건(1997)

1997년 8월 30일 서울시 서초구 잠원동에서 영어학원 수업을 마치고 하원하던 8세 박초롱초롱빛나리 양이 유괴당했다. 범인 전현주는 예쁜 머리핀과 구슬 장식 따위로 나리 양의 환심을 사 유인했다. 곧장 사당동에 있는 연극 소품 창고로 사용하던 아지트로 아이를 납치해 데려갔으나, 밤이 되면서 아이가 계속 엄마를 찾고 보채자 살려두기 어렵다고 판단해 살해했다.

전현주 유괴 사건은 흔히 '박초롱초롱빛나리 유괴 사건'으로 더많이 알려져 있다. 눈에 넣어도 아프지 않을 정도로 고운 여덟 살여자아이가 무참하게 살해되고, 유괴된 나리 양의 어머니가 방송에나와 딸 걱정을 하며 실신하는 모습을 보여 더 깊이 각인된 사건이다. 더구나 검거된 범인 전현주가 젊은 여성 임신부였다는 점에서더 큰 충격을 줬다.

사건 초기 경찰의 통신 추적으로 명동의 한 카페에서 2천만 원을 준비하라는 협박 전화가 걸려왔다는 사실이 밝혀져, 긴급 출동한 형사들에 의해 당시 카페 손님이었던 전현주가 용의자로 지목되기도 했다. 그러나 8개월 만삭의 임신부가 설마 유괴 사건을 저질렀겠느냐는 생각으로 현장에서 체포하지 않고 풀어줬다.

경찰은 완전히 의심을 거두지 않고 전현주를 계속 미행했다. 경찰의 감시와 잠복을 수상쩍게 여긴 전현주의 부모가 확인한 결과,협박 전화 목소리가 자신의 딸이 맞다며 직접 신고하기까지 했다.

박나리 양 유괴범 전현주의 체포 소식을 전하는 신문 기사.
('유괴 없는 세상 만들자-박나리 양 끝낸 숨진 채 발견', 〈동아일보〉, 1997년 9월 13일.)

그녀의 부모는 박나리 양 유괴 사건이 자신들의 딸 전현주가 벌인 범행임을 확신하며 그녀에게 검거 전 자살할 걸 종용하기도 했다고 한다.

전현주는 늦깎이로 서울예술대학교 문예창작과를 졸업한 뒤 방송작가로 활동하고 있었다. 씀씀이가 크고 사치 습관이 있어 결혼 후 빚이 급속히 늘었다고 한다. 약 3천만 원의 채무가 생기자 돈을 갚기 위해 유괴를 결심했던 것으로 알려졌다.

전현주는 검거 후 연극성인격장애 판정을 받을 정도로 거짓말에 능했다.

있지도 않은 공범을 지어내 진술하고 자신도 성폭행을 당해 어쩔 수 없이 주범이 시키는 대로 행동할 수밖에 없었다고 주장하기도 했다. 모두가 상황을 모면하기 위해 꾸며낸 이야기였다. 작가라는 직업이 가상의 시나리오를 미리 준비하고 현실을 부정하며 가공하게 했다는 분석이 나왔다.

전현주가 체포되자 공중파 정규방송이 일제히 중단되고 생방송으로 연행 장면을 내보낼 정도로 당시 이 사건을 향한 국민적 관심이 대단했다. 공개수사로 전환된 이후부터 매일 뉴스에서 큰 비중으로 나리 양 실종 사건을 보도하기도 했다. 전현주는 약취 유인, 살인 등의 죄목으로 사형 선고를 받을 것으로 기대했으나 예상과는 달리 무기징역으로 감형됐다.

판결 당시 임신부인 점이 고려되어 사형을 면했다는 말이 있었으나, 의사가 되길 희망한 부모의 기대에 미치지 못해 학창 시절부터 부모와 갈등이 심해 정신 병리적 문제가 생겼을 것으로 판단했다는 점이 더 큰 이유로 참작된 듯싶다. 전현주는 지금까지도 감옥에서 형을 살고 있다.

◎ #5 응답할 수 없는 시간을 애도하며

1980~90년대에는 이 밖에도 수천 건에 해당하는 어린이 유괴 사건이 있었다. 이 시기에 집중 발생한 어린이 유괴 사건 때문에 이후 유치원이나 초등교육 과정에서 낯선 사람들의 꾐에 빠지지 않게 하

기 위한 예방 교육을 강화하기도 했다.

한편 많은 사람이 유괴 사실을 경찰에 절대 알리지 말라는 유괴범의 협박에 넘어가면 안 된다는 교훈을 얻기도 했다. 어린이 유괴 사건의 경우 짧은 골든타임을 놓치면 살해당할 확률이 매우 높아진다는 점이 드러났기 때문이다.

어린이 실종 사건이 발생하고 유괴가 의심될 경우, 즉시 경찰에 신고해 범인을 추적해야만 생존 확률을 조금이라도 높일 수 있다는 사실이 널리 알려졌다.

어린이 유괴는 찬란하게 빛나는 어린 생명을 빼앗고 한 가족 전체의 영혼을 파괴하는 최악의 범죄행위다. 어린이 유괴 사건은 저항 가능성이 상대적으로 약해 확실하게 제압할 수 있는 대상을 택해 저지르는 비열하고 잔혹한 범죄라는 점에서 큰 비난을 받는다.

더구나 유괴범들은 최종 목적인 금전적 보상을 얻어내더라도 납치한 어린이를 살해하는 경우가 많기 때문에 더 많은 지탄을 받는다. 돈을 받을 때까지 어린아이를 보호하기가 힘들다거나 자신의 얼굴을 알고 있다는 이유로 살해하고 마는 것이다. 어린이 유괴는 아무런 원한 관계도 잘못도 없는 어린이를 끝내 죽인다는 점에서 절대로 용납할 수 없는 범죄라 할 수 있다.

1980~90년대 벌어진 어린이 유괴 사건들의 범인들은 허황된 경제관념에 젖어 있거나 빠르게 변화 발전하는 세상에서 낙오되는 걸 두려워했다. 그들은 자신의 볼품없는 처지를 감추고자 성공을

거짓으로 꾸며내거나 자신의 지위나 재산을 과장하기 일쑤였다.

언젠가 자신의 실체가 드러날지도 모른다는 불안과 공포에 빠져 있는 병리적 인간들이기도 했다. 그들은 어린 생명을 일확천금을 획득할 수 있는 수단으로 사고하고 감각한다. 환금성으로만 상대 존재 가치를 측정하기에 생명이나 윤리는 고려 대상이 아니었다.

어린이 유괴는 냉정한 세계에서 자신의 시궁창 같은 처지가 드러날까 봐 겁내 하는 나약한 인간들이 벌인 최악의 범죄행위다. 우리 사회는 이들을 부적응자로 간주해 도태시키거나 함께 공동체를 구성하지 못할 족속들로 간주해 배제하는 데만 급급했다.

썩은 부분만 도려내려고 했지만 안타깝게도 생살이 따라 달려 나가는 걸 막지 못했다. 사회적 업보가 늘어 희생이 쌓였다. 그런 점에서 1980~90년대는 함부로 응답할 수 없는 시간이었던 셈이다. 가련한 영혼들에게 새삼 다시 위로를 전하며 삼가 명복을 빈다.

"괴물을 죽였다"는 말에 고개가 끄덕여지는 이유

김부남·김보은 사건(1991~1992)

⑩ 가해자인 동시에 피해자

1991년 1월 30일 서른 살의 김부남은 아홉 살 때 자신을 성폭행한 이웃집 남자를 찾아가 칼로 찔러 죽였다. 1992년 1월 17일 스무 살의 김보은은 아홉 살 때부터 자신을 강제추행 및 성폭행한 의붓아버지를 남자친구와 공모해 살해했다. 사건 현장에서 체포된 김부남은 징역 2년 6개월 치료감호형을 선고받고 복역했다. 김보은과 공범 김진관은 각각 징역 3년형과 5년형을 언도받았다.

잔혹한 살인을 저지른 범죄자들이었지만 상대적으로 가벼운 형을 받았다. 심지어 그조차도 과도하다며 무죄를 주장하는 사람들도 많았다. 수임료를 받지 않고 변호사 수십 명이 달려들어 이들을 변호했다. 김부남과 김보은이 결국 살인을 저지를 수밖에 없었던 딱한 사연과 처지가 알려진 뒤에는 이들의 석방을 촉구하는 탄원 서명운동이 펼쳐지기도 했다.

이들을 극악무도한 살인범으로만 봐선 안 된다는 국민적 공감대가 형성되었기 때문이다. 김부남과 김보은은 살인을 저지른 가해자인 동시에 어린 시절부터 가혹한 성적 학대와 성폭행 피해를 입은 피해자였다.

⑩ 아동 성폭행 트라우마가 일으킨 살인

김부남은 오랫동안 두통을 앓았다. 곁에 사람이 오는 것도 싫었고 늘 무기력했다. 결혼 후에는 남편과의 관계도 원만하지 못했다. 부부 관계도 맺지 못했다. 동침만 할라치면 그날의 끔찍한 악몽이 떠올라 몸서리치며 거부하는 일이 잦았다.

21년 전 전라북도 남원에 살았을 때, 이웃집 아저씨는 아홉 살의 어린 김부남을 데려다 이곳저곳을 만지고 강간했다. 그날 이후 김부남은 평생 불안증과 성적장애를 갖고 살았다. 끔찍한 기억이었다.

성인이 되고 결혼을 한 후에도 증세가 해결되지 않자, 김부남은 자신의 삶이 피폐해진 원인이 그 사건 때문이었음을 자각하고 자신을 성폭행한 이웃집 아저씨를 고소하고 처벌하려 했다.

하지만 당시 성폭력 범죄 친고죄 공소시효는 6개월에 불과했다. 성폭행 피해를 입은 어린아이가 어른을 직접 고소하는 일이 가능할

법정으로 출두하는 김부남의 모습과 살인 사건 소식을 전하는 신문 기사.('나는 사람 아닌 짐승을 죽였어요', 〈동아일보〉, 1991년 8월 17일.)

리 없었고 때를 놓쳐 6개월이 지나버리면 처벌할 수조차 없었다.

　20년도 더 지난 일을 들춰내려 한다며 오히려 피해자를 나무라는 사람도 있었다. 법적 절차를 통해선 아무것도 해결할 수 없다는 사실을 안 김부남은 직접 남원까지 찾아가 사과를 받으려 했다. 하지만 노인이 된 이웃집 아저씨와 부인은 김부남을 보자마자 "더러운 년이 감히 어딜 다시 찾아와. 누구 신세를 망치려 하는 것이냐?"라며 욕설과 폭행으로 쫓아냈다.

　법적 구제도 망연했으며 가해자의 적반하장 태도에 좌절할 수밖에 없었다. 김부남은 결국 직접 가해자를 벌하기로 마음먹는다. 집에서부터 식칼을 준비해 들고 가 성폭력범의 가슴팍을 찔렀다. 망설임 따위는 없었다. 성폭력범이 과다출혈로 죽을 때까지 김부남은 곁을 떠나지 않고 내려다봤다. 피가 튀고 비명 소리가 들렸지만 김부남의 마음은 내내 고요했다. 부인이 급히 신고해 경찰이 현장에 도착할 때까지 도망도 가지 않았다. 김부남이 죽인 건 사람이 아닌 짐승이었기 때문이다.

"피고인은 국민학교 2학년 때인 9살 때 앞집에 사는 피해자(당시 35세)가 심부름을 시키며 방으로 들어오게 한 뒤 강제로 옷을 벗기고 입을 막으며 성교하여 피가 나고 상태가 심하여 10여일 간 제대로 걷지도 못한 일이 있었으나 혼날까봐 가족에게도 이와 같은 이야기는 하지 아니하였던 사실, 그 후 국민학교를 졸업하고 서울에 가정부로 취직하여 생활하다가 20세경 고향에 돌아와 중매로 첫 결혼을 하였는데 얼마 안 되어 그 남편이 피고인의 친정으로 전화하여 피고인이 9살 때 당한 것 때문에 남자를 두려워하고 무서워하여 인간구실을 못한다고 함에 비로소 그러한 사실을 식구들이 알게 되어 전주예수병원 정신과에서 진료를 받았으며 당시 멍하니 하늘만 쳐다보고 중얼거리며 이야기하다가도 머리가 아프다고 회피하는 등의 증상으로 정신분열증이라는 진단을 받고 1달 간 통원치료를 받았으나 결국 결혼 2달 만에 이혼 당하였고, 다시 부산 언니 집으로 내려가 공장에 취직하여 교회에 다니다가 현재의 남편을 만나 교제 중 임신하게 되어 교회집사의 중매로 결혼하였는데 1년 정도 별 탈 없이 잘 지냈으나 아이를 낳고 나서는 마음이 다른 곳에 가있는 것 같고 가정일도 못하여 1986년 가을경부터는 멍하니 앉아있고 잠도 잘 안자며 남편을 멀리하고 성관계를 요구하여도 응하지 아니하며 갑자기 무서운 듯 몸을 떨며 움츠리고 옆집 사람이 자기 욕을 하는 것 같다며 이웃들과 싸워 자주 이사를 다녔고, 1990년 2월경 남편이 교통사고를 내어 구속수감 되었으나 면회도 가지 아니하고 면회를 왔다가도 만나지도 아니하고 가버리는 등의 행동을 하다가 출감 후에는 밤새 법률서적을 뒤지며 9살 때 강간당한 것을 고소하겠다고 하여 남편이 소용없다고

⑩ 악마의 손아귀에서 벗어나기 위한 몸부림

스무 살이 되어 집에서 멀리 떨어져 있는 고장의 대학에 들어간 김
보은은 하늘을 날 것 같았다. 이제 매일같이 자신에게 동침을 요구
하는 의붓아버지가 있는 끔찍한 집을 떠나 살 수 있기 때문이었다.

대학에 간 뒤에는 남자친구도 사귀었다. 그녀를 보고 첫눈에 반
한 김진관이 먼저 고백했다. 김보은은 내내 애틋하고 살가운 남자
친구에게 가끔씩 미안한 마음이 들었다. 10년 넘게 의붓아버지에게
범해진 자신이 더러운 여자라 생각했기 때문이었다.

김보은이 아홉 살 때 그녀의 어머니는 충청북도 충주의 검찰청
총무과장인 김씨와 재혼한다. 지방 소도시 검찰청 행정 간부인 아
버지는 위세가 대단했다. 어느 자리에서나 대접받았고 왕처럼 군림
했다. 가정에서도 마찬가지였다. 그의 말이 곧 법이었다.

아홉 살밖에 안 된 딸 김보은도 그에겐 성적 대상이었을 뿐이다.
재혼 직후부터 김씨는 아내와 딸을 거의 매일같이 번갈아가며 범했
다. 하룻밤 동안 같은 방에 아내와 딸을 동시에 두고 강간하기도 했
다. 의붓아버지는 인간이 아닌 악마였다.

김보은과 그녀의 어머니는 괴물 같은 김씨 아래서 실로 무력했

다. 성관계를 거부하면 무참한 폭행이 가해졌다. 경찰에 신고해봤지만, 출동한 경찰들은 남편이 검찰청 간부임을 알아보고 굽신거리며 인사만 하고 이내 돌아갔다.

"너희 모녀 둘 다 감방에 쳐넣고 죽일 수도 있어. 내가 못할 것 같아!" 남편은 수시로 모녀를 윽박질렀다. 결국 어머니는 제 손으로 딸에게 피임약을 먹이며, 조금만 더 참아보자고 타이를 수밖에 없었다. 믿을 수 없이 끔찍한 나날이었다.

대학생이 된 뒤에도 김보은은 주말이면 반드시 충주집엘 다녀와야 했다. 금요일 오후에 집에 오지 않으면 아버지의 불호령이 떨어졌기 때문이었다. 주말 내내 아버지의 성노리개 노릇을 하다가 다

'의부 살해 김보은 양 집유', 〈조선일보〉, 1992년 9월 15일.

한국 현대사를 뒤흔든 40가지 사건

시 학교로 돌아가면 남자친구에게 더욱 미안한 마음이 들었다.

더 이상 견디기 어려웠던 김보은은 남자친구에게 자신의 처지와 상황을 고백하고 헤어지자고 말한다. 남자친구는 분노하며 새아버지를 함께 죽이기로 결심한다.

김보은이 아버지와 동침에 들었을 때, 몰래 열어둔 대문으로 남자친구가 잠입해 잠들어 있던 그를 칼로 찔러 살해했다. 강도 사건을 위장해 벌인 살인이었지만 수상하게 여긴 경찰에게 들통나 둘은 곧 체포되고 만다.

"피고인들의 이 사건 범행은 피고인 김보은이 9살 때 의붓아버지인 피해자로부터 최초로 강제추행을 당한 이래 12살 때부터 이 사건 범행 당시까지 계속적으로 성관계를 강요당하여 왔음은 물론이고 심지어 일상적인 감정표현 등을 포함한 일체의 행동의 자유를 피해자로부터 통제, 감시받아 오다가 이러한 부당한 침해를 벗어나 자신의 정당한 권리를 찾기 위한 수단으로 저지른 것이며 피해자의 성격이 포악하여 위 강간사실을 폭로하거나 피고인 김보은이 이를 피하여 피해자 의붓아버지의 곁을 떠나려 하는 경우에는 더욱 가혹한 보복이 뒤따를 것이 예상되어 다른 수단을 선택할 여지가 없었으므로 결국 피고인들의 이사건 범행은 피고인 김진관이 피해자로부터 강간으로 인한 정조권 및 신체의 자유, 행복추구권이 침해되고 있는 것을 방위하기 위하여 저지른 것으로서 정당방위에 해당하여 위법성을 조각한다."(「김보은 김진관 사건 고등법원 판결문」(서울고등법원 92노1511) 중에서, 1992년 9월 14일 선고)

⑩ "나는 사람이 아닌 짐승을 죽였다"

김부남과 김보은 사건의 전모가 세상에 드러났을 때, 사람들은 큰 충격을 받았다. 여전히 전근대적인 습속이 남아 있던 시골 동네에서 종종 벌어지던 아동 성폭력과 가정 내에서 암암리에 자행되던 근친 성폭행이 일거에 세상 밖으로 알려졌다.

재판 중에 김부남은 "나는 사람이 아닌 짐승을 죽였다"고 최후 진술했다. 감옥에서 복역 중이던 김보은은 "이렇게 밤이 아름다운 줄 몰랐다, 감옥에서의 삶이 내게는 더 편안하고 행복하다"고 말했다.

1990년대 초 1년의 시차를 두고 연이어 벌어진 이 두 사건은 한국 사회에 성폭력 문제의 심각성을 드러낸 상징적인 사건들이었다. '김보은 사건'과 '김부남 사건'은 한국에 '성폭력범죄의 처벌 등에 관한 특례법'을 제정하는 계기가 됐다. 이 법이 마련되기 전까지 친족 간에 발생하는 성범죄는 형법으로 처벌할 방법이 없었다.

이 사건들은 성폭력 관련 친고제를 폐지해야 할 필요성을 제기하기도 했다. 가해자와 피해자 사이의 위계와 서열이 명확한 경우 고소 자체가 불가능한 조건을 인식하기 시작했다. 어쩔 도리가 없는 특별한 상황에 처한 피해자들의 곤궁한 처지를 이해하게 됐다.

또한 아동 성폭행 문제의 심각성을 인지하고 사회적 관점에서 해결해야 한다는 공감대가 형성됐다. 성폭행을 당한 어린아이가 부모나 이웃 어른을 직접 고소하기 어려운 현실적 조건을 반영한 것이다.

이 두 사건은 법망의 사각지대에서 은밀하게 존재한 근친 성폭

한국 현대사를 뒤흔든 40가지 사건

'여성계 '제2의 김부남' 공동대응─성폭행 의붓아버지 살해 김보은 씨 사건',
〈한겨레〉, 1992년 1월 29일.

행이나 아동 성폭행 문제를 사회적으로 공론화하는 데도 크게 기여했다. 가족 간 성폭행이나 아동 성폭행은 피해자에게 심각한 피해와 평생을 괴롭히는 트라우마를 남기는 범죄였지만, 우리 사회는 이 문제들을 언급하는 것 자체를 금기시할 정도로 폐쇄적이었다. 그간 피해자의 행실만 탓하거나 알면서도 모른 채 쉬쉬한 일들이 김부남, 김보은 사건 이후 법적 처벌을 받아야 하는 사회적 의제로 전환된 것이다.

사건 직후부터 이들의 이야기를 소설로 쓰거나 영화로 만들겠다고 나선 사람들이 있었다. 신문이나 잡지사 기자들이 혹시 모를 사건 이면의 숨겨진 사연을 듣고자 구치소로 찾아가기도 했다. 하지만 김부남과 김보은은 작가와 기자의 면회를 줄곧 거절했다.

개인의 아픈 경험을 사회적 기록으로 남겨야 한다는 생각을 가진 이들도 있었으나, 대부분은 돈이 되는 자극적인 소재라 판단했기 때문인 경우가 많았다. 피해자들이 원치 않는데도 무리하게 실화 소설을 출판하고 성폭행 장면을 외설스럽게 표현해 명예훼손으로 처벌받은 사람도 있었다.

김부남은 치료감호소에서 형기를 끝까지 마쳤고, 김보은은 대법원에서 정당방위로 인정받아 집행유예로 풀려났다. 당시만 하더라도 살인범을 치료감호 조치한 건 매우 드문 일이었고, 살인 혐의가 유죄로 인정되었으나 집행유예 판정을 받은 건 김보은이 최초였다. 시민들의 무죄 청원과 여성단체의 끈질긴 구명운동 덕이었다.

김부남과 김보은은 출소한 뒤 이름을 바꿔 살아가고 있다. 지금 이들이 어디에서 어떤 모습으로 살고 있는지는 전혀 알려져 있지 않다. 불필요한 사명감으로 그들을 추적하려던 일부 사이비 기자들이 사람들의 눈살을 찌푸리게 하기도 했다. 다행히 둘은 눈에 띄지 않고 어디선가 우리의 이웃으로 살고 있다. 그토록 원하던 보통의 존재가 된 셈이다.

김부남과 김보은은 이제 진정 괴물과 짐승의 시간에서 빠져나왔을까. 세상의 모든 밤들이 그들에게 무해하길 소망한다.

약탈과 방화에 맞선
한인들의 고군분투

◎ 반복과 차이

2023년 1월 27일, 미국 테네시주에서 한 성인 흑인 남성 '타이어 니콜스'가 백인 경찰들에 의해 체포 도중 폭행당해 숨지는 사건이 발생했다. 무기도 없는 흑인 운전자를 경찰들이 무리하게 제지하고 구타했다며 비판의 목소리가 높았다. 30년 전 발생한 '로드니 킹' 사건의 재판이자 반복이라며 또다시 미국 흑인 사회가 들썩거렸다. 흑인에 대한 백인 경찰들의 강압적인 태도는 변하지 않았고, 흑인들의 인권 상황 역시 개선되지 않고 있다는 지적이 줄을 이었다.

1992년 4월 29일, 미국 서부 최대 도시 LA에선 전쟁을 방불케 하는 폭동이 발생했다. 이 날은 흑인 청년 로드니 킹을 폭행한 백인 경찰 네 명이 최종 무죄 판결을 받은 날이었다. 폭력 경찰들이 무죄로 석방되었다는 소식이 긴급 속보로 전해지자 LA 전역에서 분노한 흑인들이 거리로 뛰쳐나왔다.

처음에는 무죄로 판결한 사법부와 폭력을 행사한 경찰에 대한 항의 시위로 출발했지만, 점점 흥분한 흑인들이 이내 무법자로 변모해 상점을 약탈하고 도시 전체를 파괴하기 시작했다. 그렇게 시작된 LA 흑인 폭동은 요원(燎原)의 불길처럼 빠르게 번져나갔다.

'타이어 니콜스 사건'이나 10년 전 시작된 '흑인의 목숨도 소중하다(Black Lives Matter) 운동'을 보면, '로드니 킹 사건' 이후로도 미국 사회의 흑인 인권 형편이나 백인들의 태도 변화는 크게 나아졌다고 보기 어렵다. 속절없이 30년의 시간이 지난 셈이다.

하지만 이 시간은 또 다른 의미로도 감각된다. 우리에게 30년 전의 그 날은 '로드니 킹 사건'보다 'LA 한인타운 흑인 폭동'으로 기억되고 있다. LA 한인타운 흑인 폭동을 미국 현지 교민들은 '사이구 사태' 혹은 '4.29 폭동'이라 부른다.

1992년 4월 29일에 발생했던 소요 사태의 충격과 피해를 잊지 않으려는 의지이자 현대사의 중요 사건을 날짜로 지정해 부르는 한국 특유의 명명법을 따른 것이기도 하다.

6.25, 4.19, 5.18 등과 같은 호명을 받는 사건들이 한국 현대사에서 차지하는 비중을 떠올려 보면 4.29가 교민들에게 어떤 무게를 지녔는지 짐작해볼 수 있다.

'LA 흑인 무장 폭동', 〈경향신문〉, 1992년 5월 1일.

　서른 해 전 우리 교민들은 백인 경찰에게 폭행당한 흑인 청년에 대한 분노와 연대로 시작된 흑인들의 소요 사태가 왜 차별의 주범이었던 백인들을 향하지 않고 애꿎은 한인들에게 집중되었는지 어리둥절했다.

　미국에서 발생한 인종차별로 발생한 폭동이 어쩌다가 LA 한인 타운에 거주하는 우리 교민들에게 가장 큰 피해와 회복하기 어려운 트라우마를 남겼는지에 대한 깊은 논의와 고찰이 필요한 시점이다.

◎ 약탈과 방화로 변질된 항의 시위

1991년 3월 3일 밤, 음주 운전을 의심받던 흑인 청년 로드니 킹은 검문을 거부하다가 백인 경찰들에게 마구 구타당했다. 마침 이 상황을 한 행인이 우연히 비디오 카메라로 촬영했다. 백인 경찰의 흑인 폭행 장면이 텔레비전 뉴스 방송을 통해 여과 없이 송출되자 미국은 물론 전 세계가 경악했다.

미국 전역에서 분노한 흑인들이 폭력 경찰을 규탄하는 시위에 나섰다. 마침 흑인이었던 톰 브레들리 LA 시장은 폭력 경찰들을 재판에 회부해 처벌하겠다고 공언하며 성난 흑인들을 설득하고 회유해 시위를 중단시켰다.

그런데 1년 뒤 예상과는 달리 재판에서 네 명의 경찰에게 모두 무죄 평결이 내려졌다. 이 소식을 전해 들은 흑인들은 말도 안 되는 엉터리 판결이라며 크게 분노했다.

미국의 흑인 사회는 뜨겁게 달아올랐다. 더욱이 사건이 발생한 LA 지역 흑인들은 자신들의 형제가 당한 차별과 피해를 묵과할 수 없다며 한꺼번에 거리로 몰려나왔다.

흑인들이 일으킨 폭동에 의해 아비규환이 된 LA 시가지.

한국 현대사를 뒤흔든 40가지 사건

얼마 지나지 않아 흑인들은 통제할 수 없는 지경에 이르렀다. LA 경찰들도 그들을 막을 수 없었다. 경찰의 방어력과 통제력을 넘어서는 엄청난 수의 흑인들이 한꺼번에 난동을 피우자 경찰들도 속수무책이었다.

흑인들의 폭력, 약탈, 방화는 걷잡을 수 없이 퍼져나갔다. 눈에 띄는 상점마다 문을 부수거나 유리창을 깨고 들어가 마구잡이로 훔치고 파괴했다. 골목에 세워진 차량들을 불태우거나 거리의 행인들을 공격하기도 했다. 공포에 질린 LA 시민들은 집 문을 닫아걸고 커튼을 쳤다. 치안 공백 상태에서 스스로를 지키기 위해 총을 들어야 하는 비상사태가 도래했다.

⑩ 왜 흑인들은 한인들을 공격했나

하필 흑인 밀집 거주지와 백인 거주지 사이 경계에 한인타운이 위치하고 있었다. LA 경찰은 백인 거주지는 필사적으로 방어하면서도 한인타운으로 향하는 길목은 은근슬쩍 열어줬다. 성난 흑인 폭도들은 자연스럽게 한인타운 쪽으로 방향을 틀었다.

게다가 당시 한인과 흑인 사이의 관계는 그다지 좋지 못했다. 한인들은 특유의 부지런함과 성실함을 토대로 LA 지역 경제와 상권을 빠르게 장악해 나가고 있었다. 제 밥그릇을 빼앗기고 있다고 생각한 흑인과 히스패닉들은 그런 한인들을 원망하거나 불평하고 있었다.

평소 한인타운 상점이나 식당에서 종종 흑인의 절도와 행패를 경험했던 한인들도 은연중에 흑인들을 차별, 배척하고 있었다. 백인 손님들에겐 친절하게 대했으나 흑인들에겐 의심의 눈초리를 보내던 실정이었다.

이런 상황이었으니, 폭동을 일으킨 흑인들은 평소 마음에 들지 않았던 한인들에게 무차별적 폭력을 행사했다. 평소 자신들에게 박한 대우를 했던 한인 상점에 쳐들어가 약탈과 방화를 저질렀다. 경찰들은 백인 거주지의 안전만 신경 쓴 채 한인타운을 유린하는 흑인들을 방관했다.

인종차별에 대한 항의로 시작된 LA 흑인 폭동은 명백히 잘못된 방향으로 전개되고 있었다. 한인타운에서 벌어진 수많은 약탈과 방화, 폭력 행위로 한인 사회는 막대한 피해를 입었다. 수십 명이 사망하고 수백 명이 부상을 입었으며 재산 피해는 당시 기준으로 5천억 원에 달했다. 흑인 폭동으로 LA 전역에서 발생한 재산 피해가 1조 원 정도였으니, 전체 피해의 절반 이상이 한인에게 집중된 셈이다.

LA 경찰의 치안 유지를 기대하기 어려워진 상황이 되자, 한인들은 자경단을 조직해 한인타운을 방어하기 시작했다. 한국에서 군대 경험이 있던 남성을 중심으로 총기를 휴대하고 진영을 짠 뒤, 거점을 중심으로 바리케이드를 치고 방어 태세를 갖췄다. 성난 흑인 폭도들에 맞서 전술적인 방어 능력을 보여준 한인들의 자경 활동에 미국 사회는 또 한 번 놀라움을 느낀다.

1992년 LA 흑인 폭동 당시 결성된 한인 자경단이
총을 들고 한남체인 앞을 지키고 있는 모습.
ⓒ〈미주중앙일보〉

정규군 못지않은 조직력을 과시한 한인들에게 미국 사회는 '경
계'와 '찬사'의 시선을 동시에 보냈다.

어느 언론은 한인들이 행한 무장과 약탈하려는 흑인들을 상대로
수행한 전투를 또 다른 사회적 위험이자 불안 요소로 간주하고 흑
인 폭동에 버금가는 잘못된 행동이라고 비판하기도 했다.

한편 총기를 능수능란하게 다루며 적은 인원으로 다수의 흑인들
을 상대하는 한인들의 조직화된 전술 능력과 자위 의지를 높이 평
가하는 미국인들도 있었다.

치안 공백과 공권력 붕괴 상황에서 무차별적 폭력에 맞서는 방
어 수단을 스스로 동원해 자력 구제할 수밖에 없었던 당시 상황을
고려해야 한다는 의견이 우세했다.

⑩ '2등 인종'이라는 환상

LA 한인타운 흑인 폭동은 한인들이 미국 사회에서 정착하는 과정에서 겪었던 피해와 고통의 절정 국면이기도 했다. 타 인종들은 한인 특유의 결집력과 폐쇄적인 문화와 더불어 '경제동물'로 보일 정도로 근면하고 성실한 태도를 상당히 못마땅해했다. 흑인들은 평소 지니고 있던 한인에 대한 배타적 감정을 순간적으로 폭발시켰다. 타 인종의 습속과 문화를 존중하지 못하고 갈등을 일으킨 건 한인과 흑인들이 서로에 대한 이해가 부족했다는 사실을 방증한다.

LA 흑인 폭동의 제일 원인은 피부색에 따라 대우를 다르게 하는 미국 사회의 뿌리 깊은 인종차별주의 때문이었다. 백인들의 유색인종 차별은 부인할 수 없는 오랜 악습이었고, 관행으로 자리 잡아 끈질기게 이어져 오고 있었다. 법률로 인종차별을 금지한 지 수십 년이 지났지만 아프리칸, 히스패닉, 아시안은 미국 주류 사회에서 배척당하며 일상적인 차별을 겪었다.

더 큰 문제는 백인에게 차별받는 세 인종이 각각 자신을 좀 더 우월한 인종으로 여기고 상대를 열등한 인종으로 여겼다는 점이다. 자신들이 백인에 이은 '2등 인종'이라 여기는 관념은 백인이 저지르는 차별을 당연시하고 타 인종에 대한 배척은 정당화하는 인식의 오류로 작동했다. 더해 백인들은 유색인종의 잠재적 피식민성을 교묘히 활용해 미국 사회의 유색인종 간 갈등과 불화를 조장했다. 차별받던 세 인종이 힘을 합치고 연대해도 모자랄 판에 각자 2등 인종을 자처했던 탓에 백인들만 어부지리로 인종 위계의 최정점 지위를 차지했다.

흑인 폭동이 일어났던 시기에 히스패닉 폭도들에 의한 한인 상점 약탈과 방화가 더 많이 발생했다는 사실은 세 인종 간의 갈등 양상을 적나라하게 보여준다. 한인들은 백인들에게 차별받는 흑인들과 히스패닉들에게 해코지해도 될 만한 '공공의 적'이었다.

미국 내 소수인종들은 약자로서의 동질감과 연대의식을 갖기보다 상대를 억누르고 2등 인종이 되려는 경쟁에만 열중했다. 백인들에게 소수인종 간 벌어지는 다툼은 '꿩 먹고 알 먹기' 혹은 '이이제이(以夷制夷)'나 다름없었다.

⑩ 미국 백인 사회의 민낯과 과제

LA 흑인 폭동은 성격과 정체를 어떻게 정의 내리느냐에 따라 평가가 극명하게 갈린다. 미국 흑인 사회는 1992년 발생한 LA 흑인 폭동을 인종차별에 반대하고 무너진 사회 정의를 회복하기 위한 '저항'이자 '혁명'으로 인식한다.

하지만 그 과정에서 막대한 인적 물적 피해를 입은 한인들은 그때의 사태를 '소요' 및 '폭동'으로 받아들인다. 한인들의 자경단 활동도 미국 사회에선 스스로의 생명과 재산을 지키기 위한 어쩔 수 없는 행동으로 이해하는 사람도 있지만 법과 원칙을 무시한 사적 제재에 해당한다고 비난하는 사람도 만만치 않게 많았다.

4.29 사태 이후 LA에서 한인들과 흑인들의 화합을 기원하는
평화 행진을 공동으로 벌이는 모습.
ⓒ〈미주중앙일보〉

　LA 한인타운 흑인 폭동은 미국 사회에 고질적인 병폐로 존재하
던 흑인 차별 때문에 발생한 소요가 또 다른 소수인종을 향한 분풀
이로 번진 사건이었다. 폭력을 동반한 흑인들의 저항이 용납할 수
없는 범죄 행위로 돌변한 순간, 사회적 지지와 연대의 가능성은 현
격하게 낮아졌고 또 다른 인종에게 증오와 원한을 남겼다.

　미국 백인 사회는 소수인종 간에 발생한 무차별적 갈등과 다툼
을 방조함으로써 자신들이 주도해 저지른 차별과 폭력에 따르는 책
임을 회피하고 막대한 사회적 피해를 떠넘겼다. 미국 백인들은 인
종차별로 발생한 사회문제를 해소하려는 노력을 기울이기는커녕
오히려 외면했다. 사회적 약자인 흑인이 상대적으로 더 소수이며
허약한 대상인 한인들을 향해 분노를 전가하게끔 내버려뒀다.

　미국 경찰들은 백인 거주지의 안전만 확보하고 다른 유색인종

들은 흑인 폭동의 위험에 고스란히 노출되도록 방치했다. 흑인 폭동의 타격 방향을 한인타운으로 향하게 만든 것도 우연이나 실수로 보기 어렵다. LA 한인타운 흑인 폭동은 결정적인 상황에서 미국 백인 주류 사회가 자신의 이익을 어떻게 보호하고 관철하는지를 보여준다는 점에서 태평양을 건너 한반도에 사는 우리에게까지 큰 영향을 미친 사건이었다.

사태 이후 30년 동안 한인 사회는 더 이상의 차별과 피해를 막고자 미국 주류 사회와 정치권으로 '코리안 아메리칸' 2세, 3세들을 진출시키기 위한 노력을 기울였다. 이제 뉴욕과 LA 등지에서 한인 출신 국회의원을 보는 게 어렵지 않다. 다만 이런 엘리트주의적인 접근보다 인종 간 근원적인 공감과 화해의 토대를 만드는 게 더 중요해 보인다. 저류에 깔린 상대에 대한 이해와 존중만이 미움과 증오를 억제하는 데 효과적이기 때문이다.

타이어 니콜스 사건 직후 뉴욕과 LA를 비롯 미국 주요 도시에서 흑인들의 산발적인 시위가 일어났다. 조짐이 심상치 않자 바이든 대통령이 나서 흑인들의 분노를 이해한다고 발표했다. 책임자 처벌을 약속하고 경찰에게도 흑인들의 시위에 평화적으로 대응하라 지시를 내렸지만 몇몇 곳에선 시위대의 폭력 수위가 점차 높아졌다. 형제의 억울한 죽음에 분노한 흑인들의 항의와 시위야 당연한 것이고 연대와 지지를 보내야 마땅한 일이지만, 미국의 한인 사회에도 또다시 긴장이 고조되었다.

어느 미군이 저지른
가장 잔혹한 성범죄

윤금이 피살 사건(1992)

⑩ 동두천, 그날 밤

1992년 10월 28일 동두천시 보산동 431-50번지 집에서 '크라운 클럽' 종업원 26세 여성 윤금이가 알몸으로 숨진 채 발견됐다. 그 모습은 참혹했다.

그녀의 음부에는 콜라병이 박혀 있었고, 항문에는 우산이 27cm 가량 꽂혀 있었다. 입에는 성냥개비가 한 움큼 물려져 있었고, 온몸은 흰 가루세제로 뒤덮여 있었다.

얼굴을 비롯한 전신은 피범벅이 된 처참한 상태였다. 부검 결과 사인은 두부 손상에 의한 과다 출혈이었다. 콜라병으로 가격당한 안면은 함몰되어 있었고 열창(裂創)도 여러 군데 있었다. 부검 중 콜라병이 박혀 있던 자궁 속에서 맥주병 두 개가 더 발견되기도 했다.

이처럼 잔혹하고 엽기적인 살인 사건을 저지른 범인은 주한미군 2사단 제20보병연대 5대대 본부중대 소속 이병 마클 케네스 리였다. 스무 살에 불과했던 그는 사건 당일 술을 마신 상태에서 근무지를 무단으로 이탈한 뒤, 동두천 밤거리에서 윤금이를 만났다.

당시 우리나라에 주둔하던 미군들이 유흥과 향락을 즐기던 동두천 보산동 일대를 흔히 '기지촌'이라 불렀다. 윤금이 역시 술에 취한 상태였지만 흥정하기 위해 둘은 그녀의 집으로 향했다.

두 사람이 집으로 가는 도중, 윤금이와 함께 밤을 보내길 원하는 다른 미군 남성과 마주쳤다. 미군 남성 둘에서 윤금이를 놓고 실랑이를 벌였고 마클은 완력과 폭언으로 상대 미군 남성을 제압해 쫓아냈다. 우여곡절 끝에 둘은 가까스로 집에 도착했으나 흥분한 마클과 흥정이 제대로 되지 않아 윤금이는 성관계를 거부했다.

마클은 자신과의 관계를 거부하는 윤금이한테 욕설을 퍼부으며 폭행했다. 고통스러운 비명이 창밖으로 새나갔으나 아무도 그녀를 도우러 오지 않았다.

동두천 기지촌은 원래 밤만 되면 술에 취한 미군들의 난동과 행패로 떠들썩한 곳이었다. 이웃 사람들은 그날 밤의 소음과 비명도 동두천 기지촌에서 늘 있어온 평범한 소동쯤으로 생각했다.

⑩ 불평등한 한미군사협정 규탄에 나서다

이튿날 윤금이의 시신이 발견되자마자 경찰은 수사에 들어간다. 목격자 진술과 사건 현장의 단서로 마클을 범인으로 지목한다. 그는 전날 끔찍한 범행을 저지르고도 다음 날 태연히 막사에 머물며 쉬고 있었는데, 10월 31일 한국 경찰에 체포된 직후부터 범행을 꾸준히 부인했다. 그날 밤 윤금이와 만나 흥정을 하다가 때린 건 사실이지만 죽이거나 사체 훼손은 하지 않았다는 주장이었다. 그렇지만 사건 당일 마클이 신었던 신발과 셔츠에서 채취한 혈흔이 윤금이의 혈액 성분과 동일한 것으로 밝혀지며 정식으로 구속 수감된다.

윤금이 피살 사건 소식이 전해지자 전 국민은 큰 충격을 받는다. 미군이 한국인 여성을 상대로 저지른 끔찍한 폭행과 난행이 포함된 인면수심의 성범죄가 드러나자 크게 분노했다. 미국대사관과 동두천 치안을 관할하던 의정부 경찰서로 항의 전화가 빗발쳤다.

미군에 의해 발생한 잔혹한 범죄들이 지금껏 제대로 처벌된 적 없었다는 사실도 작용했다. 확실한 수사와 정당한 처벌을 위해 시민들이 자발적으로 '주한미군의 윤금이 씨 살해사건 공동대책위원회'를 결성했다. 한국 수사 당국도 이번만큼은 처벌을 자신했다. 용의자에게 범행 자백을 받진 못했지만 범행을 입증할 증거를 완벽하게 확보했기 때문이었다. 하지만 여론이나 수사 당국의 의지와는 달리 우려했던 것처럼 사건은 다른 방향으로 전개된다.

미군 당국이 한국 정부를 상대로 마클의 신병 인도를 요청해온

윤금이 피살 사건 이후 벌어진
주한미군 시민규탄대회 장면.
ⓒ한국여성연대

것이다. 당시 체결된 '주한미군의 법적 지위에 관한 한미 양국의 협
정(SOFA)'에 따르면 주한미군 범죄자는 미국 정부만이 고유한 처벌
권한을 행사할 수 있었다. 그러니 마클을 미군 측에 넘겨줄 수밖에
없었다. 속수무책이었다.

1990년대는 미군이 주둔하던 도시들마다 미군이 저지른 범죄가
기승을 부렸다. 하지만 이 협정 때문에 한국 치안 당국은 미군 범죄
자를 잡고도 처벌하지 못하는 경우가 많았다. 미국 정부로 인계된
미군 범죄인들은 솜방망이 처벌을 받거나 제대로 된 조사도 받지
않고 풀려나는 경우가 다반사였다.

살인, 성폭행 같은 중범죄를 저지른 이들은 발 빠르게 본국으로
송환해 한국 정부나 피해자가 범인의 처벌 여부를 확인할 수조차
없는 경우도 많았다. 이런 사정을 잘 알고 있던 미군들은 한국 경찰
을 우습게 여겼고, 한국 땅에서 저지르는 범죄에 거리낌이 없었다.

미군 범죄에 관한 사정과 처지를 잘 알고 있던 공동대책위원회는 제대로 된 처벌을 촉구하는 규탄대회를 열었다. 고통스럽고 끔찍하게 사망한 윤금이를 위해 동두천 기지촌과 미군 부대 정문 앞에 수천 명의 시민이 모였다. 마클을 한국 법정에 세워 우리 사법부가 처벌할 수 있게 해달라고 목소리를 높였다. 미군 살해범을 한국 정부가 직접 구속 수사할 것과 미국 정부, 미군 당국이 피해자에게 공식적으로 사과할 것을 요구했다.

일상 생활에서 미군에 대한 시민들의 자발적인 항의와 거부 행동도 이어졌다. 동두천 지역 택시기사들은 미군을 태우지 않았고 상점과 식당도 미군 손님을 받지 않았다. 동두천 외에도 미군들이 주둔하던 서울, 의정부, 평택, 대구, 부산, 광주, 군산 등지까지 동시다발적으로 규탄 시위가 확산됐다.

⑩ 지난했던 미군 범죄자 인도 과정

오랜 시위가 이어지고 항의가 지속되자 주한미군 사령관이 유감을 표시했고 피해자 유가족에게 위로금도 지급했다. 시민들의 자발적인 참여와 공동대책위원회의 끈질긴 노력 덕분이었다. 그렇지만 사과와 보상금은 기대에 미치지 못하는 수준이었다. 미군 측은 윤금이 피살 사건을 개인의 일탈로 벌어진 범죄로 규정해 위로금조로 50만 원을 지급했다. 이마저도 향후 진행될 법적 공방에 대비해 철저하게 계산된 사과이자 위로였다.

'윤금이 공대위' 활동이 거둔 가장 큰 수확이라면 살인 용의자

마클의 재판을 한국 법원에서 진행할 수 있게 한 것이었다. 어렵게 한국 법정에 선 마클은 자신의 범죄를 인정하지 않고 혐의를 부인했다. 재판부는 윤금이 피살 사건은 마클이 저지른 범죄가 명백하며 죄질이 매우 나쁘고 반성도 하지 않는 점을 고려해 피고인 마클에게 중형을 선고했다. 무기징역을 선고받은 마클은 1심 재판 결과에 불복해 즉시 항소한다.

구속된 뒤 법정에 출두하는 윤금이 피살 사건 용의자 마클 케네스 리의 모습.
ⓒ동두천시민연대, 〈한겨레21〉

고등법원 항소심 재판에선 미국 정부가 마클을 대신해 피해자 유족에게 사과하고 배상금 7,100만 원을 지급했다는 이유를 들어 원심을 파기하고 징역 15년을 선고한다. 무기징역에서 크게 감형된 형이었지만 마클은 2심 결과에도 불복하며 다시 항소를 이어간다.

결국 1994년 4월 29일 대법원 최종심에서 마클 이병의 상고를 기각하고 2심을 확정하는 판결을 내린다. 최종적으로 유죄가 확정됨에 따라 1994년 5월 17일 한국 정부는 마클 이병의 신병을 미군 당국으로부터 넘겨받아 천안소년교도소에 수감했다.

⑩ 한미군사협정 개정 계기 만들어

윤금이 피살 사건은 그간 한국 민간인들을 상대로 미군이 저지른 잔혹한 범죄들의 축약판이었다. 이 사건으로 동두천 기지촌의 실상과 미군을 상대하는 여성들의 끔직한 처지가 드러났다.

그간 동두천 기지촌은 엄연히 존재하나 언급하는 것조차 터부시되는 한국 현대사의 어두운 그림자였다. 미군 남성들의 성적 욕구를 해소해줄 목적으로 수십 년간 암암리에 운영되던 기지촌은 무자비한 미군 범죄의 온상이었으며 한국 여성의 인권이 몰수된 무법지대였다.

동두천이나 의정부, 평택, 용산 같은 주한미군이 주둔하는 도시의 경제 생태계를 유지하고자 기지촌은 '달러 저수지'와 '범죄 하수구' 역할을 해왔다.

그간 한국 정부는 기지촌 운영을 통해 미국 달러를 효율적으로 벌어들이는 대신 일탈을 감행하는 미군들의 난행과 기행을 포함한 범죄행위를 방조한 셈이다.

동두천 기지촌은 국가 폭력에 희생당한 여성들이 방치되어 있던 우리 사회의 어두운 이면이었으며, 긴장된 분단체제를 손쉽게 지탱하기 위해 미국과 맺은 군사협정이 감추고 있던 가장 추한 민낯이었다.

윤금이 피살 사건은 한국과 미국 사이의 불평등한 관계를 상징적으로 드러냈던 '한미주둔군지위협정'의 문제점을 온 국민이 인식

1970년대 동두천 기지촌 모습.
1950년대 미군이 주둔하면서
형성됐다. 현재는 '한미우호광
장'으로 이름이 바뀌었다.
ⓒ〈한겨레21〉

하게 만든 계기가 되기도 했다.

미국으로부터 국방과 안보를 보장받는 대신 주권 국가의 국민으로서 당연히 누려야 할 안전과 생명의 권리를 포기하게 만든 협정의 내용과 성격을 서둘러 조정해야 한다는 의견이 분출됐다.

윤금이 피살 사건 이후에도 근절되지 않고 연달아 발생한 미군 범죄들을 겪을 때마다 우리 국민은 한미군사협정 개정을 요구했다. 하지만 윤금이 피살 사건 이후 이어진 꾸준한 노력에도 불구하고 협정은 쉽사리 고쳐지지 않았다.

그러던 것이 2002년 경기도 양주에서 미군 장갑차에 의해 여중생 두 명이 압사했던 소위 '효순이 미선이 사건' 때 전 국민이 촛불을 들고 일어나자 한미군사협정은 아주 조금 수정됐다. 비로소 한국에서 벌어진 미군 범죄를 우리 손으로 단죄할 수 있게 된 것이다. 윤금이가 동두천 기지촌에서 억울하게 맞아 죽은 지 정확하게 10년이 지난 뒤였다.

역사가 우리를 강하게 만든다 07

한국 현대사를 뒤흔든
40가지 사건

초판 1쇄 발행 2023년 12월 26일

지은이 | 강부원
펴낸곳 | 믹스커피
펴낸이 | 오운영
경영총괄 | 박종명
편집 | 김형욱 최윤정 이광민 김슬기
디자인 | 윤지예 이영재
마케팅 | 문준영 이지은 박미애
디지털콘텐츠 | 안태정
등록번호 | 제2018-000146호(2018년 1월 23일)
주소 | 04091 서울시 마포구 토정로 222 한국출판콘텐츠센터 319호(신수동)
전화 | (02)719-7735   팩스 | (02)719-7736
이메일 | onobooks2018@naver.com   블로그 | blog.naver.com/onobooks2018

값 | 20,000원
ISBN 979-11-7043-483-2 03910